쉽고 재미있는

음료의 모든 것

전재구 · 이정훈 · 성중용 · 김종길
정석태 · 여태오 · 최성일 · 김하늘

지식인

전재구 .... 이정훈 ....

성중용 .... 김종길 ....

정석태 .... 여태오 ....

최성일 .... 김하늘 ....

쉽고 재미있는

음료의 모든 것

2021년 11월 5일 초판 1쇄 인쇄
2021년 11월 10일 초판 1쇄 발행

지은이 | 전재구 · 이정훈 · 성중용 · 김종길
정석태 · 여태오 · 최성일 · 김하늘
펴낸이 | 김종욱 · 명사동
펴낸곳 | 지식인
등 록 | 제301-2013-134호

주 소 | 서울시 도봉구 도봉로 180길 20 투웨니퍼스트 102동 602호
전 화 | 02)2266-8606 (대)
팩 스 | 02)2266-8607
E-mail | jisikin2013@naver.com
홈페이지 | www.jisikinbook.co.kr

ISBN 979-11-90815-85-7 (03590)

값 24,000원

PREFACE

최근 우리나라의 음주 문화가 많이 바뀌고 있습니다. '취하는' 문화에서 '즐기는' 문화로 바뀌고 있고, '도수가 높은' 술보다는 '도수가 낮은' 술을 선호하는 추세입니다. 이런 변화 속에서 와인, 칵테일, 사케, 맥주, 막걸리가 새삼 주목을 받고 있습니다. 그리고 코로나19로 인해 '혼술, 홈술'이 더욱 유행을 하게 되었습니다. 이제 집에 홈바를 갖추고 칵테일을 만들어 마시거나, 싱글 몰트 위스키 한 잔을 즐기는 사람들도 꽤 많아지고 있습니다. 또한 명절에나 마시던 '아저씨'술로 여겨지던 전통주에도 변화의 바람이 강하게 불고 있습니다. 주위를 보면 확연하게 전통주를 만들거나 마시는 층이 젊어지고 있습니다. 한편으론 이제 식후 커피는 일상이 되었고, 물도 체질에 따라 골라 마시는 시대가 되었습니다.

이런 시기에 우리나라의 대표 음료전문가들이 뜻을 모아 이 책을 출간하게 되었습니다. 물론 다양한 음료 이야기를 한 권의 책에 모두 담기에는 분명히 한계가 있습니다. 자칫 '수박 겉핥기'가 될 수도 있습니다. 그래서 짧지만 유익한 내용으로 채우고자 각 분야의 필자들이 최선을 다했습니다. 핵심적인 이론은 물론 실무적인 내용과 강연 때 많은 분들이 궁금해 하는 내용들을 함께 담았기 때문에, 음료 특히 주류에 관심이 있는 개인이 편안하게 재미있게 읽어도 좋고, 학교에서 '음료학개론' 교재로 사용을 해도 좋으리라 생각됩니다.

음료란 사람이 마실 수 있도록 만든 액체를 통틀어 이르는 말로써, 크게 '알코올성 음료'와 '비알코올성 음료'로 구분되는데, 알코올성 음료는 양조주, 증류주, 혼성주로 나뉘고, 비알코올성 음료는 청량음료, 영양음료, 기호음료로 나누어집니다. 사람은 음료를 마시지 않고는 살 수가 없습니다. 그리고 사람마다 선호하는 음료는 다릅니다. 비알코올성 음료인 물부터 알코올성 음료인 위스키까지 이 책은 사람이 마시는 다양한 음류의 핵심을 다루고 있습니다. 내용은 알고 마시면 더 맛있게 즐길 수가 있습니다. 부디 이 책을 통해 음료에 대한 지식과 함께 음료를 마시는 재미도 얻으시길 기대합니다.

2021년 11월

대표저자 전 재 구

CONTENTS

01. 칵테일 이야기

'혼술, 홈술'에 가장 어울리는 음료는 바로 칵테일! ··· 10
칵테일의 정의 ··· 11
칵테일의 특징 ··· 11
칵테일의 기법 ··· 12
다양한 글라스 ··· 14
글라스의 관리 및 보관법 ··· 15
칵테일의 기구 ··· 15
칵테일의 재료 ··· 16
칵테일의 장식 ··· 18
주재료별 대표적인 칵테일 ··· 21
톱10 칵테일 ··· 24
칵테일 파티의 노하우 ··· 24
칵테일 안주 ··· 26
칵테일과 폭탄주 ··· 27
재료 보관법 ··· 27
바텐더가 갖추어야 할 덕목 ··· 28
바텐더의 30대 수칙 ··· 28
바에서 술병을 매일 닦아야 하는 이유 ··· 30
영화 혹은 드라마 속의 칵테일 ··· 30
술을 맛있게 마시기 위해 중요한 요소들 ··· 32
칵테일 맛을 좌우하는 변수들 ··· 34
칵테일 대회 ··· 34
국가자격증 조주기능사 ··· 35
기물 · 글라스 · 재료 구매처 ··· 36

02. 와인 이야기

SECTION 1. 와인 입문 ······ 40
와인의 역사 ······ 40

SECTION 2. 떼루아와 와인 ······ 45
위치와 기상조건 ······ 46
토양 ······ 46
기후 ······ 47
포도 품종 ······ 48
와인 양조 ······ 58

SECTION 3. 마리아주 ······ 63
와인과 음식의 조화 ······ 64
아시아 각국요리와 와인 추천 ······ 71

SECTION 4. FAQ ······ 73

03. 위스키 이야기

위스키는 무슨 술일까? ······ 88
위스키의 생산국가 ······ 90
위스키에 사용되는 재료 ······ 93
위스키의 라벨 ······ 95
스카치 위스키 ······ 97
아이리시 위스키 ······ 100
아메리칸 위스키 ······ 101
캐나디안 위스키 ······ 103
재패니즈 위스키 ······ 105
위스키의 제조과정 ······ 106
단식 증류와 연속식 증류의 차이 ······ 115
미술같은 오크통 숙성 ······ 118
'피티'는 도대체 뭐야? ······ 122
위스키의 색으로 알아보는 맛과 향 ······ 123
숙성년도가 오래되면 좋은 위스키일까? ······ 124

싱글 몰트 스카치 위스키는? ··· 125
저도주(K-위스키)와 스피릿 드링크 ··· 128
독립 병입자 ··· 130
위스키 테이스팅 ··· 132

04. 맥주 이야기

맥주, 알고 마시자 ··· 144
맥주의 역사 ··· 144
맥주의 원료 ··· 146
맥아와 부원료 ··· 146
맥주의 부원료 ··· 149
맥주의 제조 과정 ··· 153
맥주의 분류 ··· 157
나라별 대표맥주 ··· 167
한국의 맥주문화 ··· 171

05. 전통주 이야기

전통주 역사와 문화 ··· 178
전통주 스토리텔링 ··· 188
한민족 대표술 막걸리 ··· 194
소주! 양반의 술에서 서민의 술로 ··· 196

06. 사케 이야기

일본술의 원료 ··· 208
水(물이 맛이 있으면, 술도 맛이 있다) ··· 224
일본술 양조에 관계있는 미생물 이야기 ··· 233
일본술의 용어 ··· 237

07. 커피 이야기

커피시장 살펴보기 ···· 258
커피의 역사 ···· 259
커피의 품종 ···· 260
커피시장의 미래 ···· 262
커피는 신선식품 ···· 263
커피는 건강식품 ···· 264
커피를 부르는 이름 ···· 266
커피의 테이스팅(Tasting = Cupping) 용어 ···· 268
커피의 품질결정 요인은 무엇일까? ···· 272
커피는 가공법에 따라 맛과 향이 다르다 ···· 275
생두(Green Coffee)의 포장도 중요하다 ···· 277
커피, 로스팅을 통해 다시 태어난다 ···· 278
커피, 분쇄가 품질을 결정한다 ···· 280
커피, 추출로 완성된다 ···· 281
황금비율의 커피추출 ···· 282
아직도 크레마이다 ···· 285
에스프레소의 성장은 산업혁명에서 기인했다 ···· 289
한국에서 커피 접해보기 ···· 290

08. 물 이야기

워터와의 만남, 그리고 워터소믈리에가 된 계기 ···· 296
생수의 종류 ···· 301
워터소믈리에 ···· 320
워터 테이스팅 ···· 322

01

칵테일 이야기

전 재 구

칵테일, 와인, 사케 등 주류와 글로벌 매너를 강의 중이고, 선진국형 서구지 밀착형 와인 루이스 바 총괄대표로서 좋은 바 100개 만들기를 추진 중이며, 바 창업(경영, 메뉴) 컨설팅을 진행하고 있고, 노동부 등 각종 정부 위원을 맡고 있다. 현재 한국음료강사협의회 회장, 대한칵테일조주협회 서울지회장, 한국국제소믈리에협회 부회장, 국가기술자격 정책심의위원회 위원, NCS(국가직무능력표준) 전문위원, 〈화요 칵테일 챔피언십〉 등 각종 칵테일대회 심사위원, 〈아시아 와인 트로피〉 등 각종 와인품평회 심사위원, 〈대한민국 우리술 품평회〉 등 각종 전통주 품평회 심사위원을 맡고 있다.

'혼술, 홈술'에 가장 어울리는 음료는 바로 칵테일!

요즘 '혼술, 홈술'이 하나의 트렌드가 되었다. 사실 혼술, 홈술과 가장 어울리는 음료가 바로 칵테일이다(물론 싱글 몰트 위스키 등도 있다). 왜냐하면, 대부분의 칵테일 재료들(특히 술)이 장기간 동안 보관이 가능하기 때문에(물론 오픈하면 향과 알코올은 서서히 날아간다) 한두 잔 만들어 마실 수 있기 때문이다.

그런 의미에서 사실 와인은 혼술, 홈술(혼자 마실 경우)에 적합하지가 않다. 왜냐하면, 와인은 오픈 후 장기간 보관이 힘들기 때문에(물론 요즘 다양한 기구들이 나와 몇 개월 보관도 가능) 한두 잔 마시기가 쉽질 않다. 그래서 와인의 경우 여러 종류의 와인을 나눠 마실 수 있는 동호회가 발달하게 되었다. 혼자 한 병(종류)의 와인을 마시는 것보다, 여러 명이서 여러 병(종류)의 와인을 마시는 게 효율적이기 때문이다. 그리고 와인의 경우 음식과 함께 마셔야 완벽한 경우가 많아서, 주로 레스토랑이나 와인 바에서 요리와 함께 마시기 때문이다. 그런 측면에서 앞으로 홈바, 홈텐딩이 더욱 유행할 듯하다.

칵테일

칵테일의 정의

칵테일은 수탉Cock의 꼬리Tail와 관련한 다양한 어원을 가지고 있다. 칵테일은 두 가지 이상의 음료를 섞어서 맛있고 멋있게 만든 혼합음료Mixed Drinks로써 분위기의 음료이고, 대화의 음료이며, 사색의 음료이다.

칵테일은 크게 세 가지로 나눌 수 있는데, 드라이 마티니Dry Martini처럼 술과 술을 섞는 칵테일, 진토닉Gin & Tonic이나 칼루아 밀크Kahlua & Milk처럼 술과 술 이외의 재료(청량음료, 영양음료, 기호음료 등)를 섞는 칵테일, 셜리 템플Shirley Temple처럼 술 이외의 재료끼리만 섞는 무알코올 칵테일이 그것이다. 이렇게 칵테일은 아주 독한 칵테일부터 무알코올 칵테일까지 다양하게 있기 때문에 미성년자를 포함해서 온 가족이 함께 즐길 수 있는 음료가 된다.

칵테일의 특징

칵테일은 다른 음료(특히 알코올성 음료)와 어떤 차이가 있을까?

첫째, 다양한 색, 향, 맛, 도수를 즉석에서 만들 수 있기 때문에 음료를 사용한 즉석요리Cooking라고 할 수 있다. 칵테일은 어떤 재료를 사용하느냐, 또는 그 재료의 양을 어떻게 조절하느냐에 따라 무수히 많은 종류를 만들어 낼 수가 있다. 둘째, 다른 알코올성 음료에 비해 영양이 풍부하고 건강에 덜 해롭다Well being. 최근 우리나라도 과즙이나 허브 등의 재료를 많이 사용하고 있고, 건강한 원료로 시럽이나 비터를 직접 만들어 쓰는 경우가 늘고 있다. 셋째, 모든 칵테일엔 저마다의 이야기가 있다Storytelling. 칵테일에는 역사, 문학, 사랑 등이 담겨 있으며, 최초 그 칵테일을 만든 사람의 생각,

이상, 영혼이 담겨 있다. 넷째, 직접 만드는 재미가 있다DIY. 칵테일에는 무알코올 칵테일도 있기 때문에 어린이도 함께할 수 있다. 다섯째, 한 잔씩 만들 수 있기 때문에 최근의 혼술, 홈술 트렌드와 가장 밀접한 음료이다.

바

칵테일의 기법

칵테일의 기법이란, 칵테일을 만들 때 재료를 섞는 방법을 말한다. 기법(技法), 즉 재료를 섞는 방법이 다양한 이유는 첫째, 재료의 성질이 다르다. 어떤 재료는 바 스푼으로 저으면 쉽게 섞이는 재료도 있고, 어떤 재료는 잘 섞이지 않기 때문에 셰이커나 블렌더를 사용해야 한다. 둘째, 내가 만들고자 하는 칵테일의 결과물이 다르기 때문이다. 같은 재료를 사용해도 기법이 달라지면 결과물이 달라진다. 예를 들어, 거품이 있는 칵테일을 만들고 싶을 때 빌드나 스터 기법으로는 힘들다. 이런 경우에는 셰이크나 블렌딩 기법을 사용한다.

기본적인 기법으로 빌드Build, 셰이크Shake, 스터Stir, 플로트Float, 블렌딩Blending, 머들링Muddling 등이 있는데, 일반적으로 바에서 가장 많이 사용하는 기법은 빌드Build와 셰이크Shake 기법이다. 빌드 기법은 글라스에 얼음과 재료를 넣고 바 스푼으로 저어서 만드는 기법으로, 재료를 넣는 순서가 아주 중요하다. 일반적으로 비중이 가벼운 재료를 먼저 넣는데, 비중이 가벼운 재료부터 무거운 재료 순으로 넣어야 잘 섞이기 때문이다. 재료의 비중은 주로 알코올의 함량, 즉 도수와 당분의 함량인 당도가 결정한다. 젓는 횟수는 칵테일에 따라 다른데, 보통 탄산음료가 들어가면 가급적 탄산을 날리지 않기 위해 살짝 저어준다. 셰이크 기법은 셰이커를 사용하여 흔들어 만드는 기법인데, 잘 섞이지 않는 재료일 때, 일부러 거품을 만들고 싶을 때, 부드러운 칵테일을 만들고 싶을 때 사용한다. 셰이킹하는 사람의 기술에 따라 칵테일의 맛이 달라지는데, 셰이킹할 때 리듬이 아주 중요하다. 셰이커 속의 얼음과 재료가 함께 움직여야 하며, 직선보다는 곡선으로 움직여야 얼음이 깨지지 않는다. 가끔 셰이킹 후에 셰이커 속의 얼음을 하나 꺼내서 칵테일에 띄우는 경우가 있는데, 셰이킹이 잘되었다는 것을 보여주는 의미가 있다. 셰이커에는 재료를 먼저 넣고, 얼음은 나중에 넣는다.

스터 기법은 바 스푼으로 저어서 섞는다는 점에서는 빌드 기법과 유사하지만, 만들어서 얼음을 걸러 액체만 따른다는 점에서 다르다. 재료가 가진 성질을 그대로 살리면서 새로운 맛을 만들고 싶을 때 주로 사용하는데, 만드는 사람의 기술이 필요한 기법이다. 블렌딩 기법은 재료와 얼음(주로 크러시드 아이스)을 블렌더에 넣고 갈아서 만드는 기법인데, 과일이나 비중이 높은 재료를 넣을 때 사용하는 기법이다. 주스보다 과일을 많이 사용하는 열대지방의 칵테일에 주로 사용한다. 플로트 기법은 재료 비중의 차이를 이용해 재료 위에 재료를 띄우거나 가라앉혀서 자연스럽게 그라데이션을 만들어 주는 기법이다. 띄우거나 가라앉힌 다음에는 젓지 않는다. 맛보다는 시각적인 아름다움을 중요시하는 기법이다. 머들링 기법은 머들러를 이용해서 과일이나 허브 등을 으깨는 기법이다. 보통 과일 등을 으깨는 머들링은 술과 같은 음료를 넣기 전에 하게 되고, 머들링을 할 때는 반드시 글라스 밑 부분을 잘 잡아야 글라스가 깨지는 것을 방지할 수 있다.

다양한 글라스

칵테일은 맛은 물론 비주얼도 아주 중요한 음료이기 때문에 다양한 글라스를 사용한다. 칵테일에 주로 사용하는 글라스로는 칵테일 글라스Cocktail Glass, 올드 패션드 글라스Old Fashioned Glass, 하이볼 글라스Highball Glass, 콜린스 글라스Collins Glass, 리큐어 글라스Liqueur Glass, 필스너 글라스Pilsner Glass, 사워 글라스Sour Glass, 포코 그란데 글라스Poco Grande Glass, 와인 글라스Wine Glass, 샴페인 글라스Champagne Glass, 샷 글라스Shot Glass, 브랜디 글라스Brandy Glass, 아이리시 커피 글라스Irish Coffee Glass, 벌룬 글라스Balloon Glass 등이 있다.

칵테일 글라스

이외에도 코코넛이나 과일을 그대로 글라스처럼 사용할 수도 있기 때문에 칵테일용 글라스에는 제한이 없다고 보면 된다. 물론 대부분의 글라스는 투명하다. 이것은 그만큼 칵테일이 비주얼이 중요하기 때문이기도 한데, 색깔이 좋지 않거나 건더기가 있는 경우에는 불투명한 용기를 사용할 수도 있다.

글라스의 관리 및 보관법

사용한 글라스는 중성세제로 세척하여 따뜻한 물로 헹구고, 흐르는 물로 다시 헹구어 엎어 10분 정도 둔 뒤에 물기가 빠진 글라스를 마른 린넨으로 물기를 완전히 제거한다. 그리고 글라스는 유리제품이므로 포개어 놓지 않는다. 스템이 있는 글라스는 먼지가 들어가지 않게 글라스 랙Glass Rack에 거꾸로 걸어 보관하고, 스템이 없는 글라스는 음료 영업장 선반에 깨끗한 린넨을 깔고 그 위에 거꾸로 세워 보관하면 된다. 엎어서 보관을 하기 어려운 글라스는 글라스 전용 캡을 사용하여 보관한다. 또한 글라스는 열이나 직사광선, 연기, 습기, 불쾌한 냄새가 나는 곳을 피하고, 육류 등 식자재 창고에 함께 보관하지 않도록 한다.

칵테일의 기구

칵테일을 만드는데 사용되는 대표적인 기구로는 셰이커Shaker, 지거Jigger, 바 스푼Bar Spoon, 믹싱 글라스Mixing Glass, 스트레이너Strainer, 머들러Muddler, 블렌더Blender, 스퀴저Squeezer, 글라스 리머Glass Rimmers, 레몬 필러Lemon Peeler, 푸어러Pourer 등이 있다.

물론 셰이커가 없으면 텀블러, 지거가 없으면 샷 글라스 혹은 소주잔, 바 스푼이 없으면 젓가락으로 저을 수도 있다. 하지만 칵테일을 만드는데 사용되는 필수 기구인 셰이커, 지거, 바 스푼, 푸어러 등은 크게 비싸지 않기 때문에 홈텐더라면 구비해둘 필요가 있다.

기구도 가격이 천차만별인데 구매 시 주의할 점은 첫째, 셰이커의 경우 최소 500ml 이상의 용량을 구매하는 것이 좋다. 특히 손이 작은 여성의 경우 작은 사이즈의 셰이커를 구매하는 경우가 많은데, 너무 작은 사이즈의 셰이커는 효과적인 셰이킹을 하기에도 어렵고, 두잔 이상의 칵테일을 만드는 것도 어렵기 때문에 구매한 후에 후회하는 경우가 많다. 그리고 바 스푼의 경우에도 작은 사이즈는 스터Stir를 하기 어렵기 때문에 300mm 이상을 구매하는 것이 좋다.

칵테일 기구

칵테일의 재료

칵테일의 주재료, 즉 베이스Base로는 진, 럼, 보드카, 테킬라, 위스키, 브랜디 등 6대 증류주와 리큐어가 주로 사용된다.

비알코올성 음료로는 탄산음료, 주스, 우유, 시럽, 커피, 티 등이 사용되는데, 칵테일의 재료는 사람이 먹을 수 있는 재료라면 거의 제한이 없다. 최근에는 웰빙, 프리미엄 재료 사용 등의 영향으로 과즙, 허브, 탄산수 등의 재료도 많이 사용되며, 때로는 직접 제조한 시럽이나 비터가 사용되기도 한다.

한편, 우리나라 전통주를 활용한 칵테일도 지속적으로 개발이 되고 있다.

시럽

칵테일에 많이 사용하는 재료로는 시럽이 있다. 물과 설탕으로 만드는 심플 시럽Simple Syrup을 기본으로 그레나딘 시럽Grenadine Syrup, 라즈베리 시럽Raspberry Syrup 등 다양한 시럽을 사용하는데, 최근에는 시럽을 직접 만들어서 쓰는 경우도 있다.

시럽은 칵테일에 단맛을 부여하는데, 신맛과 쓴맛을 잡아주는 역할도 하고, 때로는 다양한 색깔을 만들어 준다. 만약 단맛, 색깔과 함께 알코올도 부여하고 싶을 경우에는 리큐어Liqueur를 사용한다.

얼음

칵테일에 있어서 얼음은 아주 중요하다. 얼음은 칵테일의 재료 중 하나라고 말을 해도 과언이 아니고, 어떤 얼음을 쓰느냐에 따라 칵테일의 맛이 완전히 달라진다.

기본적으로 얼음은 크고 단단하며 투명한 얼음이 좋다. 같은 사이즈의 글라스에 얼음을 넣을 때 얼음의 사이즈가 작아질수록 넣는 수량이 많아지고, 수량이 많아지면 공기와 닿는 단면적은 넓어지기 때문에 같은 시간이 흘렀을 때 물이 더 많아진다. 또 냉동실에 꽝꽝 얼린 얼음과 제빙기의 얼음은 단단함이 다르다. 물론 제빙기도 성능이 다르지만, 일반적인 제빙기의 얼음인 경우 금방 녹아서 물이 많이 생기기 때문에 드라이 마티니와 같은 섬세한 칵테일에는 적합하지가 않다.

요즘은 여러 업체에서 다양한 형태와 사이즈의 얼음을 생산하여 배송을 하고 있기 때문에, 예전처럼 바텐더가 직접 얼음을 깎지 않아도 편하게 품질 좋은 얼음을 사용할 수가 있다.

칵테일의 장식

일반적으로 칵테일의 장식은 데커레이션Decoration이라고 하지 않고 가니쉬Garnish라고 한다. 원래 가니쉬란, 완성된 음식의 모양이나 색을 좋게 하고 식욕을 돋우기 위해 음식 위에 곁들이는 장식을 말하는데, 칵테일의 가니쉬는 단순한 장식의 의미를 넘어 때로는 안주, 때로는 재료의 역할도 한다.

칵테일

칵테일의 글라스가 옷이라면 가니쉬는 액세서리라고 할 수 있다. 화룡점정(畵龍點睛)이란 말이 있듯이, 칵테일은 가니쉬로 완성이 되고 더욱 빛이 난다.

칵테일의 가니쉬는 칵테일의 재료, 글라스 등과 잘 어울리는 것이 좋은데, 일반적으로 칵테일을 만드는데 사용했던 재료를 활용한다. 대표적인 칵테일의 가니쉬에는 올리브Olive, 어니언Onion, 체리Cherry, 파인애플Pineapple, 라임 혹은 레몬 슬라이스Lemon Slice 및 웨지Wedge, 라임 혹은 레몬 트위스트Lemon Twist 등이 있다. 때로는 과일을 건조시켜 사용하기도 한다. 같은 과일이라도 자르는 모양에 따라 역할이 달라지는데, 예를 들어 레몬 웨지는 즙을 짜고 글라스에 담기 때문에 재료와 장식의 역할을 하고, 슬라이스의 경우는 단순한 장식의 개념이 강하다.

장식의 역할

칵테일은 '맛'과 '멋'이 있어야 한다. 두 가지 이상의 재료를 섞으면 칵테일이 되지만, 무조건 섞기만 한다면 폭탄주이지 진정한 의미의 칵테일이 아니다. 그런 의미에서 칵테일의 멋을 좌우하는 가니쉬는 참 중요하다.

가니쉬의 용도는 크게 네 가지로 구분할 수 있다. 첫째, 장식Garnish의 역할을 한다. 한 잔의 칵테일에 멋을 더해준다. 둘째, 재료의 역할이다. 진토닉의 라임은 재료의 역할을 한다. 셋째, 안주의 역할을 한다. 마티니의 올리브는 훌륭한 안주이다. 넷째, 유사한 다른 칵테일과 구별하는 역할을 한다.

그렇다면 가니쉬는 어느 쪽에 위치하는 것이 옳을까? 오른쪽? 왼쪽? 아니면 아무쪽이나? 결론부터 말하자면, 일반적으로 가니쉬는 고객이 오른손잡이일 경우 만드는 사람을 기준으로 오른쪽에 위치하는 것이 맞다. 오른쪽에 해야 고객이 왼쪽에 받게 되며, 자연스럽게 오른손으로 글라스를 잡고 왼손으로 가니쉬를 잡게 된다. 물론 손님이 왼손잡이인 것을 아는 경우에는 왼쪽에 하는 것이 맞다. 가니쉬 하나도 상대방(고객)을 생각하는 마음, 상대방에 대한 배려, 그것이 서비스의 기본이자 출발점이다.

코스터의 역할

칵테일의 글라스에 받쳐 나오는 코스터Coaster의 역할은 크게 네 가지로 볼 수가 있다.

첫째, 글라스의 밑 부분이 상하지 않게 쿠션 역할을 한다. 술을 마시다보면 취하게 되고, 글라스를 테이블이나 바에 탁탁 놓는 경우가 있다. 이럴 경우 올드 패션드 글라스와 같이 밑이 단단한 경우는 별로 상관이 없지만 칵테일 글라스, 샴페인 글라스 등은 자칫 깨질 우려가 있다. 즉 코스터는 글라스의 밑 부분이 깨지는 것을 방지하여 글라스를 보호하는 것이다.

둘째, 글라스가 미끄러지는 것을 방지한다. 테이블의 경우 균형이 맞지 않아 글라스가 미끄러지는 경우도 있다. 코스터는 글라스가 미끄러지는 것을 방지하여 글라스를 고정한다.

셋째, 일반적으로 칵테일은 차게 서브된다. 이럴 경우 물방울이 글라스를 타고 테이블까지 흐르면 물이 고이기도 하고, 물방울 때문에 글라스가 미끄러지기도 하고, 마시려고 글라스를 집어들 때도 방해가 된다. 코스터는 이런 물방울을 흡수하는 역할도 한다. 그래서 원칙적으로 코스터는 종이 재질이 가장 좋다.

넷째, 매장 홍보의 역할을 한다. 코스터에는 보통 매장이름, 전화번호, 주소와 같은 정보가 들어가는 경우가 많다. 그리고 고객들은 칵테일의 사진을 찍어 인스타그램 등 개인 SNS에 올리는 경우가 많기 때문에 훌륭한 홍보물 역할도 한다.

주재료별 대표적인 칵테일

진Gin으로 만든 대표적인 칵테일로는 김렛Gimlet, 깁슨Gibson, 네그로니Negroni, 드라이 마티니Dry Martini, 이스트사이드Eastside, 롱아일랜드 아이스티Long Island Iced Tea, 싱가포르 슬링Singapore Sling, 오렌지 블로섬Orange Blossom, 진토닉Gin & Tonic, 파라다이스Paradise, 톰 콜린스Tom Collins, 핑크 레이디Pink Lady 등이 있다.

헨드릭스 진토닉

싱가포르 슬링

럼Rum으로 만든 대표적인 칵테일로는 바카디Bacardi, 블루 사파이어Blue Sapphire, 블루 하와이안Blue Hawaiian, 카이피리냐Caipirinha, 카타르시스Catharsis, 쿠

카이피리냐

피냐 콜라다

바 리브레Cuba Libre, 다이키리Daiquiri, 파우스트Faust, 마이-타이Mai-tai, 모히토Mojito, 럼콕Rum & Coke, 피냐 콜라다Pina Colada 등이 있다.

보드카Vodka로 만든 대표적인 칵테일로는 블랙 러시안Black Russian, 블러디 메리Bloody Mary, 블루 라군Blue Lagoon, 갓 마더God Mother, 레몬 드롭Lemon Drop, 모스코 뮬Moscow Mule, 머드 슬라이드Mud Slide, 섹스 온 더 비치Sex on the Beach, 스크루드라이버Screwdriver, 시브리즈Seabreeze, 애플 마티니Apple Martini, 에메랄드 마티니Emerald Martini, 에스프레소 마티니Espresso Martini, 우우Woo Woo, 초콜릿 마티니Chocolate Martini, 카미카제Kamikaze, 코스모폴리탄Cosmopolitan, 키스 오브 파이어Kiss of Fire, 하비 월뱅어Harvet Wallbanger, 보드카 크랜베리Vodka Cranberry, 보드카 토닉Vodka & Tonic 등이 있다.

핫 토디

테킬라Tequila로 만든 대표적인 칵테일로는 블랙 멕시칸Black Mexican, 브레이브 불Brave Bull, 디아블로Diablo, 마가리타Margarita, 테킬라 토닉Tequila & Tonic 테킬라 슬래머Tequila Slammer, 테킬라 선라이즈Tequila Sunrise 등이 있다.

위스키Whisky로 만든 대표적인 칵테일로는 불러바디어Boulevardier, 갓 파더God Father, 핫 토디Hot Toddy, 뉴욕New York, 러스티 네일Rusty Nail, 로브 로이Rob Roy, 맨해튼Manhattan, 버번 앤 콕Bourbon & Coke, 아이리시 커피Irish Coffee, 올드 패션드Old Fashioned, 사제락Sazerac, 위스키 사워Whiskey Sour, 홀-인-원Hole-In-One 등이 있다.

브랜디Brandy로 만든 대표적인 칵테일로는 브랜디 앤 진저엘Brandy & Gingerale, 브랜디 에그노그Brandy Eggnog, 브랜디 사워Brandy Sour, 브랜디 알렉산더Brandy Alexander, 비 앤 비B&B, 비트윈 더 쉬츠Between the Sheets, 사이드카Sidecar, 스팅어Stinger, 올림픽Olympic, 허니문Honeymoon 등이 있다.

리큐어Liqueur로 만든 대표적인 칵테일로는 골든 캐딜락Golden Cadillac, 비-52 B-52, 그래스호퍼Grasshopper, 말리부 베이 브리즈Malibu Bay Breeze, 미도리 사워Midori Sour, 베일리스 밀크Bailey's Milk, 브레인 헤머리지Brain Haemorrhage, 옥보단Okbodan, 섹시 마일드Sexy Mild, 스푸모니Spumoni, 슬로 진 피즈Sloe Gin Fizz, 아그와 밤Agwa Bomb, 애프리코트Apricot, 에인절스 키스Angel's Kiss, 예거마이스터 쿨러Jagermeister Cooler, 예거 밤Jager Bomb, 오르가즘Orgasm, 준벅June Bug, 초콜릿 케이크Chocolate Cake, 카시스 프라페Cassis Frappe, 칼루아 밀크Kahlua Milk, 퍼지 네이블Fuzzy Navel, 피에스 아이러브유PS I Love You, 피치 그러쉬Peach Crush, 엑스 토닉X-tonic 등이 있다.

뱅 쇼

와인Wine으로 만든 대표적인 칵테일로는 아도니스Adonis, 벨리니Bellini, 블랙 벨벳Black Velvet, 키르Kir, 키르 임페리얼Kir Imperial, 키르 로열Kir Royal, 미모사Mimosa, 샹그리아Sangria, 스프리처Spritzer, 뱅 쇼Vin Chaud, 와인 쿨러Wine Cooler 등이 있다.

맥주Beer로 만든 대표적인 칵테일로는 보일러 메이커Boilermaker, 더티 호Dirty Hoe, Black and Tan, 닥터 페퍼Dr. Pepper, 아이리시 카 밤Irish Car Bomb 레드 아이Red Eye, 섀디 가프Shandy Gaff 등이 있다.

한편, 대표적인 무알코올 칵테일Mocktail로는 골드 메달리스트Gold Medalist, 파인애플 선샤인Pineapple Sunshine, 셜리 템플Shirley Temple, 신데렐라Cinderella 등이 있다.

톱10 칵테일

모스코 뮬

매년 조금씩 달라지기는 하지만, 월드 톱10 칵테일로는 올드 패션드Old Fashioned, 네그로니Negroni, 맨해튼Manhattan, 다이키리Daiquiri, 드라이 마티니Dry Martini, 위스키 사워Whiskey Sour, 마가리타Margarita, 사제락Sazerac, 모스코 뮬Moscow Mule, 모히토Mojito 등이 있고, 대한민국 톱10으로는 모히토Mojito, 진토닉Gin & Tonic, 롱아일랜드 아이스티Long Island Iced Tea, 준벅June Bug, 칼루아 밀크Kahlua & Milk, 블랙 러시안Black Russian, 드라이 마티니Dry Martini, 갓 파더God Father, 진피즈Gin Fizz, 모스코 뮬Moscow Mule 등이 있다.

인기 칵테일을 보면, 확실히 우리나라가 칵테일을 즐기는 평균 연령이 낮다는 것을 알 수 있다. 현재 문화가 많이 바뀌고 있지만 여전히 바에 혼자 가는 것을 낯설게 생각하고, 주로 특별한 날에 혹은 커플이 데이트할 때 바에 가는 경향이 있다. 최근 우리나라도 위스키 하이볼 등 하이볼류가 인기를 더해가고 있고, 특히 버번 위스키 베이스 칵테일의 인기도 높아지고 있다.

한편, 칵테일 마니아들의 경우 그 매장의 시그니처 칵테일Signature Cocktail을 즐기는 경우도 많다.

칵테일 파티의 노하우

파티는 사교와 정보 교류의 장이다. 파티는 누구나 주최할 수 있지만, 성공적인 파티를 위해서 알아야 할 사항들이 있다. 파티는 사람을 만나는 것이기 때문에 매너가 필수적이고, 파티 플래닝을 할 때는 사람, 장소와 시간, 주제와 연출에 신경을 써야 한다.

육하원칙에 의해 파티 기획서를 작성해 보면 체계적인 파티 준비가 가능하다. 거창한 기획서를 작성하라는 것이 아니라, 육하원칙에 따라 계획을 잡아보라는 의미이다. 드레스 코드Dress Code를 정하는 경우가 있는데, 드레스 코드는 색상Black 등 혹은 스타일Sexy 등로 지정을 할 수 있는데, 파티 참가자를 하나로 묶어주는 역할을 한다. 보통 드레스 코드는 주제에 맞춰 선정을 하게 되는데, 너무 강압적인 경우 참석 자체를 꺼릴 수 있기 때문에 주의해야 한다. 파티 호스트는 참가자들이 서로 인사할 수 있는 기회를 제공해야 하고, 친한 사람만이 아니라 전체적으로 어울려야 한다.

칵테일 파티에 사용할 칵테일을 선정할 때에는 참석자에 맞는 칵테일을 선정해야 한다. 연령에 따라, 성별에 따라 선호하는 칵테일이 다를 수 있기 때문이다. 불특정 다수가 참석하는 파티인 경우에는 기본적으로 도수가 높은 칵테일, 도수가 낮은 칵테일, 달달한 칵테일, 무알코올 칵테일을 준비하면 된다. 그리고 가니쉬는 미리 준비를 해둔다.

바텐더가 별도로 없는 일반적인 파티 칵테일의 조건은 첫째, 재료를 구하기 쉽고, 이왕이면 저렴하며, 가짓수가 적은 칵테일이 좋다. 롱아일랜드 아이스티 혹은 싱가포르 슬링과 같이 재료가 많이 들어가는 칵테일은 파티 칵테일로 적합하지가 않다. 맛이 없다는 것이 아니라, 하나의 칵테일을 만들기 위해 7~8가지 재료를 준비하는 것은 비효율적이란 의미이다. 둘째, 만들기가 쉬워야 한다. 모히토가 인기는 있지만, 파티 참가자가 많고 호스트가 바텐더 역할도 해야 하는 경우에는 적합하지 않을 수도 있다. 셋째, 대중적인 맛을 가진 칵테일이 좋다. 호스트가 드라이 마티니를 좋아한다고 해도 20대 초반 여학생들이 오는 파티에 드라이 마티니와 같은 칵테일은 어울리지 않을 수도 있다.

칵테일 파티

칵테일 행사 1

칵테일 행사 2

칵테일 안주

우리나라 사람들에게는 술에 반드시 안주가 있어야 한다. 하지만 서양에서는 칵테일 안주가 딱히 정해져 있지 않다. 보통 칵테일을 시키면 간단한 견과류나 비스킷류를 제공한다. 그리고 칵테일과 함께 나오는 가니쉬Garnish가 좋은 안주가 될 때가 많다. 마티니에 들어 있는 올리브나 맨해튼에 들어 있는 체리처럼 칵테일 픽Cocktail Pick에 꽂아서 글라스에 담아놓은 가니쉬는 안주의 개념이 강하다. 파티 때는 카나페Canape와 같은 핑거 푸드Finger Food를 준비하는 경우가 많다.

카나페

칵테일과 폭탄주

칵테일은 맛과 멋이 있어야 한다. 반면, 폭탄주는 빨리 취할 수 있어야 한다. 따라서 폭탄주에는 보통 맥주와 같이 탄산이 포함된 음료가 들어간다. 그리고 칵테일은 파우스트Faust 등 아주 도수가 높은 칵테일부터, 도수가 낮은 칵테일은 물론 무알코올 칵테일Mocktail도 있기 때문에 온가족이 함께 즐길 수 있지만, 폭탄주는 미성년자는 즐길 수가 없다.

참고로, 우리가 흔히 마시는 폭탄주(위스키 + 맥주, 소주 + 맥주)의 도수는 섞는 비율에 따라 다르지만 보통 8% 내 · 외이다. 생각보다 도수는 높지 않지만 빨리 취하는 이유는 역시 탄산이 들어가서 몸에 흡수가 빠르기 때문이다.

재료 보관법

모든 재료를 냉장고에 보관하는 사람들이 있는데, 음식물을 냉장고에 넣어 놓는다고 해서 안전한 것만은 아니다. 냉장고에서 일정하게 낮은 온도로 보관을 하면 신선도를 유지하는 것도 있지만, 오히려 풍미가 사라지거나 너무 일찍 상하는 경우도 있다.

칵테일에 사용되는 재료 중 증류주와 리큐어는 대부분 상온에 보관하면 된다. 그럼 리큐어인 베일리스처럼 유통기한이 있는 경우에는 장기간 사용을 할 경우라면 오픈 후 냉장 보관을 하는 것이 좋다. 시럽도 일반적으로 상온에 보관을 하는데, 시럽의 종류에 따라서 개봉 후에는 냉장 보관을 하는 것도 있기 때문에 라벨에 있는 보관 방법을 반드시 확인해야 한다. 주스의 경우 개봉 후에는 반드시 냉장 보관을 해야 한다. 과일의 경우에도 냉장 보관을 해야 하는 것과 그렇지 않은 것이 있으므로, 종류별로 보관 방법을 체크하는 것이 좋다. 초콜릿도 냉장 보관을 하지 않고, 서늘하고 어두운 곳에 보관을 해야 본연의 맛을 즐길 수가 있다.

바텐더가 갖추어야 할 덕목

바텐더

바텐더는 음료서비스의 전문가이다. 기본적으로 인성, 실력, 지식이 필수인데, 구체적으로 서비스 마인드, 아름다운 미소, 열정, 술에 대한 지식과 일반 상식, 조주 기술, 플레어(저글링, 마술, 타로카드 등), 외국어, 외모(예쁘고 잘생긴 것을 의미하는 것이 아니라, 편안하고 단정하며 호감을 줄 수 있는), 정직, 사교력, 언변, 기억력, 세일즈 능력, 직업에 대한 긍지와 자부심 등이 필요하다.

바텐더의 30대 수칙

고객의 입이 닿는 글라스의 림Rim 부위는 절대 손으로 잡지를 않는다. 고객이 원하는 것을 안다고 확신하질 말고 항상 질문을 한다. 또한 고객이 좋아하는 음료를 기억한다. 어떤 이유에서건 고객이 음료의 맛을 좋아하질 않는다면 사과를 하고 다른 음료를 제공한다. 얼음을 손으로 잡지를 말며

절대 유리글라스를 아이스 스쿠프Ice Scoop로 사용하지 않는다.

고객이 오면 코스터Coaster를 앞에 놓고 음료가 바뀔 때마다 교체한다. 음료에 적합한 스터러Stirrer, 스트로Straw, 가니쉬Garnish를 제공한다. 필요한 경우 글라스를 미리 차게 해 둔다. 그리고 고객에게 묻지 않고 음료의 브랜드를 교체하지 않는다. 모든 음료는 티 없는 깨끗한 글라스에 제공하고, 넘치지 않도록 한다. 고객이 추천을 원할 경우를 대비해서 항상 창작 칵테일 레시피를 몇 가지 준비해 둔다.

고객과의 원활한 대화를 위해 매일 신문을 읽고 뉴스를 본다. 고객이 있는 경우 직원들끼리 개인적인 대화를 하지 않도록 하며, 고객이 보는 장소에서 흡연을 하질 않는다. 그리고 고객이 있는 경우 앉아 있지 말고 항상 서 있도록 한다. 고객이 병을 주문한 경우 술병 오픈은 항상 고객 앞에서 한다. 또한 고객들의 대화에 함부로 끼어들지 않는다.

남녀 동반 시 여성의 주문을 우선으로 하며, 바 안에서 얼굴이나 머리를 만지지 않도록 한다. 어떤 경우에도 고객을 차별하지 않으며, 고객이 하는 이야기는 항상 경청을 한다. 그리고 어떤 경우에도 고객과는 언쟁을 하지 않는다. 처음 온 고객인 경우, 반드시 명함을 받아 그 고객의 특징 및 주문 음료를 간략하게 기록한다. 남녀 일행이 온 경우 지나친 주의를 기울이지 않도록 한다.

2인 이상 동반 시 잘 아는 고객이 있더라도 상대방이 모르는 체할 때는 가벼운 인사만 한다. 조용히 혼자서 음료를 즐기기를 원하는 고객에게는 지나치게 말을 걸지 않도록 한다. 본인이 제공하는 음료에 대해 항상 공부하고, 절대로 레시피를 보고 조주하지 않는다. 이유 없이 시비를 거는 경우에는 좋게 말을 한 다음 매니저가 처리토록 한다. 자신이 프로임을 잊지 않고, 음료 전문가로서 일에 대한 자부심을 가진다. 고객 앞에서는 항상 즐거운 마음으로 미소를 짓도록 한다.

필자가 오래전 상기의 30대 수칙을 정리했는데, 개인의 경험을 기초로 작성한 것이기 때문에 절대적인 것은 아니며 상황에 따라 바뀔 수도 있다.

바에서 술병을 매일 닦아야 하는 이유

바에서는 보통 영업시작 전에 술병을 닦게 된다. 술병을 닦아야 하는 진짜 이유는 무엇일까? 물론 먼지나 얼룩 등을 제거하기 위해 닦는다. 하지만 더 중요한 이유가 있다.

첫째, 술병의 위치를 파악하라는 의미가 있다. 술병을 닦으면서 어떤 술이 어디에 있는지를 파악해 두는 것이다. 둘째, 술에 대한 공부를 하라는 것이다. 술병의 라벨에는 술에 대한 상당한 정보들이 들어 있다. 항상 공부할 때는 라벨 읽는 법부터 하면 술병을 보는 재미가 생긴다. 셋째, 술의 재고를 파악하라는 의미가 있다. 물론 영업이 끝난 후 인벤토리Inventory를 작성을 하게 되지만, 피곤하다보면 그냥 퇴근하기가 쉽다. 그러면 막상 써야 할 때 재료가 없는 경우가 있다. 술병을 닦으면서 술이 얼마나 있는지 파악하는 것도 중요한 일이다. 넷째, 술을 만든 사람의 열정, 노력과 장인정신을 되새겨 보라는 의미가 있다. 특히 일본에서는 이러한 점을 중요하게 생각한다. 그 술을 만드는데 들어간 재료를 재배한 농부들의 땀까지도 되새기며 감사한 마음을 가지는 것, 그것이 매일 술병을 닦아야 하는 이유이다.

영화 혹은 드라마 속의 칵테일

가장 유명한 칵테일 영화라면, 1990년에 국내에 개봉한 톰 크루즈 주연의 영화 〈칵테일Cocktail〉이다. 이 영화가 나온 후 한동안 칵테일 학원이 성황을 이루기도 했다. 필자도 이 영화를 보고 바텐더에 입문을 했다. 이 영화에 나온 대표적인 칵테일이 블러디 메리Bloody Mary, 쿠바 리브레Cuba Libre, 진토닉Gin & Tonic, 카미카제Kamikaze, 오르가즘Orgasm, 레드 아이Red Eye, 스크루드라이버Screwdriver, 섹스 온 더 비치Sex on the Beach, 싱가포르 슬링Singapore Sling, 벨벳 해머Velvet Hammer 등이다.

007 제임스 본드의 칵테일로 시대를 불문하고 수많은 영화와 드라마 속에 등장하는 마티니 중 역사상 가장 유명한 칵테일은 단연 '마티니'이다. 칵테일은 마티니로 시작해서 마티니로 끝난다는 유명한 말이 있을 정도인데, 여러 가지 일화를 낳은 칵테일의 황제 마티니는 황제라는 말에 걸맞게 스위트에서 초드라이에 이르기까지 종류도 다양하나.

1979년에 출판된 『The Perfect Martini Book』에 무려 268가지의 레시피가 소개되어 있다. 2015년에 개봉한 영화 〈캐롤Carol〉과 〈킹스맨: 시크릿 에이전트Kingsman : The Secret Service〉, 2018년에 개봉한 영화 〈부탁 하나만 들어줘A Simple Favor〉에도 등장해서 강렬한 존재감을 과시했다.

1970년대 후반 미국 뉴욕주 롱아일랜드에서 처음 만들어진 롱아일랜드 아이스티(줄여서 '롱티'라고 불림)도 많은 드라마와 영화에 등장했는데, 드라마 〈섹스 앤 더 시티Sex and the City〉와 1999년에 개봉한 영화 〈사랑보다 아름다운 유혹Cruel Intentions〉, 애니메이션인 〈심슨가족The Simpsons〉에도 종종 등장했다.

세계인이란 의미의 코스모폴리탄Cosmopolitan 칵테일은 인기 미국 드라마이자 영화인 〈섹스 앤 더 시티Sex and the City〉에 자주 등장을 해서 전 세계적으로 유명해진 칵테일이다. 특히 다소 알코올이 강한 칵테일을 선호하는 여성들이 좋아한다.

해변의 칵테일로 유명한 시브리즈Seabreeze는 1995년에 개봉한 영화 〈프렌

모히토

치 키스French Kiss〉에서 당대 로맨틱 코미디물의 여왕 멕 라이언Meg Ryan이 마셔서 일약 세계적으로 유명한 칵테일이 되었다. 영화에서 여주인공 케이트는 프랑스 깐느 해변에서 찰리와 그의 매혹적인 애인 줄리엣 앞에서 바텐더에게 시브리즈를 주문하면서 "프랑스 웨이터는 무례하게 할수록 친절해진다."라는 농담을 던진다.

요즘 우리나라에서는 모히토Mojito 칵테일을 모르는 사람이 드물다. 2015년에 개봉한 영화 〈내부자〉들에서 "모히토 가서 몰디브 한 잔"이라는 이병헌의 대사로 칵테일에 관심이 없던 사람들도 모히토라는 칵테일 이름을 알게 되었다.

술을 맛있게 마시기 위해 중요한 요소들

같은 술이라도 어떻게 마시느냐에 따라 맛이 달라진다. 무더운 여름날 칠링이 전혀 안된 맥주를 마신다고 생각해보라. 향이 중요한 와인이나 싱글몰트 위스키를 샷 글라스에 마신다고 생각해보라. 청량감이 있고 부드러운 타입의 소슈와 같은 사케를 훈제요리와 함께 마신다고 생각해보라. 그렇다면 술을 맛있게 마시기 위한 중요한 요소들을 생각해보자.

첫째, 기본적으로 술의 보관 상태가 중요하다. 물론 보관 환경에 영향을 거의 받지 않는 증류주들은 관계없지만, 보관 상태가 중요한 양조주들은 보관이 잘못되면 상하거나 맛이 변질되었을 가능성도 많다. 기본적으로 보관이 잘못된 와인이나 사케를 마신다는 것은 꺼려지는 일이다.

둘째, 보관이 잘되었다고 가정했을 때, 술을 맛있게 마시기 위한 중요한

다섯 가지 요소는 상황, 술의 온도, 술잔, 요리, 서브하는 사람의 기술이라고 말할 수 있다(개인적인 의견이며, 다른 요소들도 있음).

셋째, 상황이라는 것은 어떤 계절이냐, 누구와 마시는가(어떤 자리인가), 식전인가 식중인가 식후인가의 여부를 말한다. 날씨가 무더울 때와 날씨가 추울 때 선호하는 술은 달라질 수밖에 없다. 무더운 날 데워진 사케를 마시는 일, 뼛속까지 추운 날 생맥주를 마시는 일은 생각만 해도 별로 유쾌하지가 않다. 같은 맥주라도 계절에 따라 가장 적정한 온도가 달라져야함은 물론이다. 일반적으로 여름의 경우가 겨울의 경우보다 차게 서브되는 것이 정상이다.

누구와 마시는가도 중요하다. 비즈니스 미팅인지 데이트인지의 여부에 따라 선정되는 술이 달라질 수 있기 때문이다. 또한 식전인지 식중인지 식후인지에 따라서도 선정되는 술은 달라져야 한다. 보통 식전에는 시거나 쓴 종류, 식후에는 달콤한 종류가 선호된다.

넷째, 술은 온도가 중요하다. 화이트 와인과 레드 와인의 가장 적정한 서브온도는 당연히 다르며, 같은 화이트 와인이라고 할지라도 일반적으로 향이 풍부할수록, 고급의 제품일수록 높은 온도에서 서브하는 것이 원칙이다. 온도가 너무 낮으면 향이 죽어버리기 때문이다. 어떤 성분이 주를 이루느냐에 따라 온도를 정하게 된다. 사케의 경우 쿤슈, 소슈, 쥰슈, 쥬쿠슈 등 타입에 따라 서브온도가 달라져야 그 술을 맛있게 마실 수 있다.

다섯째, 술잔도 중요하다. 향이 뛰어난 타입의 술은 튤립 모양의 잔이 적합하고, 향과 맛은 강하지 않지만 경쾌하고 부드러운 타입으로 시원하게 마시는 것이 좋은 소슈와 같은 사케는 투명한 작은 잔이 적합하다. 일본의 경우 싱글몰트 위스키 전문 바의 경우 아예 샷잔을 구비하지 않을 정도로 잔에 신경을 쓴다. 어떤 잔에 마시느냐에 따라 술 맛이 달라짐은 물론이다.

여섯째, 술과 함께 먹는 요리도 중요하다. 우리가 보통 음식궁합이라고 하는 것이 술과 요리에도 적용되기 때문이다. 보통은 끼리끼리 어울린다고 생각하면 된다. 향과 맛이 약한 술은 담백한 음식, 향과 맛이 강한 술은 전골류와 같은 진한 음식과 어울리고, 달콤한 술은 케이크와 같은 달콤한 음식이 잘 어울린다.

물론 위의 모든 요소보다 더욱 중요한 것은 즐거운 자리에서 좋은 사람들과 즐겁게 마시는 한잔이다.

칵테일 맛을 좌우하는 변수들

가장 중요한 것은 역시 재료와 레시피이다. 그 다음이 만드는 사람의 기술과 경험 그리고 자신감이다. 칵테일을 담는 글라스도 중요하기 때문에, 내가 만든 칵테일을 어떤 글라스에 담을 것인지에 대한 고민도 중요하다. 그리고 칵테일은 주로 얼음을 사용해서 만들기 때문에 마실 때의 온도도 무시할 수가 없다. 따라서 신속하게 만들어서 서비스하는 것도 중요하다. 맛의 70%는 시각, 후각, 분위기가 좌우한다고 한다. 따라서 어디서 어떤 칵테일을 마시는가도 중요하지만, 역시 함께 마시는 사람이 가장 중요하다.

칵테일 대회

매년 다양한 칵테일 대회가 개최된다. 2009년부터 디아지오에서 개최하는 「월드클래스World Class」, 2016년부터 싱글몰트 위스키 브랜드 글렌피딕이 진행하는 「월드 모스트 익스페리멘탈 바텐더World Most Experimental Bartender」,

2020년부터 화요와 한국국제전시에서 주최하고 대한칵테일조주협회와 한국음료강사협의회가 주관하는 「화요 칵테일 챔피언십」, 2002년부터 한국베버리지마스터협회(구 한국바텐더협회)가 주최하고 농림축산식품부가 후원하는 「코리안컵 칵테일대회」, 2015년부터 한국식음료문화협회가 주최하고 시럽회사인 1883에서 후원하는 「1883 챔피언십대회」, 2012년부터 시럽회사인 모닌Monin에서 주최하는 「모닌컵 바텐더 챔피언십」 등이 있다.

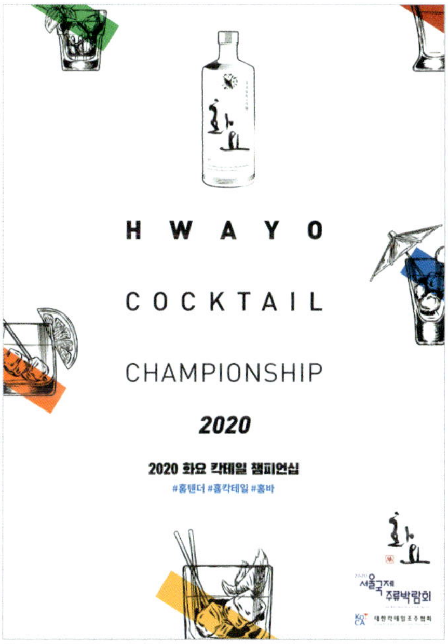

화요 칵테일 챔피언십대회 포스터

국가자격증 조주기능사

한국산업인력공단에서 실시하고 있는 조주기능사 자격증은 술을 포함한 음료에 관한 유일한 국가공인자격증이다. 조주에 관한 숙련 기능을 가지고 조주 작업과 관련되는 업무를 수행할 수 있는 전문 인력을 양성하고자 1984년부터 시작되었는데, 2020년에는 필기시험은 6,240명이 응시해서 4,602명이 합격(합격률 73.8%)했고, 실기시험에는 5,169명이 응시해서 3,696명이 합격(합격률 71.5%)했다. 필기시험에 합격(60점 이상)을 하면 필기시험 합격일로부터 2년간 실기시험에 응시를 할 수가 있다. 술에 관한 유일한 국가자격증이라는 희소성으로 인해 바텐더 지망생, 관련 계열 학생은 물론 일반인들도 많이 응시한다.

원서접수 및 상세한 정보는 큐넷http://www.q-net.or.kr에서 확인이 가능하다.

기물 · 글라스 · 재료 구매처

주류(전통주는 인터넷 구매 가능)를 제외한 기물, 글라스, 재료는 인터넷 구매가 가능하다. 요즘은 스마트 오더를 통해 주문을 하고 집에서 가까운 편의점에서 수령을 하는 시대가 되었다. 스마트 오더란, 모바일 웹 등을 이용하여 주문한 상품을 매장에 방문하여 바로 픽업하는 서비스로 미성년자는 주류 구입이 불가하다.

최근 코로나19의 영향으로 가정용 주류의 판매량이 늘었고, 특히 집에서 가까운 편의점을 이용하는 경우가 크게 늘고 있다. 오프라인으로 기물, 글라스, 주류를 구매하는 경우에는 서울의 남대문상가가 많이 활용된다. 백화점이나 대형마트의 경우에도 많이 사용되는 주류를 일부 구매할 수는 있는데 품목이 제한적이고, 칵테일에 주로 사용되는 리큐어의 판매 종류는 여전히 많지가 않다. 라임이나 민트 등 과일이나 허브의 경우는 가락시장이나 인터넷을 이용하면 저렴하게 구매할 수가 있다. 간혹 백화점이나 대형마트에서도 판매를 하는데, 지점에 따라 상황이 다르기 때문에 전화로 문의를 한 후에 방문을 하는 것이 좋다.

【참고문헌】

Anthony Giglio, Mr. Boston, John Wiley & Sons(2006)
Ben Reed, Cool Cocktails, Ryland Peters & Small(2000)
Ben Reed, Martinis, Ryland Peters & Small(2006)
James Butler and Vicki Liley, Cocktails, Tuttle Publishing(2007)
Jeffrey Morgenthaler, The Bar Book, Chronicle Books(2014)
Paul Martin, Cocktails Step-By-Step, Parragon Books(2012)
Stuart Walton, Classic Cocktails, Lorenz Books(2010)
이석현 외, 조주학개론, 백산출판사(2011)
이석현 외, NCS 바텐더 학습모듈(2018)
전재구, 나합격 조주기능사, 삼원북스(2021)

"칵테일은 '혼술 · 홈술'에 가장 적합한 음료로서, 분위기의 음료이고, 대화의 음료이며, 사색의 음료이다. 오늘 저녁 향기롭고 아름다운 칵테일 한 잔과 함께 오감만족을 경험하시기 바란다."

0 2

와인 이야기

이 정 훈

제9회 한국국가대표 소믈리에 경기대회에서 우승하였고, 다음 해 왕중왕전을 거쳐 A.S.I가 주최하는 제3회 아시아 & 오세아니아 베스트 소믈리에 경기대회에 출전하여 대한민국 최초로 준결승까지 진출하였다. 영국(CMS), 프랑스(U.D.S.F.BA), 프랑스(Sopexa), 독일(M.W.S), 한국(K.I.S.A)의 공인 소믈리에이며, 세계소믈리에협회(A.S.I)가 공인하는 Diploma Sommelier A.S.I의 대한민국 1호 소믈리에이다. 한국국제소믈리에협회의 자격 검증부분 부회장이며 강단과 칼럼, 저서 등 집필 활동을 통해 후학을 양성하고 있고, 관공서와 기업체 등의 특강을 통해 와인 저변 확산에 힘쓰고 있다. 현재 그랜드 워커힐 호텔(Grand Walkerhill Hotel)에서 소믈리에로 재직 중이다.

SECTION 1

와인 입문

와인의 역사

와인의 역사는 기원전 5000년경, 지금의 서아시아(중동)의 이란과 조지아Georgia 부근에서 시작되었다고 전해진다.

영국의 과학전문 매거진인 〈네이처〉에서 이란의 산맥지대에서 와인의 흔적이 발견되었다고 밝힌 바 있으며, 기원전 7000년경 포도경작의 증거가 조지아에서 발견되어 조지아의 코카서스Caucasus가 기원이라는 설도 있다.

기원전 2500년경 바빌로니아인 지금의 이라크인 티그리스 유프라테스강 유역의 메소포타미아 문명과 같은 시기 이집트 피라미드에 포도 재배와 와인양조에 관한 벽화가 그려져 있으며, 기원전 1700년 바빌론왕조 『함무라비법전』에 와인 판매에 관한 규정이 적혀 있다. 기원전 1600년경 그리스 미노아 문명 시기 크레타섬의 팔라이카스트로에서 암포라와 포도 압착기가 출토되었고, 이는 크레타섬의 미케네 출신 지도자가 그리스의 본토로 전해주었음이 추측된다. 신화에도 등장하기 시작하여 포도주의 신으로, 그리스 문명에서는 바쿠스, 로마 문명에서는 디오니소스로 불려진다. 기원전 1500년경 페니키아인(요르단)이 암포라를 이집트에 전해주었고, 기원전 800년경 현재의 이탈리아 중부 토스카나 북부지방에서 와인양조가 시작되었다. 기원전 500년 로마제국시대 그리스인에 의해 시칠리아를 비롯하여 이탈리아 남부로 와인이 전파되어, 기원전 100년경 로마군의 원정에 의해 프랑스의 갈리아 지방, 독일의 게르만, 스페인의 히스파니아에 전해진다.

서기 92년 로마황제 도미티아누스가 곡물부족 현상을 막고자 이탈리아에서 새로운 포도밭 경작을 금지함에 따라 포도경작은 프랑스에서 활성화되었다. 서기 100년경에는 프랑스의 론, 독일의 라인강 유역, 서기 200년경에는 프랑스의 부르고뉴, 보르도, 서기 400년경에는 샹파뉴까지 프랑스 선역으로 확산되었다. 이 시기에 와인의 저장운송 용기로 나무로 만든 오크통 사용이 시작되었다. 280년에 로마황제 프로부스가 갈리아에서의 포도 재배를 장려했고, 로마시대부터 오랜 도시인 현 독일의 트리어Trier와 모젤Mosel 부근에서 포도 재배가 활성화되기 시작했다. 400년경 로마제국이 붕괴하고, 711년 이슬람제국(터키, 무어인)이 북아프리카, 이베리아 반도까지 이르게 되었다. 술을 금기하는 '이슬람율법'에 따라 와인은 암흑시대를 맞이했지만 교회의 포도 재배는 계속되었다. 800년경 프랑크왕국 샤를마뉴 황제(칼대제)가 신성 로마제국의 황제로 즉위하여 와인을 장려했는데 특히 라인가우, 부르고뉴에서 산업이 활성화되었다. 이 시기에 가톨릭 종파인 베네딕트파에 의해 와인은 이탈리아, 프랑스, 독일에서 발전하게 되었다.

종교적인 이유로 수도원의 포도밭이 확대되었는데, 1096년부터 시작된 십자군 전쟁으로 전투에 나서는 기사들이 영혼을 위한 기도를 위해 기부하여 교회의 포도밭은 기하급수적으로 늘어나게 되었다. 이러한 상황에서 1112년 베네딕트파에서 분리된 시토파에 의해 와인은 부흥기를 맞이했다. 이들은 와인을 자신들이 마시기 위해 만들던 이전 베네딕트파의 수도사와는 달리 엄격한 교리를 따르는 수도사들이었다.

이들은 토양과 기후, 포도 재배와 와인의 관계를 연구하였고, 와인 양조 과정뿐 아니라 땅을 고르고, 가지치기, 접붙이기 등에 관한 여러 실험을 실시하여 현재의 '크뤼Cru'라는 개념과, 특정 포도원밭의 와인은 나름의 일관된 특징이 변하지 않는 떼루아Terroir를 밝혀냈다. 그리하여 부르고뉴의 놀남을 상징하는 끌로Clos가 특정 떼루아를 갖는 포도밭이란 개념을 확립하게 되었다. 부르고뉴에서는 유명한 '끌로드부죠Cls de Vougeot'가 그 결정체이고, 부르고뉴의 수도사들이 다시 포도나무를 가지고 독일의 라인가우로 전파하여 중세 최대 규모의 포도밭 '에베르바흐 수도원Kloster Eberbach'이 탄생되었다.

1200년 이슬람교도의 세력이 쇠퇴하면서 스페인이 다시 가톨릭 문화권으로 수복되어 포도원도 복구되었다. 1453년 쉐리주가 영국으로 수출되기 시작하였고, 신대륙에서 1500년경 스페인, 포르투갈에 의해 해외 와인산지가 확대되어 남아메리카 페루에 최초의 와인양조가 시작되었고, 이어서 1520년 멕시코, 1557년 아르헨티나로 확대되었다.

1500년대 후반 만들어진 유리병은 코르크와 함께 사용되기 시작하여 샴페인의 발명이 이어지게 되었다. 1600년대 초기 헝가리에서는 귀부 스위트 와인인 토카이가 만들어졌고, 1660년 보르도의 쏘떼른에서도 귀부 스위트 와인이 생산되기 시작했다. 1600년경 네덜란드인에 의해 증류기술이 전파되어 꼬냑, 브랜디의 상품명이 1678년에 영국에서 등장하였다.

1660년 중반 샤또 오브리옹이 영국시장에서 인기를 끌어 보르도 와인이 유명해지고, 지역 와인을 섞어 판매하던 기존 방식에서 특정 포도밭이나 양조장을 대변하는 샤또Chateau의 개념이 등장하였다. 1668년 샹파뉴 지방에서는 후대에 샴페인의 아버지라 불리는 돔페리뇽이 오빌레 수도원에 근무하며 샴페인 연구를 시작하였다.

바다건너 신대륙인 칠레, 아르헨티나에서는 1850년에 유럽에서 고급품종이 들어오는 등 와인산업이 중요한 시기를 맞이하였다. 1855년에는 나폴레옹 3세의 지시로 프랑스 만국박람회에 최초의 와인 등급인 보르도 메독 지방과 쏘떼른 지방의 와인에 등급체계가 만들어지게 되었다. 이 등급체계는 와인역사상 최초의 등급체계로 역사성과 정통성을 지닌다. 그러나 불과 5년 뒤인 1860년에 포도나무 뿌리에 기생하는 진딧물 벌레인 '필록세라'의 창궐로 유럽 포도밭이 초토화되기 시작하였고, 필록세라로 인해 와인이 부족한 이 시기에 신세계 와인들의 유럽 와인수출이 본격화되기 시작하였다.

와인산업은 1914년부터 1945년까지 1, 2차 세계대전과 경제공황을 겪으며 긴 침체기를 보냈다. 그 와중에 1935년 프랑스에서 현재의 「와인법」 모델이 되는 원산지 통제명칭 A.O.C.를 도입하여 여러 나라가 와인의 위조 및 품질관리에 앞장을 섰다.

1950년 포도 재배 농법에서 농사용 트랙터 도입으로 농법이 기계화로 발전하게 되었다. 1970년 '파리의 심판'이라 불리는 미국과 프랑스 와인의 비교 블라인드 테이스팅을 통해 미국 와인이 국제시장에서 고급 와인으로 인식되기 시작하며 신세계 와인의 성장을 보여주었다. 또한 품질관리를 위해 1980년에는 '원산지 통제명칭제도'가 각국에서 재정립되고, 1981년 프랑스의 양조학자 에밀 페노가 온도조절 발효의 중요성을 강조함으로써 와인산업에서 양조자의 역할이 크게 대두되었다.

1990년 오스트레일리아 와인의 생산량과 수출이 늘어나는 등 세계시장에서 신세계 와인의 도약이 활발히 일어나고, 2000년대 이래 와인 산업은 세계가 서로를 마켓으로 인식하여 활발한 교류와 발전을 이루고 있다.

정훈 Somm.

동그란 알처럼 생긴 토기 속에서 포도를 발효시켜 와인을 만드는 그루지아의 전통적인 와인 양조방법이 유엔 산하단체인 유네스코(UNESCO)에서 시행하는 세계문화유산으로 지정되었다.
유네스코 본부는 그루지아의 고대 와인 양조법인 '크베브리(Qvevri)'를 이용하는 방법을 2013년 무형문화유산(Intangible Heritage of Humanity) 가운데 하나로 지정한다고 밝혔다. 이것은 프랑스의 생테밀리옹 지역과 포르투갈의 도우루 상류 지역, 헝가리 토카이 지역, 크로아티아의 흐바(Hvar)섬처럼 유네스코에서 이미 지정된 와인 관련 세계문화유산 목록에 포함되는 것을 의미한다.
기록상으로도 약 8000년 전부터 이어진 이 양조법으로, 와인이 얼마나 인류역사에 밀접한 연관을 갖는지를 알 수가 있다. 인류의 대이동기에 항상 함께 이동하여 술을 쉬어 왔으며, 이후 보관용기가 암포라에서 오크통, 병으로 발전하면서 새로운 스타일의 와인이 개발되기도 했고, 증류기술의 발달로 새로운 알코올음료가 탄생하기도 했다.

근대에 있어서는 생필품이 아닌 상품으로 고급 기호품으로의 변화는 전 세계적인 무역품으로 재탄생하였다. 이것이 와인 그 자체가 단순한 알코올이 아닌 문화의 한 부분임을 이 책에서 살펴보고자 하는 이유이다.

조지아(Georgia) 크베브리(Qvevri) 양조법

SECTION 2

떼루아와 와인

떼루아(Terroir)의 정의

와인의 개성을 만드는 요소에는 위치와 기상조건, 토양, 기후, 포도 품종과의 조합 등이 복합적인 요소가 있다. 이것을 떼루아Trerroir라고 부르는데, 포도의 성장에 영향을 미치는 모든 환경을 설명하는 단어이다. 같은 품종이라 하더라도 떼루아에 의해 특징이 서로 다른 와인이 만들어지기 때문이다. 그리고 과거에는 이러한 자연요소만 때루아Terroir로 인정하고 양조자의 역할을 제외하는 경향이었으나, 현대에 이르러서는 양조자의 역할을 중요 요소로 인정하고 있다.

위치와 기상조건

일반적으로 와인용 포도가 잘 자라기 위한 조건은 다음과 같다. 재배 지역은 와인 벨트인 북반구에서는 북위 30~50도, 남반구에서는 남위 30~50도에 위치하고, 연평균 기온은 10~16℃이며, 포도가 자라나는 시기의 일조시간은 1,300~1,500시간이 필요하다. 강우량은 연간 500~900mm가 적당하나, 겨울부터 봄에 비가 내리고, 포도가 익어가는 여름과 특히 수확기인 가을에는 비가 내리지 않아야 한다. 이 시기는 당도, 산도를 비롯한 구성요소 성분의 질이 결정되는 중요한 시기이다.

정훈 Somm.

우리나라가 쌀 문화권에 속하여 쌀로 술을 많이 만들었듯이, 유럽은 기후와 그에 따른 생산 작물에 따라 프랑스, 이탈리아, 스페인, 포르투갈 등의 남부 유럽을 와인벨트(Wine Belt)로, 벨기엘, 영국, 아일랜드, 독일 등의 중부 유럽을 비어 벨트(Beer Belt)로, 스웨덴, 핀란드, 폴란드, 노르웨이 등의 북유럽을 보드카 벨트(Vodka Belt)라 부른다.

토양

석회질 토양

알칼리성인 석회질 토양은 칼슘이 풍부하여 포도에 산도를 부여해주는 중요한 토양이다. 대표적인 산지로는 프랑스의 샹파뉴, 샤블리, 부르고뉴, 꼬냑, 스페인의 헤레스 등이 있다.

점판암 토양

점판암은 열 보존력이 좋고 미네랄이 풍부하여 와인에 광물질의 특성을 전해준다. 대표적인 산지로는 독일의 모젤, 팔츠와 포르투갈의 알토 도우로 등이 있다.

점토질 토양

점토는 차가운 성질의 토양으로, 물기를 잘 보존하므로 덥고 건조한 지역에 좋다. 대표적 산지로는 프랑스의 뽀므롤 등이 있다.

자갈 토양

자갈 토양은 따뜻하고 배수가 좋아 서늘하고 습기 찬 지역에 좋다. 대표적 산지로는 프랑스의 보르도 등이 있다.

기후

해양성 기후

바다와 같은 큰물에 인접한 지역으로, 지형적 특징은 수분이 태양열을 흡수해 복사하여 포도밭에 영향을 미치는 일교차나 계절의 변화에 온도변화를 적절히 유지한다. 해양성 기후에서는 토양이 중요한데, 부족한 열기를 담아두어 보충하는 자갈토양이 대표적인 예이다. 해양성 기후인 보르도가 우수한 포도로, 위대한 와인을 만들어 내는 이유로 자갈토양을 빼고 언급할 수 없는 이유이기도 하다. 대표적인 산지는 프랑스의 보르도 지방이다.

대륙성 기후

물가에서 멀리 떨어져 있어 일조량이 많고 건조하다. 또한 밤과 낮의 계절 간 온도의 차이가 심해 포도 재배에 도움을 준다. 그러나 서리나 우박으로 피해를 입는 경우가 많아 큰 위험요소로도 작용한다. 대표적인 산지로는 프랑스의 부르고뉴 지방이다.

지중해성 기후

여름에는 덥고 건조하며, 겨울에는 상대적으로 온화하며 습도를 가지기 때문에 포도 재배에 최적인 기후이다. 지중해 연안의 대표적인 기후이기 때문에 지방의 이름이 그대로 사용되었다. 대표적 산지는 지중해 연안의 프랑스와 꼬뜨 뒤 론 남부 지방이다.

포도 품종

포도의 분류

'종의 기원'이라는 말이 있듯이 기원이 되는 식물계에서 맨 마지막에 세분화된 단계가 품종이다. 포도속 Vitis(Grapevines)는 79가지 포도 품종의 바로 위 상위 단계이다. 때문에 포도 품종 앞에는 비티스Vitis가 꼭 붙어 있다. 대표적인 품종으로는 유럽종인 비티스 비니페라Vitis Vinifera, 미국종인 비티스 라부르스카Vitis Labrusca가 대표적이며, 극동 아시아종으로는 비티스 코그네티아Vitis Coignetiea가 있고, 그 외에 꺾꽂이 대목종Rootstock으로는 비티스 리파리아Vitis Riparia, 비티스 루페스트리스Vitis Rupestris를 들 수가 있다.

비티스 비니페라Vitis Vinifera

포도속Vitis에는 여러 품종이 있지만, 비티스 비니페라 품종이 대부분의 와인에 사용되는 가장 중요한 품종으로 샤르도네나 까베르네 쏘비뇽 등이 여기에 속한다. 원산지가 유럽이라 유럽 품종 또는 국제적으로 사용되어 국제품종International Varieties으로도 불리며, 서아시아가 원산지이고 전 세계 와인 양조에 사용된다. 비티스 비니페라에는 약 10,000여개의 포도가 있는데 대표적인 품종으로는 다음과 같다.

○ 레드 와인 품종

까베르네 쏘비뇽Cabernet Sauvignon

레드 와인 포도 품종

'레드 와인 품종의 왕'으로 불리는 대표적인 품종으로, 그 어떤 포도 품종보다 안정적으로 품질이 좋은 와인을 생산한다. 원산지는 프랑스 보르도이며 우아하고 장기 숙성이 강한 풀바디 와인의 대명사로 불린다. 블랙커런트, 박하, 녹색고추향의 풍미가 풍부한 와인으로 오크숙성 시 바닐라와 삼나무 등의 향이 복합적으로 어우러진다. 보르도에서는 전통적으로 이 품종에 멜롯이나 까베르네 프랑과 브렌딩하여 와인을 생산하며, 캘리포니아 나파밸리에서도 과일향이 듬뿍 담긴 마시기 좋은 와인을 생산한다. 주요산지는 보르도의 메독, 미국 캘리포니아, 남아프리카공화국, 오스트레일리아, 칠레 등이다.

멜롯Merlot

원산지가 프랑스 보르도이며, 메독에서는 브렌딩의 보조품종으로 사용되고, 쌩 떼밀리옹이나 뽀므롤 마을에서는 메인 포도 품종으로 사용된다. 좋은 멜롯 와인은 장기 숙성이 가능하며 감칠맛과 함께 농밀한 자두향의 레드 와인으로 변화한다. 신세계, 특히 미국에서 품종 와인으로 주목받아 생산되었으며, 특히 캘리포니아의 멜롯은 부드러운 탄닌과 과일의 풍미가 매력적인 와인으로 인기를 끌고 있다. 주요산지는 프랑스 보드로(쌩 떼밀리옹, 뽀므롤), 미국 캘리포니아, 칠레 등이다.

피노누아Pinot Noir

초기에는 붉은 과일향을 비롯하여 산미가 인상적인 와인으로 심플하게 느껴지지만, 숙성과 함께 나타나는 다양한 향이 특징이다. 세계적으로 추종받는 미디엄 바디의 와인을 생산하는 품종이다. 덜 익었을 때는 붉은 과일향이 나며 상큼하고 과일 캐릭터인 와인이지만, 숙성이 진행되면 동물적인 향과 송로버섯의 향이 나는 등 복합적으로 변모하는 야누스적인 품종이다. 주요산지는 프랑스 부르고뉴, 꼬뜨 도르, 뉴질랜드 센트랄 오타고, 미국 캘리포니아(소노마), 오스트레일리아, 독일 등이다.

시라Syrah / 쉬라즈Shiraz

프랑스에서 '시라'로 불리는 이 포도 품종은 검은 과실, 후추향이 지배적이고, 오스트레일리아에서는 쉬라즈로 불리며 일반적으로 좀 더 농익은 향과 강한 알코올이 특징적인 와인을 만들어낸다. 오스트레일리아에서는 프랑스와는 전혀 다른 브렌딩 파트너인 까베르네 쏘비뇽과 브렌딩되는 등 특별한 조합의 와인이 생산된다. 때때로 양조자에 따라 라벨에 와인의 스타일을 명시하기 위해 쉬라, 쉬라즈를 선택해서 기재하고 있다. 주요산지는 프랑스 론 밸리, 프랑스 남부, 오스트레일리아 등이다.

까베르네 프랑Cabernet Franc

까베르네 쏘비뇽과 친척관계인 품종으로, 보르도에서는 보조품종으로, 루아르 밸리에서는 주요품종으로 사용된다. 블랙베리, 블랙커런트, 허브향을 내는 가볍고 부드러운 레드 와인을 생산한다. 주요산지는 프랑스 보르도, 루아르 등이다.

그르나슈Grenache

열기를 좋아하는 품종으로 높은 알코올 도수에 체리향 과일 풍미의 성격을 가지며, 세계에서 가장 많이 심는 품종으로 단일품종보다는 브렌딩품종으로 사용된다. 주요산지는 프랑스 론 밸리와 남부 프랑스, 스페인 등이다.

가메이Gamay

원산지는 프랑스 보졸레로 프랑스와 유럽 각지에서 재배되고 있다. 가볍고 체리맛 풍미로 유명하며, 색조는 선명한 보라색으로 탄닌 함유가 적어 가볍게 마시기 좋은 품종이다. 주요산지는 프랑스 보졸레, 루아르 밸리이다.

네비올로Nebbiolo

피에몬테의 바롤로와 바르바레스코에서 풀바디의 힘 있는 와인을 생산한다. 레드베리, 장미, 제비꽃 부케가 특징이며 숙성 시 담배향과 송로버섯향이 난다. 주요산지는 이탈리아 피에몬테이다.

산지오베제Sangiovese

이탈리아에서 가장 널리 재배되며 미디엄에서 풀바디 와인까지 생산된다. 상큼한 산미가 매력적인 품종으로 네비올로와 함께 이탈리아를 대표하는 레드품종이다. 주요산지는 이탈리아 토스카나 지역 키안티, 브르넬로 디 몬탈치노, 비노 노빌레 디 몬테풀치아노이다.

템프라뇨Tempranillo

최고품질의 스페인산 와인품종으로 미디엄에서 풀바디까지의 와인을 생산한다. 강한 탄닌과 나무 딸기향, 매콤한 풍미가 특징이다. 주요산지는 스페인의 리오하, 리베라 델 두에로이다.

진판델Zinfandel

미국 캘리포니아에서는 진판델, 이탈리아 남부에서는 프리미티보로 불리는 품종으로, 미국에서는 매우 옅은 분홍장밋빛 세미 스위트 와인(화이트 진판델)에서부터 알코올과 풀바디의 묵직한 정통 드라이 와인까지 생산하는 팔색조 같은 품종으로 인정받고 있다. 즙이 많은 검은 과일과 부드러운 탄닌이 특징이다. 주요산지로는 미국 캘리포니아와 이탈리아 남부이다.

무르베드르Mourevedre

짙은 색과 향이 강한 품종으로 프랑스 남부와 스페인에서 주로 브렌딩에 이용되었으나, 지금은 진한 색깔과 강한 향 덕분에 많은 사랑을 받고 있다. 특히 스페인의 후미야Jumilla 마을에서는 수령이 백년 된 고목에서 만들어지는 와인으로 유명하다. 주요산지는 프랑스 남부, 스페인이다.

토우리갈 나시오날Tourigal Nacional

포르투갈의 포트 와인을 생산하는 대표적인 포도 품종으로, 현재 수준급의 포르투갈 드라이 레드 와인을 생산하는 품종이기도 하다. 주요산지는 포르투갈이고, 포트 와인산지는 포르토Porto, 드라이 레드 와인산지는 도우로Douro와 다웅Dao이다.

○ 화이트 포도 품종

화이트 와인 포도 품종

샤르도네Chardonnay

세계에서 가장 인기 있는 화이트 와인 품종으로 질적인 면에서 최고의 와인을 생산해 낸다. 프랑스의 부르고뉴, 샴페인 제조에도 중요한 품종이다. 보통 빈 캔버스 같은 포도 품종이라고 흔히 표현하기도 하는데, 그 이유는 주로 풀바디의 드라이 화이트 와인으로 만들어지지만, 재배된 장소나 양조자의 양조에 따라 산뜻한 맛에서부터 금속성의 날카로운 맛이나 강한 열대성 풍미를 갖는 맛까지 양조자나 떼루아에 따라 다른 스타일로 만들어질 수 있기 때문이다. 보통 서늘한 기후에서는 녹색 과일의 맛이 나고, 따뜻한 기후에서는 열대 과일맛이 난다. 주요산지로는 프랑스의 부르고뉴와 샹파뉴, 미국 캘리포니아, 오스트레일리아 등이다.

쏘비뇽 블랑Sauvignon Blanc

드라이하고 신맛하면서 산도와 아로마가 강한 품종으로, 최근 인기가 급상승하고 있는 품종이다. 구스베리 풍미가 나며 푸른 고추나 풀, 고양이 오줌냄새도 난다. 뉴질랜드의 말보로에서는 강렬한 산미와 진한 아로마를 특징으로 하는 전형적인 상큼한 화이트 와인이 만들어지고, 미국 캘리포니아에서는 오크통에 숙성시켜 독특한 아로마를 억제시키는 경우도 있다. 잘 만들어진 와인에서는 열대 과일의 맛이 나기도 한다. 이 품종은 품종와인으로는 뉴질랜드산이 명성이 높지만, 보르도에서 세미용과 브렌딩하여 만드는 스위트 와인으로 유명하다.

세미용Semillon

품종 자체로는 그다지 유명하지 않지만, 보르도의 전설적인 스위트 와인을 만드는데 가장 중요한 역할을 하는 품종이다. 진하고 농축적이며 감미로운 풍미가 쏘비뇽 블랑의 매력적인 산미와 조화를 이루기 때문이다. 세미용은 다양한 스타일로 제조되지만 꿀, 오렌지 마멀레이드, 토스트 등이 공통적이다. 단일품종으로는 오스트레일리아에서 드라이 화이트 와인을 생산한다. 종종 오크숙성을 거치기도 하나, 오크를 사용하지 않은 경우에는 맛이 가볍고 향이 강한 스타일로 양조된다. 주요산지는 프랑스 보르도의 쏘떼른, 바르삭, 오스트레일리아의 헌터 밸리, 바로사 밸리 등이다.

리슬링Riesling

많은 사람들이 인정하는 세계에서 가장 인기 있는 포도 품종 중 하나이다. 전형적으로 상쾌한 산미의 가볍고 향기로운 와인이 만들어지는데, 근사한 아로마와 상대적으로 낮은 알코올을 특징으로 한다. 광물질에서부터 관능적이고 감미로운 과일풍미까지 표현할 수 있는 범위가 다양하다. 오크통에서 발효되는 경우는 거의 없으며, 주요산지는 독일, 프랑스의 알자스, 오스트레일리아, 뉴질랜드, 미국 등이다.

슈냉 블랑Chenin Blanc

드라이한 와인에서 스위트한 와인까지 다채로운 와인을 만드는 품종으로, 루아르 밸리에서 가장 많이 재배되며 라임, 바닐라부터 꿀까지 다양한 풍미를 자랑한다. 주요산지로는 프랑스 루아르 밸리, 남아프리카공화국 등이다.

피노 그리Pinot Gris

색이 짙으며 미세한 꿀, 연기, 향신료의 풍미를 보여준다. 같은 품종이지만, 이탈리아산은 프랑스 알자스산보다 가벼운 바디를 가지고 있다. 주요산지는 프랑스의 알자스, 이탈리아 등이다.

게브르츠 트라미너Gewurz Traminer

리치, 장미, 라일락 등의 진한 향이 나며, 때때로 훈제 베이컨향 풍미도 가지고 있다. 주요산지는 프랑스 알자스 등이다.

뮈스까Muscat

뮈스까의 가계에는 뮈스까 아 쁘띠 그랑, 알렉산드리아, 오토넬 등이 있으며, 고급 뮈스까로는 알자스의 드라이 화이트, 오스트레일리아산의 스위트한 리퀘르 뮈스까가 대표적이다. 일반적으로 대중에게 친숙한 가계는 이탈리아의 모스까또Moscato를 들 수 있다. 주요산지는 프랑스 남부, 알자스, 오스트레일리아, 이탈리아 등이다.

비오니에Viognier

고급품종으로 살구와 사향 냄새가 나는 풀바디의 화이트 와인을 생산한다. 주요산지는 프랑스 남부 론 밸리의 꽁드리유Condrieu, 미국 캘리포니아, 칠레 등이다.

트레비아노Trebbiano

트레비아노(프랑스 위니 블랑Ugni Blanc)는 드라이 화이트 와인 및 와인을 증류하여 만든 브랜디인 이탈리아의 그라파Grappa(프랑스의 꼬냑Cognac)용 원료로도 사용된다. 이탈리아에서 가장 많이 식재된 품종으로 주요산지는 이탈리아, 프랑스이다.

푸르민트Furmint

헝가리의 전설적인 스위트 와인인 토카이Tokaji를 양조하는 데에 쓰인다. 상쾌한 산미와 강한 알코올로 유명하며, 얇은 껍질 덕분에 디저트 와인에 이상적이다. 주요산지는 헝가리이다.

팔로미노Palomino

스페인 남부 안달루시아에서 쉐리를 만드는 품종으로, 산도가 낮고 당분이 많아 쉐리를 제조하는 데는 적합하나, 다른 지역에서는 주목받지 못하는 품종이다. 주요산지는 스페인 헤레스이다.

그뤼너 펠트리너Gruner Veltriner

뛰어난 잠재력을 품고 있는 품종으로 오스트리아 전역에서 재배된다. 특히 바카우 지방에서 만드는 와인은 독특한 향신료 풍미의 드라이한 풀바디 화이트 와인이 생산되며, 숙성시킬수록 더 좋은 품질이 된다. 주요산지는 오스트리아의 바카우, 빈 등이다.

비티스 라부르스카Vitis Labrusca

아메리카 포도 품종으로 와인보다는 주스나 생식용으로 많이 쓰인다. 미국 동북부의 뉴욕과 캐나다가 원산지이다. 주요 포도 품종으로는 콩코드Concord, 챔피언Champion, 나이아가라Niagara, 델라웨어Delaware 등이 있다.

비티스 코그네티아Vitis Coignetiae

극동아시아, 러시아 사할린, 한국, 일본이 원산지로 한국에서는 머루, 일본에서는 야마부도Yama-boodo라고 불린다. 와인 양조에 당도가 부족하여 양조자에 따라 설탕을 넣거나 포도를 말려서 양조하는 경우도 있다.

비티스 리파리아Vitis Riparia, 비티스 루페스트리스Vitis Rupestris

비티스 비니페라가 병충해에 저항력을 주기 위해 뿌리 대목으로 사용되는 꺾꽂이 대목 품종Rootstock이다. 원산지는 미국 동북부이다.

정훈 Somm.

포도나무의 역사는 필록세라 전과 후로 나뉜다. 포도는 원래 몸통과 뿌리가 일체형으로 심어지고 재배하는 자근묘이다. 그러나 1860년 연구용으로 반입한 미국 동북부 포도나무 뿌리에 필록세라(Phylloxera : 포도나무 뿌리 진딧물이)가 함께 유입되면서 프랑스를 비롯한 전 유럽의 포도밭이 괴멸 직전의 위기에 빠지게 된다. 갖가지 방법에도 퇴치가 불가능하였고, 최초 미국산 포도나무에는 피해가 없던 점을 착안하여 몸은 유럽 포도나무, 뿌리 대목(Rootstock)은 미국산 포도나무로 접붙이기 하여 대응하게 되었다. 현대에 이르러서는 이러한 대목이 병충해에 강하기 때문에 널리 사용되고 있다.

교배품종Crossing

교배로 만들어낸 품종을 말하며, 이 품종들은 보통 포도 재배에 불리한 기후나 부정적인 요소를 극복하기 위해 만들어지는 경우가 많다. 독일의 경우 포도나무 재배의 북방 한계선에 위치하고 있어 늦서리의 위험을 피하고자 천천히 익는 만숙종인 리슬링보다, 서리가 내리기 전에 수확할 수 있는 포도육종을 원했다. 뮐러 트루가우Muller Thurgau : Riesling * Gutedel가 대표적이다

정훈 Somm.

양조용 포도와 우리가 흔히 먹는 생식용 포도의 차이점은, 껍질의 두께와 과육의 크기, 당도이다. 양조용 포도는 생식용 포도에 비해 알이 작고 두꺼운 껍질의 탄닌 영향으로 입에서는 크게 달게 느껴지지 않으나, 와인으로 양조 시 생식용 포도보다 높은 알코올로 전환된다. 생식용 포도는 껍질이 얇고 과육의 즙이 많아 생식용으로 적합하다.

와인 양조

와인 양조란?

포도에는 과실의 당분과 포도당이 함께 존재한다. 와인은 그 당분이 효모에 의해 알코올로 변화한 알코올 음료이다. 영어로는 와인Wine, 불어로는 뱅Vin, 독일어로는 바인Wein, 포르투갈어로는 비뉴Vinho, 이탈리아어 및 스페인어로는 비노Vino라 한다.

화이트 와인 양조

수확 → 선과작업 → 제경, 파쇄 → 압착 → 과즙발효(15~20℃) → 오크통 또는 스테인리스 탱크 숙성 → 앙금분리 → 정제와 거르기 → 병입 → 병 숙성 → 출하한다.

로제 와인 양조

바로 압착한 옅은 색의 과즙으로, 로제 와인을 만드는 직접 압착법과, 레드, 화이트 품종을 섞어서 만드는 로틀링 방법(독일)이 있다. 화이트 와인에 레드 와인을 블렌딩하는 방법은 샹파뉴 지방에서 로제 샴페인에만 허가

되고 있다. 그 외에 고급 로제 와인을 만드는 방법으로는 침용 기간에 따른 색조를 결정하는 세니에Segniee법이 있다.

레드 와인 양조

수확 → 선과작업 → 제경, 파쇄 → 침용, 발효(25~30℃) → 압착 → 오크통 또는 스테인리스 탱크 숙성 → 앙금분리 → 정제와 거르기 → 병입 → 병 숙성 → 출하한다.

정훈 Somm.

병입되기 전 안정화되는 과정에서 발생하는 불순물을 걸러줄 필요가 있다. 이것을 정제라 부르는데, 화이트 와인에는 벤토나이트, 카제인을 레드 와인에는 보통 달걀의 흰자, 젤라틴을 사용한다. 와인은 포도로 만들지만 정제 과정에서 일반적으로 단백질을 사용하기 때문에 단백질에 알레르기가 있는 채식주의자라면 정제에 단백질을 사용하지 않는 비건 와인(Began Wine)을 선택해야 한다.

스파클링 와인 양조

○ 전통적 방식Traditional Method

일반 와인을 만든 후 다시 병 속에 당분과 효모를 첨가하여 병 속에서 두 번째 발효시키는 방식으로 '샹파뉴 방식'이라고도 부른다.

○ 탱크 방식Charmat Method

스틸 와인Still Wine을 커다란 밀폐식 탱크 내에서 발효시킨 후, 앙금분리 후 병입하는 방식으로 '샤르마 매서드'라고도 부른다. 포도의 아로마를 남기고 싶은 발포성 와인을 만들거나, 한 번에 대량의 스파클링 와인을 만들 때 사용하는 방식으로 이탈리아의 프로세코Prosecco가 이 방법으로 양조된다.

디저트 와인 양조

○ 늦은 수확 와인Late Harvest

포도 완숙을 넘어 과숙시켜 당도를 응축시키는 방법으로, 응축도에 따라 다양한 수준의 스위트 와인이 된다(예 : 독일의 스패트레제Spatlese, 알자스의 방당주 따르디브Vendanges Tardives).

○ 말린 포도 와인Passito

수확한 포도를 말려 생산하는데 약 70%의 수분이 증발될 때까지 건조시켜 당분의 응축미를 높인다. 이탈리아 전역에서는 파시토Passito, 베네토 지방에서는 레치오토Recioto라고 부른다.

○ 귀부 와인Noble Rot

'보트리티스 시네리아Botrytis Cinerea'라는 균에 포도가 부패하게 되어 만들어지는 와인으로, 귀하게 부패했다는 뜻으로 '귀부 와인'이라고 부른다. 껍질이 얇은 포도 품종, 높은 습도의 아침안개, 충분한 일조량의 상관관계의 떼루아에 의해 만들어지는 와인이다. 세계 3대 귀부 와인이라 불리는 와인 중 프랑스 쏘떼른의 샤또 디켐, 독일의 트로켄 베렌아우스레제가 이 방식으로 만들어진다.

○ 아이스 바인Ice Wein / 아이스 와인Ice Wine

포도밭에서 언 상태의 포도송이를 수확하여 바로 착즙하여 만든 스위트 와인으로, 독일에서는 아이스 바인, 캐나다에서는 아이스 와인이 생산된다. 오스트레일리아에서처럼 인공적으로 포도를 얼린 후 아이스 와인을 만드는 경우도 있다.

○ 주정강화 와인Fortified Wine

주정강화 와인은 발효 전에 와인 주정인 브랜디Brandy를 넣어 만드는 방식과, 발효 중에 주정을 넣는 방식으로 크게 나눈다. 전자는 프랑스의 뱅 드 리쾨르Vin de Liqueur (V.D.L)를 만드는 방식이고, 후자는 프랑스의 뱅 두 나뛰렐Vin Doux Naturel(V.D.N)과 포르투갈의 포트 와인을 만드는 방식이다. 이러한 주정강화 와인에서는 포도의 천연당분이 주는 달콤함이 가득 느껴진다.

정훈 Somm.

와인 양조의 아버지라 불리는 에밀페노(Emile Peynaud)에 의해 현대적인 양조법이 도입된 이후 전 세계를 누비며 와인 양조 컨설팅을 하는 플라잉 와인 메이커(Flying Wine Maker)가 만든 고품질과 고가의 와인이 높은 평가와 인기를 거두었다. 그리고 현재의 와인시장은 포도 재배부터 양조까지 식품첨가물을 첨가하지 않는 내추럴 와인(Natural Wine)과 고대부터 전래해 온 방식인 화이트 와인 양조 시 껍질과 포도껍질을 오랜 기간 같이 침용(Maceration)하여 만드는 오렌지 와인(Orange Wine)이 와인시장에 새로운 화제를 불러일으켰다. 그로 인해 또 한편으로 유기농 와인(Organic wine), 지속가능한 와인(Sustainable Wine) 등 자연친화적인 와인이 시장에서 각광을 받고 있다. 이렇듯 앞으로도 양조자의 역할은 떼루아를 표현하는 중요한 요소로 더욱 강화될 것이다.

와인 규정

포도는 수천 년 동안 여러 나라에서 재배되었고, 와인 또한 여러 나라에서 일상적으로 또는 사치품으로 사용되어 왔다. 그런데 왜 프랑스의 A.O.C. Appellation d'origine Controlee : 원산지통제명칭가 전 세계 와인 생산국의 와인 규정의 롤 모델이 되었을까? 이 규정의 배경은 다음과 같다.

19세기 말 필록세라에 의해 포도밭이 황폐해진 시기에 프랑스 샹파뉴(샴페인) 지방에서 특히 위조 샹파뉴(샴페인) 사기가 극성에 달했다. 위조 샴페인 수량이 전체 샴페인 생산 수량의 두 배가 웃도는 상황까지 이르자, 샹파뉴 지역 시민들의 폭동까지 일어나게 되었다. 이에 정부는 폭동을 진정시키기 위해 급히 샴페인 지방에서 생산된 스파클링 와인에만 샹파뉴(샴페인)이라는 라벨을 허가하게 되었다.

이러한 필록세라의 피해 후 와인의 품질악화 위조 와인의 유통을 한탄한 피에르 르 로아Pierre Le Roy 남작이 1923년 샤또 네프 뒤 파프 와인 생산자와 협동조합을 결성하여 와인 생산지구, 포도 품종의 제한, 재배법을 정하는 규정의 제정을 제창한 것을 시작으로 1935년 프랑스 전국에 이르는 공적인 제도로 발전하였다. 이러한 원산지통제명칭은 각국에 여러 나라에도 여러 농산물 품질제도에 도입되어 보다 브랜드 가치를 갖는 상품을 만드는 제도로 활발히 이용되고 있다.

정훈 Somm.

우리나라에서도 KOTRA를 통해 이 규정이 여러 경로로 활용되었으며, 특히 지역 농산품의 브랜드 이미지 가치 및 고급화에 적용되었다. 예를 들면, 과거 '특', '상'이라고 표기하거나 품종으로 표기하였다. 현재는 대표적 과일로 이천 '햇사레 복숭아', 프리미엄 사과를 지향하는 '산지애' 등이 있다.

와인 규정에서 프랑스에서는 설탕 등의 당분(Sugar)을, 미국에서는 구연산 등의 산(Acid)성분 첨가를 금지하고 있다. 하지만 와인 규정이 별도로 규정되어 있지 않은 국가에서는 자유롭게 양조할 수 있다.

한국을 예로 들면, 경북 영동의 샤또 미소는 포도를 얼려서 당도를 높이는 호주의 아이스 와인 기법을 도입하였고, 충북 김천의 크라테 와인은 포도를 말려서 당도를 높이는 파시토(Passito) 방식 중 하나인 이탈리아 북부 베네토(Beneto) 지방의 아마로네(Amarone) 양조법을 도입하였다. 경북 영천의 고도리 와인은 샴페인에서 레드 품종으로 만드는 샴페인(Blanc de Noir)처럼 레드 품종인 거봉 껍질을 제거하고 화이트 와인으로 양조한다.

이렇듯 규정이 만드는 장점과 규정 없는 자유의 장점이 존재한다.

SECTION 3

마리아주

마리아주(Marriage)

와인과 음식의 궁합을 말할 때 영어권에서는 'Food Fairing'이라고 말하지만, 프랑스에서는 와인과 음식의 결혼, 즉 '마리아주Marriage'라고 표현한다. 불과 몇 년 전에는 이런 말이 어색하게 들렸다면, 지금은 웰빙 열풍과 함께 와인과 함께 여러 식문화를 경험하고 직접 배워보고 만들어보는 등 문화적으로 폭 넓게 확산되어 친숙하기도 한 단어가 되었다.

"와인이 없는 식탁은 태양이 없는 세상과 같다."는 유럽의 속담처럼, 여러 식문화 중에서도 서양의 음식에 와인 없이 음식만 즐긴다는 것은 상상하기 힘든 일상적인 행동양식이다. 와인은 다른 주류와 달리 풍부한 향과 적당한 산도 및 알코올 등의 조화로 이루어지는 복합적인 맛을 가지고 있어 음식과의 조화가 뛰어나다. 와인과 음식이 서로 조화를 통해서 서로를 상호 보완해주는 역할을 함으로써 식사의 시작에는 식욕을 증진하는 역할을, 식사 중에는 테이블의 분위기에서 서로간의 윤활유 역할도 하며 식사 후에는 소화를 돕는 역할까지 광범위하게 포함된다.

와인과 음식의 조화

일반적인 공식

와인과 음식의 조화는 어느 한쪽이 다른 한쪽을 압도하지 않는 것이 중요하며, 조화를 이루려면 와인과 음식의 성격을 먼저 파악하는 것이 중요하다. 물론 100% 맞는 표현은 아니지만 '생선에는 화이트 와인, 붉은 고기에는 레드 와인'이라는 포괄적 추천이 대명사처럼 전해진다. 기본적인 원리는 다음과 같다.

- 음식과 와인의 비중감이 비슷하게 맞춘다.
  - 육질이 단단하고 맛이 풍부한 스테이크 : 풀바디하고 탄닌이 풍부한 레드 와인
  - 육질이 부드러운 흰살 육류(돼지, 닭) : 미디엄 바디의 산도가 있는 레드 와인 또는 산미가 있는 화이트 와인
  - 생선, 해산물 : 산미가 있는 신선한 화이트 와인
- 음식과 와인은 같이 발전한다.
  - 특정 지역요리 : 그 지역 와인이 잘 어울린다.
- 동질성을 부여한다.
  - 신맛이 강한 드레싱이 가미된 샐러드 : 가볍고 산도가 높은 드라이 화이트 와인

- 상쇄성을 이용한다.
  - 짠맛이 있는 치즈 : 스위트 화이트 와인

코스요리와 와인 선택

아페리티프부터 시작하여 애피타이저(또는 샐러드), 수프, 핫 애피타이저, 메인요리, 치즈, 디저트로 이어지는 코스의 대표적인 요리별로 와인을 추천한다.

Course One:

Balsamic Roasted Beet Salad, Stickney Hills Goats Cheese and Pine Nuts
Blackened Diver Scallop, Lemon Fennel Salad
Sliced Smoked Salmon, Citrus Vinaigrette with Salted Capers
Poached Oysters (4) with Warm Beurre Blanc
Leek And Potato Soup, White Truffle Oil, Smoked Berkshire Bacon (served hot or cold)
Rillette of Pork Belly and Duck, Cornichons, Artisan Bread
Green Pea and Mint Soup with Lobster (served hot or cold)

Course Two:

Confit Duck Leg, Lyonnaise Potatoes, Port and Orange-braised Red Cabbage
Roast Pork Loin, Fennel and Garlic Crust, Apple and Potato Mash, Calvados Jus
Poussin Breast, Tuscan-style White Bean Stew, Wine and Rosemary Jus
Beef Tenderloin, Sauce Verde, Garlic Confit Potatoes, Wilted Baby Spinach
Osso Bucco, Crushed Root Vegetables, Red Wine Black Pepper Sauce
Italian Lamb and Roasted [illegible] Grilled Polenta, Mint and Parsley Salad
Tagine of Chicken, Preserved Lemon, Olives, Saffron and Couscous

Course Three:

World Cheese Plate, French Sourdough Baguette
Whole Poached Citrus Cake, Citrus Salad
Fresh Berry Salad, Meyer Lemon and Lavender Syrup
Warm Belgium Chocolate Bread Pudding, Chilled Cinnamon Cream
Dark Chocolate and Cherry or Raspberry Terrine, Chocolate Biscotti

코스디너(Course Dinner)

아페리티프

아페리티프로는 식욕을 돋우기 위한 음료이므로 진 베이스(진토닉 등)나 보드카 베이스(그레이하운드 등)의 알코올이 다소 높은 칵테일이 좋다. 알코올이 식욕을 끌어올려주는 역할을 해주기 때문이다. 와인으로는 드라이하고 가벼운 화이트 와인 또는 스파클링 와인이 잘 어울리며, 와인의 산미가 침샘을 자극하여 식욕을 촉진시키는 역할을 한다. 특별한 행사라면 격식을 올려주는 좋은 품질의 샴페인이 최선의 선택이 될 것이다.

스타터 / 콜드 애피타이저

'코스음식의 시작'이라는 뜻으로, 스타터Starter라고 표현하기도 하며, 클래식하게는 메인식사 전에 식욕을 돋군다는 의미인 콜드 애피타이저Cold Appetizer로 식사의 첫 코스이다. 대표적인 콜드 애피타이저Cold Appetizer와의 추천은 다음과 같다.

- 아스파라거스 : 식재료의 특성과 동질성을 갖는 그린 뉘앙스의 화이트 와인으로, 대표적인 와인 쏘비뇽 블랑을 추천한다.
- 푸아그라 : 스위트 와인과 조화가 훌륭하지만, 코스요리의 첫 요리에 등장할 때는 샴페인 또는 단맛이 부담스럽지 않은 입 안에 약간의 단맛이 느껴질 정도인 오프 드라이Off-dry 스타일의 알자스산 게브르츠 트라미네르를 추천한다.
- 훈제연어 : 생선이지만 다소 육고기의 성질을 갖는 식재료이다. 깔끔한 스타일의 일반적인 샤블리부터 프랑스 쌍세르의 쏘비뇽 블랑, 독일의 드라이 리슬링 등 입 안을 씻어주는 산미가 있는 와인을 추천한다.
- 샐러드 : 상큼한 레몬 드레싱 계열의 그린 샐러드 : 대부분의 산뜻한 드라이 화이트 와인, 상큼한 쏘비뇽 블랑, 드라이 리슬링, 오크 에이징을

거치지 않은 심플한 샤르도네를 추천한다.

- 비네가와 올리브 오일을 곁들인 샐러드: 산도가 높은 비뉴 베르드, 뉴질랜드 쏘비뇽 블랑, 독일산 드라이 리슬링을 추천한다.

수프

일반적으로 유럽에서는 수프가 코스에 포함되는 경우가 아주 적은 편이나, 한국에서는 아직도 많이 코스에 포함된 리스트가 제공되고 있다. 이것은 한국의 국물 문화가 코스에 녹아든 형태로 볼 수 있다. 기본적으로 액체류에 액체를 매칭하진 않으나 몇 가지를 추천할 수는 있다.

- 부야베스: 생선과 해산물이 듬뿍 들어간 프로방스 지방 특유의 수프로, 저렴한 화이트나 지역성에 맞게 프로방스산 화이트나 로제 와인을 추천한다.
- 크리미한 차우더: 심플한 샤르도네 와인이나 산미가 있는 드라이 화이트 와인을 추천한다.

핫 애피타이저

- 넙치 크림소스: 좋은 식재료를 사용한 요리이므로 격에 맞추어 품질 좋은 화이트 부르고뉴(뿔리니 몽라셰 등), 고급 캘리포니아 샤르도네를 추천한다. 이러한 화이트 와인들은 좋은 오크에서 숙성하기 때문에, 크림 뉘앙스와 오크의 버터 풍미와 함께 오크의 탄닌감도 묵직한 크림소스와 잘 어우러진다.
- 농어 버터소스: 좋은 식재료를 사용한 요리이므로, 격식에 맞추어 오크에이징한 품질 좋은 화이트 부르고뉴 화이트 와인이나 알사스 그랑크뤼 리슬링을 추천한다.

- 바비큐 연어구이 : 연어는 생선이지만 레드 와인에도 어울리는 요소를 가지고 있다. 재료의 비중감이 가벼우므로 와인 또한 부르고뉴 피노 누아, 보졸레 가메이 레드 등 탄닌이 섬세하면서 바디감도 라이트한 레드 와인을 추천한다.
- 팬 프라이드 푸아그라 : 내장(간)의 풍미와 질감에 어울리는 흙내음과, 미네랄이 풍부하고 바디감이 묵직한 스타일 뽀므롤 레드 와인을 추천한다.

메인요리

- 송아지요리

핑크빛 고기인 송아지 재료의 비중감을 고려하여 화이트 와인을 원한다면, 오크 에이징을 하지 않은 샤르도네, 레드 와인은 탄닌이 강하지 않은 이탈리아의 키안티, 품종으로는 메를로, 피노누아를 추천한다.

- 오리구이

가벼운 붉은살 요리로 중간 정도의 비중감을 갖는 재료이다. 섬세한 탄닌의 프랑스 부르고뉴 피노누아, 또는 숙성되어 탄닌이 녹아있고 미디엄 라이트 바디의 이탈리아 바롤로 와인을 추천한다.

- 가금류

풍미가 강한 야생조류의 요리에는 프랑스 보르도, 부르고뉴, 북부 론, 스페인 리오하 등 구세계의 품질 좋은 레드 와인을 추천한다.

- 비프 스테이크

탄탄한 탄닌을 갖는 프랑스 론 레드 와인, 보르도산 풀바디 레드, 신세계의 풀바디 레드 와인 등 모든 종류의 미디엄 바디 이상의 좋은 레드 와인을 추천한다. 레드 와인의 탄닌과 지방이 만나면 지방이 탄닌을 녹여주는 윤활유 역할과 단백질의 연육작용을 도와준다.

○ 구운 양고기

최고급 보르도 레드 와인, 그 외 신세계 카베르네 쏘비뇽, 멜롯 등 묵직하고 풀바디한 최고급 레드 와인을 추천한다.

○ 소스

메인요리에서 마리아주의 또 하나 중요한 요소로는 소스를 빼놓을 수 없다. 일반적인 영한 레드 와인인 경우 레드 와인 소스, 숙성된 레드 와인인 경우 버섯 소스, 좀 더 오랜 숙성으로 쿰쿰한 풍미가 있는 레드 와인인 경우 블랙 트러플 소스, 오스트레일리아 쉬라즈나 루아르의 까베르네 프랑같은 매콤하고 풋풋한 풍미의 레드 와인인 경우 후추 소스를 곁들이면 좋다.

○ 채식주의자 메뉴 - 세페버섯 스테이크

단백질 알레르기가 없는 채식주의자라면 숙성된 쌩떼밀리옹 와인을 추천한다. 세페버섯은 특유의 풍미를 가지고 있으면서 씹히는 질감이 고기의 질감과 유사하며 숙성된 쌩떼밀리옹 와인의 부드러운 탄닌과 함께 표출되는 버섯향이 일체감을 불어 넣어준다.

치즈

○ 레드 와인과 곁들이는 경우

- 코스에서 나오는 치즈는 남은 레드 와인과 함께 마시는 경우도 있으므로, 레드 와인과도 좋은 조화를 위해 검붉은 과일의 맛과 풍미를

갖는 잼 등을 곁들이면 좋다. 그 외에도 말린 무화과나 과일 꿀리Coulis, 과일 퓨레Furee 등을 곁들이면 좋다.

○ 치즈 플레이트 제공 시 치즈별 조화

- 블루치즈Blue Cheese : 짭짤하고 쿰쿰한 풍미를 갖는 경우에는 스위트 와인, 타우니 포트를 추천한다.
- 로크포르Roquefort : 블루치즈 중에서도 고가이므로 격에 맞는 귀부 와인, 좋은 품질의 쏘떼른을 추천한다.
- 브리Brie : 크리미한 맛과 풍미에 어울리는 풀바디한 샤르도네 와인을 추천한다. 레드 와인인 경우 과일향이 나는 신선한 레드 와인, 보졸레를 추천한다.
- 까망베르Camembert : 크리미한 맛과 풍미에 어울리는 크리미한 부르고뉴 화이트 와인, 캘리포니아의 샤르도네 와인을 추천한다.
- 샤비뇰Chavignol : 염소젖으로 만들어 부드러우며 짭짤하다. 지역성에 맞게 루아르의 쏘비뇽 블랑을 추천한다.
- 묀스타Munster : 브랜디를 바르면서 숙성시켜 풍미가 진하다. 지역성에 맞게 스파이시한 알자스의 게브르츠 트라미너를 추천한다.

와인 & 치즈

디저트

- 과일 타트 계열 디저트 : 신선한 디저트 와인으로, 레이트 하비스트Rate Harvest, 영한 노블 랏Noble Rot, 알자스 방당주 따르디브Vendanges Tardives 등 미디엄 스위트 정도의 당도를 가진 화이트 와인과 좋은 궁합이다.
- 초콜릿 케이크 : 포르투갈의 포트 와인Fort Wine, 프랑스 루시용의 반뉠스Banyuls 등의 레드 주정강화 와인과 환상적인 궁합을 보여준다.

아시아 각국요리와 와인 추천

한국

- 고추장 소스를 곁들인 비빔밥 : 신선한 붉은 과일향으로 탄닌이 거칠지 않고 알코올이 받쳐주는 와인을 추천한다(프랑스 꼬뜨 뒤 론 레드 와인).

일본

- 초밥 : 곡류 와인, 사케로, 와인으로는 심플하고 산미가 있는 화이트 와인을 추천한다(일본산 샤르도네, 코슈).
- 데리야키 소스 : 스위트한 풍미의 과일향이 있고, 미감에서 알코올이 남는 레드 와인을 추천한다(캘리포니아산 진판델).

태국

- 일반적인 태국음식 : 음식의 강한 풍미에 대항할 수 있는 풍미가 강한 화이트 와인을 추천한다(독일산 리슬링, 게브르츠 트라미너).

중국

- 색이 진한 육류 음식 : 육류와 함께 조리된 소스도 진하므로, 이에 걸맞는 진한 과일풍미의 레드 와인을 추천한다(신세계의 메를로, 진판델, 오스트레일리아의 쉬라즈).
- 달고 신맛이 나는 요리 : 상큼한 산미가 특징적인 독일산 카비넷트 리슬링, 또는 다른 관점으로 스위트하고 향신료 풍미가 강한 알자스산 게브르츠 트라미너를 추천한다.

SECTION 4

FAQ

Q 와인 구매, 어디서 어떻게 하면 좋을까요?

A 각 구매 장소의 장·단점을 설명하면, 마트는 장을 보면서 원스톱 구매가 가능하지만 거의 모든 와인이 상온 보관이므로 당일 마시는 일상적 와인 구매를 추천합니다(셀러 안에 있는 와인도 판매가 되면 가판에 서있던 와인이 들어갑니다). 면세점은 세금을 면제할 뿐이지 가격의 유동성이나 상품의 다양성을 기대하기는 어렵습니다. 면세점에서는 가급적 증류주(위스키, 보드카, 백주류)를 권장합니다. 백화점은 보관이나 품질의 신뢰성은 있지만, 가격적인 면에서 일관성이 떨어지는 편입니다. 편의점은 역시 편의성이 장점입니다.

다음은 개인적인 추천 견해입니다.

첫 번째, 가급적 소규모보다는 '전문적인 체인 형태를 갖추고 있는 와인 전문점'을 권장합니다. 다양한 상품의 포트폴리오를 갖추고 있으며 주기적인 프로모션을 실시합니다. 자사의 구매이력이 있는 고객에게 적극적으로 시음 일정이나 추천 상품정보를 실시간으로 SNS나 카카오 톡을 통한 서비스도 제공해줍니다.

두 번째, '봄과 가을에는 호텔'을 이용하세요. 그 이유는 호텔마다 봄과 가을 수입업체와 함께 와인장터 행사를 개최합니다. 수입업체는 소비자한테 직접 판매할 수 있는 면허가 없기에 이런 행사 때 와인을 홍보·판매하고, 호텔은 행사 유치를 통해 입장료와 홍보·매출을 달성하는 구조입니다. 구하기 힘든 와인 및 소규모 업체의 수입 와인도

접할 수 있는 기회이며, 큰 폭의 할인행사도 하기 때문에 이런 행사에서 다량으로 구매하는 것도 좋은 방법입니다.

Q 와인 셀러가 없는데 집에서 어떻게 보관하면 좋을까요?

A 어디일까요? 온도의 변화가 없으며 냄새의 영향이 없고 어두운 곳이 옷장입니다. 옷장도 가급적 바닥에서 떨어진 서랍이 좋겠습니다. 필자가 셀러가 없던 시절 보관하던 방법입니다.

Q 집에서 와인 즐기기의 최소 장비를 알려주세요?

A 와인, 와인 스크류, 글라스, 글라스 닦기 전용 린넨 + 물병. 와인이 있으면 와인 스크류도 있어야 하고(스크류 캡은 스크류가 필요 없겠지만), 글라스는 와인의 향과 맛을 느낄 수 있는 최소한의 장비입니다. 글라스 선택은 가정에서는 고가보다는 튼튼하고 실용적인 것이 좋습니다. 고가는 섬세하고 약하기 때문에 가정에서 사용하기에는 부담이 있습니다. 손 망실Loss & Damage이 당연하다고 느낄 정도로 부담 없는 가격대로 선택하세요. 아주 간과하기 쉽지만 글라스 전용 린넨은 아주 중요합니다. 일반 천으로 닦으면 글라스 표면에 타월 먼지나 물방울 얼룩이 남는 경우가 많습니다. 시각적인 면도 있으나 위생이나 와인 맛에도 큰 영향을 주게 됩니다. 와인잔은 곡선으로 제작되어 먼지나 세제가 와인글라스 내에 남아 있는 경우가 종종 있습니다. 여기에 하나 더 하자면 물병이 필요합니다. 디캔터 대용으로 사용이 가능합니다. 빽빽한 탄닌의 레드 와인을 오픈했다면 산소를 공급해주는 브리딩 작업이 필요합니다. 물병에 잠깐 옮겨 담았다가 즐기면 됩니다. 근사한 크리스털 디캔터가 아니더라도 충분히 제 역할을 해냅니다. 믿어보세요.^^

Q 와인 용어 중 디캔팅Decanting과 브리딩Breathing의 차이와 목적은?

A1 디캔팅Decanting은 와인이 오랫동안 숙성을 거치면 병 내에서 화학반응을 통해 안정화 과정을 이르게 됩니다. 이 과정에서 여러 성분들이 결정체로 작은 돌이나 먼지 형태로 나타나는데, 와인을 서비스하기 직전에 작업을 통해 앙금 없는 깨끗한 와인만을 제공하게 됩니다. 이 작업을 앙금을 분리한다는 뜻으로 '디캔팅'이라고 합니다. 이때 오랫동안 숙성된 와인은 산소에 과다하게 노출 시 급격히 산화되는 경향이 있으므로 산소 공급이 절제되는 오리 모양의 디캔팅 사용을 권장합니다. 그러나 때때로 오랫동안 숙성된 와인 중 빈티지나 보관 등 각각의 와인 상태에 따라 디캔팅 과정을 견딜 수 없는 경우도 있습니다. 때문에 테이스팅 경험이 많은 소믈리에는 소믈리에 테이스팅을 통해 와인의 서비스 방법을 결정합니다. 이러한 경우에는 디캔팅을 하지 않고 바구니에 눕힌 와인을 조심스럽게 서비스하여 와인의 생기 있는 맛과 향을 유지하며 앙금 없이 깨끗한 와인을 서비스합니다.

디켄팅(Decanting)

A2 브리딩Breathing은 디캔팅과 정반대의 상황으로, 만들어진지 얼마 안 된 영한 와인을 서비스하기 위해 일부러 산소에 노출시켜 성장을 촉진하는 방법입니다. 젊은 와인이 산소에 다량으로 노출되면 탄닌이 부드러워지고 향의 표출이 극대화됩니다.

브리딩(Breathing)

사람으로 치면 와인에 성장촉진제를 투여하는 것과 같습니다. 이 작업을 와인이 숨을 쉰다고 하여 호흡이라는 뜻의 '브리딩'이라고 표현합니다. 산소접촉을 극대화하도록 큰 호리병 모양의 디캔터 사용을 권장합니다.

Q 빈티지Vintage 점수는 무엇이고 어떻게 활용하나요?

A 최초 빈티지 차트는 해당년도의 기후 등 작황 상태를 점수화하여 표기한 차트를 뜻했으나, 지금은 단순히 포도를 수확한 해의 기후 여건만을 가리키지는 않습니다. 1990년대 중반 이후 지금까지 빈티지 차트의 점수를 보면, 2002년 프랑스 론 지방 같은 극단적인 예외를 제외하고 대부분 평균 이상의 좋은 상태를 유지하고 있음을 볼 수 있습니다. 이것은 1990년대 중반 이후 양조기술의 비약적인 발전의 영향이 크다고 볼 수 있습니다. 2006년 알자스처럼 수확하는데 폭우가 오면 양조기술도 어쩔 수는 없지만요. 빈티지 점수가 높다는 것은 양조 중인 와인 테이스팅 결과 그해 포도 작황이 좋아서 좋은 와인이 나올 것 같다는 뜻입니다 여기서 좋은 와인은 장기 숙성형 와인을 뜻합니다. 그러니 오랜 숙성은 기간이 필요하다는 뜻도 됩니다. 그래서 오래 숙성시키지 않을 생각이라면, 일반적인 빈티지 점수를 갖는 와인을 고르는 것도 좋은 방법입니다. 90점 내 · 외면 좋을 듯합니다. 또한 유명 사이트 및 평론가의 빈티지 차트 점수는 고정적이지 않으며 주기적인 테이스팅을 진행한 이후에 수정됩니다.

Q 와인을 마시다 남았네요. 보관방법 좀 알려주세요.

A 와인이 남으면 보관을 어떻게 하느냐가 단골 질문이고, 그에 대한 대답은 '음식에 써라', '식초를 만들어서 쓰면 좋다' 등의 이런저런 답이

많습니다만, 제 경험상 그 와인의 맛을 제대로 즐기길 원한다면 다음 날 이상을 넘기지 않고 마시는 편이 좋습니다. 와인을 가만히 놔둔다고 식초가 되진 않습니다. 완전한 조건상에서 와인식초가 되는 거죠. 보통은 산패가 될 확률이 더 높습니다. 와인의 맛은 오픈한 직후부터 포물선을 그립니다. 산소유입을 막는다고 해도 이미 유입된 산소로 내부에서 계속 변화가 진행됩니다. 가급적 한자리에서, 아니면 다음 날까지는 마시는 편이 좋습니다. 요리용 와인으로 쓴다고 해도 졸이지 않는 이상 스테이크에는 살짝 쓸 수밖에 없는 양이지요. 그 이후에는 피부에 양보하는 것도 좋은 방법입니다. 그리고 오픈한 후에는 보관 시 세워서 보관하세요. 눕히면 산소와 접촉하는 면이 많아져 산화가 더 빠르게 진행됩니다.

Q 가까운 교외로 나들이가려 합니다. 어떤 와인이 좋을까요?

A1 낮에 소풍 개념이라면 기분을 들뜨게 해주는 상큼한 드라이 스파클링 와인이나 단맛이 있는 로제 스파클링, 입 안에 즉각적인 만족감을 줄 수 있는 스위트 와인 등이 좋습니다. 물론 거기에 알맞는 상큼 달콤한 과일, 딸기 등도 곁들이면 더욱 좋습니다. 아, 그리고 스파클링이나 스위트 와인은 온도가 중요합니다. 먼저 비닐팩을 준비하세요(와인숍에서 증정이나 판매하기도 합니다). 없을 경우에는 비닐봉지를 준비하고 와인을 넣고 얼음을 붓습니다. 아웃도어 필수품인 깨지지 않고 가벼운 야외용 플라스틱 와인잔도 꼭 챙기세요. 그리고 목적지로 향합니다. 가는 동안 자연스럽게 칠링이 될 겁니다.

A2 펜션에서 B.B.Q.파티를 한다면, 묵직한 신세계 레드 와인을 준비하세요. 강렬한 숯불 아로마와 진한 소스에 묻히지 않을 강인한 까베르네 쏘비뇽이나 멜롯, 쉬라 등 진한 스타일이면 다 좋습니다. 섬세한 부르

고뉴, 바디감이 가벼운 와인, 이탈리아 키안티 등은 피하는 편이 좋습니다.

Q 와인이 상했다는 것은 어떤 향, 어떤 맛인가요?

A 와인이 상했다는 것은 당연히 정상 컨디션이 아니라는 이야기이고 상품이 변질되었다는 뜻입니다. 여러 가지 상황이 있는데, 가장 대표적인 상태인 '코르키Corky'에 대해서 말씀 드립니다. 코르키란 코르크 마개에 의한 변질을 말합니다. 코르크에 남은 염소성분에 와인이 오염되어 변질된 상황입니다. 외관으로는 알 수가 없으며 후각과 미감에서만이 확인이 가능합니다. 정도의 차이는 있으나 전 세계 유통되는 와인의 약 5%가 코르키Corky 된 채 유통된다고 합니다. 주요 후각적 증상으로 후각에서 젖은 나무의 향이 나거나 젖은 골판지, 젖은 행주, 마분지 등의 냄새가 납니다. 스월링을 하면 다른 아로마 속에 숨지만, 잠시 놔두면 다시 같은 냄새가 납니다. 미감에서도 젖은 나무를 빠는 떫은 탄닌이 불쾌하게 느껴지며, 입 안에서도 후각에서 느껴지는 풍미가 동일하게 나타납니다. 흔히 나무향이 난다고 오크향이라고 착각하기도 하는데, 오크향은 오크통을 태워서 나오는 풍미로 바닐라, 스모키, 후추, 시나몬 등이고 삼나무향도 있긴 하지만 불쾌하진 않습니다. 정도의 차이가 있긴 하지만, 위에 언급한 향이 난다면 코르키의 가능성이 높습니다.

Q 소믈리에와 가장 잘 커뮤니케이션 할 수 있는 방법을 알려 주세요. 소믈리에가 낯설어서, 무식이 탄로날까 두려워(?) 제대로 추천을 받지 못하는 경우도 많다고 들었습니다.

A 소믈리에가 전문가라 하더라도 최초의 친밀감과 정보는 필요합니다.

"맛있는 와인 골라주세요."가 아니라, "오늘은 이 음식을 주문하려 하는데 어떤 와인이 좋을까요?"를 시작으로 하는 편이 좋습니다. 또한 자신이 가장 좋아하는 나라나 와인을 말해주면 좋은 사전정보가 됩니다. '화이트 와인, 레드 와인', '가벼운 타입, 무거운 타입'을 원하는지 서로 대화가 필요하지만, 그 이전에 와인에 지출할 금액이 가장 궁금한 사항이기도 합니다. 때문에 와인 리스트를 들고 손으로 금액을 가리키고 "이런 스타일로 추천해 주세요."라고 살짝 어필하면 위트 있게 대화가 시작될 수 있습니다. 이때부터 앞에 언급한 사항을 조율해가면 더욱 쉬울 것입니다. 혹시 중요한 자리라면 사전에 레스토랑을 방문하여 소믈리에와 조율하면 더욱 좋습니다. 10여 년 전 30대 혼자 온 고객이 식사를 마친 후 연인에게 프러포즈를 하려고 도움을 요청한 경우가 있었습니다. 사전에 시뮬레이션을 짜 연습하고 당일에는 처음 방문한 고객으로 연출하여 성공적인 프러포즈를 마쳤습니다. 그날 그 고객은 전문적인 와인 지식과 로맨틱한 스토리를 갖춘 멋진 남자가 되었습니다. 만약 특정국가 레스토랑을 방문한다면 더욱 소믈리에를 통한 추천을 권합니다. 지역 음식과 함께 지역 와인이 발전해왔음은 만고의 진리입니다. 해당 업장의 소믈리에가 당연히 잘 알고 있기에, 저도 특정국가의 전문 레스토랑을 이용할 경우 소믈리에의 추천을 최우선으로 듣습니다. 저의 경우에는 그렇게 함으로써 하나의 경험을 더 배우는 계기로 삼습니다. 부식이 아니라 소믈리에란 직업이 존재하는 이유입니다. 게다가 고객이 너무 많이 알면 소믈리에란 직업이 없어질지도 모릅니다.^^

Q 와인을 서비스 받을 때 지켜야 하는 매너가 있나요?

A 외국영화를 보면 레스토랑에서 식사를 할 때 자신들끼리 이야기를 하

다가, 소믈리에가 자신의 글라스에 와인서비스를 마치면 잠시 말을 끊고 "Thank you" 한마디 하고 이야기를 계속하거나, 와인서비스 동안에 잠시 대화를 멈추고 서비스가 끝나면 대화를 하는 매너가 있습니다만, 한국에서는 다른 형태의 매너가 존재합니다. 바로 외국에는 없는 '식전빵' 같은 매너인데요, 외국에서는 빵 서비스 순서가 먼저 세팅되어 있기도 하고, 수프 제공 직전에 서비스되기도 합니다. 한국에서는 초기 패밀리 레스토랑에서 항상 먼저 제공하여 이제는 빵은 식사 전에 제공되는 것으로 굳어져 '식전빵'이 문화로 자리 잡게 되었습니다. 와인 매너에도 이런 매너가 생겨났는데요, 우리 술 문화에 누가 술을 따르면 잔을 들고 두 손으로 받는 게 예의라 배웠는데, 와인은 잔을 드는 게 매너가 아니라고 하니 어느 순간 누가 시작했는지도 모르게 와인잔 받침에 손을 가져다 대는 것이 와인 매너라는 아주 그럴듯한 문화가 초기 와인 동호회를 중심으로 퍼져, 지금은 와인서비스 받을 때 손을 안대면 "저 사람 매너가 없네."라는 매너가 만들어지게 되었습니다. 어떻게 보면 문화가 넘어와 토착문화와 결합한 예라고 보여집니다.

Q 콜키지 차지Corkage Charge를 가급적 저렴하게 합리적 가격으로 낼 수 있는 방법이 있나요?

A 콜키지 차지는 아마도 레스토랑 산업에 앞으로도 빠지지 않는 이슈가 될 것입니다. 가장 많이 받는 질문 중의 하나이기도 합니다. 고객의 입장에서는 가급적 좋은 와인을 저렴하게 이용하고 싶어 합니다. 정당한 돈을 지불하겠다는 의도입니다. 고객은 이성적으로 생각한다고 하지만, 그 가격과 책정에 대해선 의견이 분분합니다. 고객은 내 와인을 가져와서 즐기는데 가격이 너무 높다는 것과, 아예 허용하지 않는

영업장에 대해서는 비난을 하기도 합니다. 레스토랑의 대표 입장에서는 요리와 음료를 주로 판매하는데, 이익은 음료에서 나올 수밖에 없는 구조입니다. 때문에 가급적 영업장의 음료(와인)를 판매하고 싶어 합니다. 판매되지 않은 와인은 재고로 레스토랑 재무에 부담으로 작용됩니다. 소믈리에에게 있어서 콜키지 차지는 힘이 빠지는 일입니다. 콜키지 차지가 자신의 역량을 발휘할 기회조차 없애버리기 때문입니다. 때문에 레스토랑에서는 최저 콜키지 차지제도를 운영하기도 하고, 콜키지 차지를 병이 아니라 잔으로 책정하기도 하며 반입량을 테이블 당 한 병, 반입 불가 등의 정책을 쓰기도 합니다. 홍콩을 비롯하여 전 세계적으로 콜키지 차지에 높은 가격을 부과하는 경향이 있습니다. 이것은 매출증대가 아니라 가급적 가져오지 말라는 시그널이기도 합니다. 서로간의 가장 좋은 방법은 레스토랑이 운영하는 "BYOB Bring your own bottle!" 이벤트 이용입니다. 레스토랑에서도 고객 마케팅의 일환으로 특정일을 'BYOB'로 운영하는 경우가 많습니다. 레스토랑 와인 반입은 전적으로 영업장 정책에 따른 것이기 때문에 외부에서 조율이 가능하진 않습니다만, 아무래도 서로 대면하는 서비스 업종 특성상 어느 정도의 협상은 가능할 수 있습니다. 이런 말이 있죠. "소믈리에와 친해져라!" 여러 의미를 담고 있는 말입니다만, 서로 어느 정도 선을 지킨다면 약간의 협상이 가능할 수는 있습니다. 예를 들면, 영업장에서 한 병을 주문하고 동급 와인의 프리콜키지 가능여부 문의, 업장을 통째로 대여하는 행사에 한해서 예외상황, 단골의 관계를 유지하면서 갑질이 아닌 신뢰의 관계가 형성될 경우도 있을 수 있습니다. 사회의 흐름이 서비스업에 대한 갑질 논란이 심화되어 과거처럼 윗사람의 지인이라는 이유로 편의를 받을 수 있다는 경우는 좀처럼 없습니다. 설사 그렇다 해도 좋은 서비스를 기대할 수는 없는 일입니다. 레스토랑이 존재해야 고객도 이용이 가능하기에 서로 윈-윈 하는 방향성이 필요한 시기입니다.

Q 한국에서 '소믈리에'라고 하면 단순히 와인을 추천하고 골라주는 서비스맨으로 인식하는 경우가 많습니다. 소믈리에의 역할은 무엇이라고 생각하나요?

A 초기에 와인 붐이 일어났을 때 소믈리에가 여러 스토리를 알고 있고, 상황에 맞는 스토리텔링을 중요시하던 때가 있었습니다. 물론 테이블의 분위기를 좋게 리드하는 것 또한 좋은 소믈리에의 요건임에 틀림없습니다만, Storytelling = Sommelier가 아닙니다. 경영자에게 소믈리에는 음료의 매출을 담당하는 음료 총괄인 베버리지 디렉터Beverage Director로서의 입장이 가장 중요할 것이며, 고객은 자신이 지불한 금액 이상의 가치를 느끼게 해주는 전문성을 갖춘 소믈리에를 원합니다. 경영자와 고객의 입장 양쪽의 균형을 잡아야 좋은 소믈리에라 할 수 있습니다. 경영과 고객만족의 균형을 잡아 고객의 재방문을 통한 이익창출로 경영이 원활해져야 선순환 구조가 성립하게 됩니다. 와인산업 전반으로 살펴봤을 때 와인 생산국의 소믈리에와 와인 소비국의 소믈리에는 아주 큰 차이가 있습니다. 와인 생산국에는 이미 축적된 데이터와 완성된 시장이 흔들림 없는 사업을 보장해 줍니다. 이에 반해, 와인 소비국에서는 이를 창출해 내야 하는 입장입니다. 때문에 와인 소비국의 소믈리에는 레스토랑 소믈리에의 업무와 함께 와인 시장의 저변 확대를 위해 활동해야 합니다. 이를 위해 와인품평회 참석 및 언론 홍보와 신규와인 런칭, 프로모션 기획 등 적극적인 마케팅 활동의 역량을 갖추어야 합니다. 앞으로도 고객의 지불비용에 대한 가치를 중점으로 두는 경향은 더욱 두드러질 것입니다. 요즘 고객이용 패턴이 그렇듯, 과거처럼 한 번도 이용하지 않은 레스토랑에서 덜컥

고가의 와인을 주문하는 일은 없을 것입니다. 최초 이용 후 신뢰 바탕 위에 재방문이 이어질 것이고, 만족도를 충족시킨다면 매출 신장 및 와인 저변의 확대를 이룰 수 있을 것입니다.

"#소믈리에# 경영자# 고객# 음료 총괄# 와인 저변# 소믈리에 역할"이라고 생각합니다.

Q 소믈리에대회는 어떤 대회인가요?

A "와인을 많이 마시는 사람이 우승하나요?", "몇 분 안에 제일 많은 와인으로 오픈하는 사람이 우승하나요?"라는 질문도 받았습니다. 가장 유사한 답은 "와인 시음하고 맞추는 대회인가요?"라는 질문이었는데요, 테이스팅 능력이 아주 중요합니다만 테이스팅 능력만이 소믈리에의 전부는 아닙니다. 소믈리에 대회는 테이스팅 능력뿐만 아니라 와인에 대한 지식 및 전반적인 미식산업의 흐름을 파악하고 있는지, 소믈리에로서 지녀야 할 자질과 현장에서의 경험을 바탕으로 한 서비스 테크닉에 대한 평가 등으로 이루어집니다.

Q 소믈리에대회도 올림픽이 있나요?

A 국제소믈리에협회(세계소믈리에협회)A.S.I : Association Sommelierie Internationale가 올림픽처럼 3년마다 세계 베스트 소믈리에대회를 개최합니다. 또한 각 대륙별로 3년마다 유럽 베스트 소믈리에대회, 아메리카 베스트 소믈리에대회, 아시아 & 오세아니아 베스트 소믈리에대회를 주관하는 전 세계 소믈

아시아 & 오세아니아 베스트 소믈리에 경기대회

리에협회입니다. 1969년 설립되어 60여 개의 회원국이 속해 있습니다. 대한민국은 한국국제소믈리에협회K.I.S.A : Korea Internatioal Sommelier Association가 1997년에 정식 등록하여 매년 한국국가대표소믈리에대회Korea Best Sommelier Contest를 통해 국가대표 소믈리에를 배출하고 있습니다. 또한 A.S.I 대회 선발을 위해 3년에 한 번 9명의 국가대표 간의 왕중왕전을 통해 최종 선수를 선발합니다.

【참고문헌】

Asian Palate, Savouring Asian Cuisine & Wine. Jeannie Cho Lee MW(2009), Asset

Association Sommelierie Internationale(A.S.I)

Grand Atlas des Vignobles de France 飯山敏道(2005), 飛鳥出版

Hongkong Sommelier Association

http://www.dkpodo.com

http://www.thisisgame.com

https://closcachet.com

https://www.lauren-lane.com

Mastering Wine for the Asian Palate. Jeannie Cho Lee MW(2011), Asset

The Wine Bible Karen Macneil, 최신덕 · 백은주 · 문은실 · 김명경 공역(2010), WB by barom works

The world Atlas of Wine(휴존슨, 잰신스 로빈슨의 와인 아틀라스), 세종서적

도도한 알코올 와인의 역사, 로드 필립스(2002), 시공사

사진작가 이운식, 이미지 사진 제공

上級ワイン教本 Exploring wines & Spirits by Christopher Fielden(2009), 柴田書店(The Wine & Spirit Education Trust 編)

손교수와 함께 배우는 와인의 세계, 손진호

와인소믈리에 실무, 김의겸 · 최민우 · 정연국 공저, 백산출판사

日本 ソムリエ 協會教本 社團法人 日本 ソムリエ 協會 飛鳥出版

田辺由美のWine Book(2009), 飛鳥出版

児島速人 CWE Test Your Knowledge of Wine ワイン教本2008年版 イカロス出版

한국국제소믈리에협회(K.I.S.A)

"과거에 비해 현대는 문화의 예술 분야는 물론 상업적 부문에서도 다채로운 문화의 다양성이 표출되고 있다. 와인 또한 현대 문화의 한 부분으로 현대적인 기술로 양조된 잘 만들어진 와인이 시대를 풍미하기도 하고, 지금 이 시점에서는 자연 자체로의 회귀를 표현하는 내추럴 와인(Natural Wine) 등의 자연친화적인 와인이 큰 흐름을 이루고 있다.

"네가 무엇을 먹는지 말한다면, 네가 누구인지 말해주겠다."
- 앙텔므 브리야 사바랭 -

란 문장처럼, 오늘날 와인은 마시는 이의 자아를 표현하는 매개물로도 표현된다. 어떤 이는 단순한 음료로 치부하기도 하지만, 어떤 이에게는 자신의 라이프스타일, 가치관을 담는 중요한 도구이기도 하기 때문이다.
그리고 수천 년을 이어온 와인이라는 음료가 앞으로 한국의 한식, 아시아 각국의 음식과 마리아주가 펼쳐지는 미식(Gastronomic)의 향연이 와인의 변방으로 표현되던 아시아의 식문화가, 서구권에 새로운 매력으로 다가가는 현재와 앞으로의 미래가 더욱 흥미롭게 기대된다."

Red Label
DOUBLE BLACK
GOLD LABEL
RESERVE
Blue Label

03

위스키 이야기

성중용

DIAGEO KOREA에서 Brand Ambassador로 활동하고 있으며, WORLD CLASS ACADEMY에서 스피릿과 칵테일을 교육하고 있다. 건국대학교 대학원 생물공학 박사과정 중이며, 『위스키수첩』, 『명주수첩』을 썼고, 『80일 간의 칵테일 세계일주』를 옮겼다.

위스키는 무슨 술일까?

'위스키Whisky'라는 용어의 기원은 '생명의 물'을 의미하는 게일어인 우스게 바하Uisge Beatha에서 시작되었다. 아쿠아 비테를 의미하며 같은 발음의 우스게 바하Uisce Beatha, 우스게보Usquebaugh도 같은 의미이다. 이후에 우스키Usky로 불리다가, 아일랜드와 미국에서는 'Whiskey'로, 스코틀랜드와 캐나다, 일본, 웨일즈에서는 'Whisky'로 표기하고 있다. 위스키의 철자를 다르게 표기하는 이유는 아일랜드와 스코틀랜드가 서로 위스키의 원조 생산국이라 논쟁을 펼치고 있기 때문이다.

위스키는 증류를 통해서 제조되는 증류주로, 아라비아와 중국에서 발명되었다고 추정되는 증류기술은 아일랜드에 먼저 상륙을 했고, 이후에 스코틀랜드로 전파되었다는 것이 정설이다.

1491년 위스키와 관련된 가장 오래된 스코틀랜드 재무부의 문서기록에 따르면, '파이프Fife의 린도레스Lindores 수도원의 수도사 존 코어John Cor에게, 아쿠아 비테Aqua vitae를 만들기 위해 8불Bolls의 맥아(약 500kg)를 전달하여 아쿠아 비테를 만들라고 했다.'는 내용이 기록되어 있다.

17~18세기가 아이리시와 스카치의 시대였다면, 19세기 말은 미국 위스키의 전성기로 독립전쟁 이후 780여개의 증류소가 있었다. 이후 1920년에 「금주법」이 발효되면서 미국 위스키 증류업자들은 찬서리를 맞게 되었고 수많은 증류소가 문을 닫아 12개만이 남게 되었다.

위스키는 세계 여러 나라에서 생산되고 있다. 위스키를 생산하는 대표적인 5대 국가는 아일랜드, 스코틀랜드, 미국, 캐나다, 일본 등이다. 위스키는 곡물을 발효시켜 증류와 숙성을 거친 증류주의 일종으로, 보리 이외에 다양한 곡물을 사용하며 숙성은 오크(참나무)통에서 한다. 쉽게 설명하면 보드카를 오크통에서 숙성하면 위스키가 된다.

세 가지 중요한 요소가 곡물, 증류, 오크통 숙성이다. 우리나라에서는 양주(洋酒)라고 호칭되고 있는 이 위스키는, 예로부터 값비싼 고급술의 대명사로 인식되고 있다. 우리가 마시는 소주와는 다르게 오크통 숙성을 하여 부드러운 알코올과 오크의 풍미(말린 과일, 바닐라, 캐러멜, 나무)를 특징으로 하기 때문이다. 하지만, 위스키에 대한 정확한 정보가 알려지질 않아 아직도 위스키를 소위 '폭탄주'의 뇌관으로 사용하고 있다.

최근에는 경제상황이 안 좋아지면서 수입 위스키 판매시장이 점점 감소되고 있는 현실이다. 여기에 소위 '저도주' 열풍에 위스키도 알코올 도수를 낮춘 코리안 스타일의 위스키K-Whisky들이 점점 늘어나고 있는 추세이다. 감소하고 있는 수입 위스키 시장의 내부를 살펴보면, '고가 프리미엄 마케팅'에 집중하여 고급 위스키를 부각시키며 위스키 마니아들이 좋아하는 단어 '싱글 몰트 스카치 위스키'를 잘 활용하고 있다.

위스키는 생산하는 국가에 따라 사용하는 재료, 발효, 증류, 오크통 숙성 등이 다르기 때문에, 수백 가지 제품이 있지만 맛과 향이 천차만별로 같은

스코틀랜드 증류소 풍경

풍미를 가진 제품은 없다. 위스키는 생산 국가마다, 생산 업체마다 독특한 제조 방법을 가지고 있고 계속해서 진화하고 있어 전 세계 모든 사람들이 즐기고 있는 축제의 술이다.

위스키의 생산국가

우리는 위스키Whisky가 다 똑같다고 알고 있으나, 생산국가에 따라 위스키의 특징이 다르다. 전 세계 약 30여개 국가에서 위스키를 생산하고 있으나 가장 유명한 5대 위스키가 있다. 아일랜드의 아이리시 위스키, 스코틀랜드의 스카치 위스키, 미국의 아메리칸 위스키, 캐나다의 캐나디언 위스키, 일본의 재패니즈 위스키 등이다.

아일랜드

아일랜드는 위스키 원조국가로, 18세기 말 아이리시 위스키의 황금기 때에는 위스키를 생산하는 증류소만도 약 1,000여개가 있었다. 하지만 스코틀랜드가 몰트 위스키와 그레인 위스키를 혼합한 블렌디드 위스키를 생산하면서 몰락하기 시작하였다. 아일랜드의 내전 및 미국 「금주법」의 여파로 영국과 미국 수출이 막히고, 제1차 세계대전의 여파로 줄줄이 증류소가 폐쇄되면서 스카치 위스키에 왕좌를 내주다가 우여곡절 끝에 다시 부활하여 현재는 7개의 증류소가 운영되고 있다.

아이리시 위스키는 스카치 위스키와는 달리 곡물의 풍미에 오일리Oily하면서 깔끔하고 부드러운 맛이 특징이다. 섬세하고 부드러운 위스키로 과거의 영광을 찾기 위해 다양한 제조 방법을 사용하고 있다.

스코틀랜드

스코틀랜드는 위스키에 관한 오랜 역사를 가지고 있지만, 공식적인 위스키 생산기록은 1494년부터 시작되었다. 19세기 후반이 되어서야 블렌디드 스카치 위스키의 성공으로 아이리시 위스키를 제치고 전 세계로 수출되었다. 물론 필록세라(포도나무뿌리 진딧물)로 인해 전 유럽의 와인과 브랜디의 생산량이 급격히 떨어지는 위기 또한 스카치 위스키 산업의 성장에 도움을 주었다.

몰트 위스키를 생산하는 증류소가 스코틀랜드 전역에 자리를 잡고 있으며, 각 지역의 지리적 환경과 기후 조건에 따라 다양한 풍미를 가진 몰트 위스키를 생산하고 있다.

스카치 위스키는 피트(이탄)로 건조한 맥아를 사용하여 독특한 스모키한 풍미가 특징이며, 몰트와 그레인을 혼합한 블렌디드 스카치 위스키가 유명한데 최근에는 싱글 몰트 스카치 위스키의 인기가 커지고 있다.

미국

미국은 18세기 펜실베이니아에서 증류를 시작하였으나, 현재는 위스키의 생산과 소비가 가장 큰 나라이기도 하다. 1794년 「주세법」이 통과되자 위스키 전쟁으로 발전했고, 스코틀랜드와 유사하게 증류업자들은 세금징수를 피해 켄터키와 테네시로 이주를 했다. 이곳에서 옥수수와 청정수로 만든 버번 위스키와 테네시 위스키가 미국 위스키의 역사를 단숨에 발전시켰다.

1861년 미국의 독립전쟁에서는 위스키가 소독약으로 사용되어 위스키 산업이 발전했으며, 1920년 미국 「금주법」이 실시되어 많은 증류소가 폐쇄되면서 품질이 낮은 위스키가 밀수되기도 했다. 아메리칸 위스키는 옥수수와 호밀을 사용하여 경쾌하고 톡톡 튀는 스파이시Spicy한 풍미를 가지고 있다. 아주 강하게 불로 태운 새로운 오크통에서만 숙성을 하여 붉은빛이 도는 진한 색에 맛도 강렬한 것이 특징이다.

캐나다

캐나다는 1861년 미국 독립전쟁의 여파로 사람들이 캐나다로 이주하면서 제분업이 번창하고 동시에 증류소가 설립되기 시작했으며, 1920년 미국 「금주법」이 실시되어 많은 증류업자들이 캐나다로 이주하면서 캐나다 위스키가 본격적으로 발전하기 시작했다. 캐나디언 위스키는 미국 「금주법」 때문에 성장한 위스키로, 원료는 아메리칸 위스키와 비슷하나, 상쾌하고 풍부한 맛과 향으로 부드러움이 특징이다.

일본

일본 위스키는 1923년 토리이 신지로(鳥井信治郞)와 다케스루 마사타카(竹鶴政孝)가 오사카 근처 야마자키에 증류소를 세우면서 시작되었는데, 이후 산토리와 니카 위스키로 나누어지며 일본 위스키의 양대 산맥이 되었다. 일본 위스키는 정통 스카치 위스키 제조법을 기본으로 하면서 일본만의 새로운 증류기술과 숙성방법을 개발하여 일본인들을 위한 부드러운 풍미의 위스키를 생산했다.

재패니즈 위스키는 스카치 위스키와 유사하나, 일본 특유의 장인문화를 바탕으로 화려한 맛과 향으로 세계적으로 인정을 받고 있으며 현재 공급이 수요를 따라가지 못하는 실정이다. 재패니즈 위스키는 2000년대부터 주목을 받기 시작하여 전 세계 위스키대회에서 많은 상을 수상하면서 지금은 종주국인 스카치 위스키의 아성에 도전하고 있다. 또한 아메리칸 위스키는 제2의 전성기를 구가하고 있으며, 특히 라이(호밀)의 풍미가 전 세계를 사로잡고 있고 전 세계에서 가장 많이 판매되는 스카치 위스키 제품인 '조니워커 위스키' 다음으로 '잭다니엘', '짐빔' 제품이 판매 순위 2, 3위를 달리고 있다.

대표적인 5개 국가 이외에도 오스트레일리아, 브라질, 스페인, 네덜란드, 벨기에, 프랑스, 러시아, 인도, 뉴질랜드, 잉글랜드, 웨일즈 등이 있으며, 최근에는 대만의 위스키도 호평을 받고 있다.

전통적인 증류소(좌측) / 현대적인 증류소(우측)

위스키에 사용되는 재료

위스키에 사용되는 세 가지 재료는 곡물, 물, 효모이다. 스카치 위스키에서는 피트를 포함하기도 한다. 위스키는 과일을 사용하는 브랜디와는 달리 곡물을 가지고 만들며, 주로 보리를 싹틔운 맥아를 주원료로 사용하며 생산 국가에 따라 보리 이외에 밀, 호밀, 옥수수 등을 사용한다. 전분 함유량이 많고 단백질이 적으며 효소활성이 높은 맥주를 제조할 때 사용하는 두줄보리를 사용한다.

전통의 '스카치 위스키'는 사용하는 재료에 따라 100% 몰트(맥아)를 사용하는 몰트 스카치 위스키, 몰트에 옥수수나 밀, 보리를 혼합한 그레인 스카치 위스키로 나누어지고, 위스키의 원조 아이리시 위스키는 몰트에 보리를 혼합한 싱글 포트 스틸 위스키, 100% 몰트를 사용한 몰트 위스키, 몰트에 옥수수, 밀 등을 혼합한 그레인 위스키로 구분된다.

'아메리카 위스키'는 스카치와 아이리시와는 달리 다양한 곡물을 사용하고 있다. 스트레이트 위스키에는 옥수수를 51% 이상 사용하는 버번(테네시) 위스키, 옥수수를 80% 이상 사용하는 콘 위스키, 호밀을 51% 이상 사용하는 라이 위스키, 싹틔운 호밀을 51% 이상 사용하는 라이 몰트 위스키, 밀을 51% 이상 사용하는 휘트 위스키 등이 있다.

'캐나디언 위스키'는 아메리칸 위스키의 원료와 유사하며 몰트와 호밀을 사용한 플레이버링 위스키, 몰트와 옥수수를 사용한 베이스 위스키가 있다. 재패니즈 위스키는 스카치 위스키와 비슷하며 100% 몰트로 만든 몰트 위스키와 몰트와 옥수수로 만든 그레인 위스키가 있다.

싹 티우는 보리

피트 채취

위스키의 라벨

위스키의 라벨에는 다양한 정보를 가지고 있다. 제품의 명칭, 제조사, 용량, 위스키 타입, 알코올 도수 등이 기본적으로 표시되어 있다. 또한 위스키에서 가장 중요한 숙성년도가 표시되어 있다. 블렌딩에 사용되는 위스키의 최소 숙성년도를 표시하며 '12 years old'로 표시된 제품에 사용되는 몰트 위스키나 그레인 위스키 모두 최소 12년 이상 숙성되어야 한다.

숙성년도 또한 다양하고 풍미의 특징이 다른 위스키들을 큰 통Vat에 넣고 블렌딩하여 하우스 스타일을 만들어 내는 만큼 싱글 몰트 위스키병에 적혀 있는 숙성기간 표시는 몰트 위스키 중 가장 숙성이 짧은 몰트 위스키의 숙성년도를 표시하게 된다. 숙성년도를 표기하지 않고 출시하는 일부 제품들도 있지만, 위스키 생산국마다 정한 최소 숙성년도를 상회하는 위스키를 사용한다.

하나의 오크통에서 나온 위스키만을 모아 병입되어 출하된 위스키의 경우에는 '싱글 캐스크Single Cask' 또는 '싱글 배럴Single Barrel'이라고 적혀 있다. 싱글 몰트 위스키 중에서 '캐스크 스트렝스Cask Strength' 혹은 희석되지 않은 위스키(알코올 함유량이 60%ABV)가 최근 유명세를 타고 있긴 하지만, 보통의 위스키들은 희석되어 '바틀링 스트렝스Bottling Strength' 즉 40%에서 46% ABV 사이의 알코올로 병입되어 판매된다.

위스키는 냉각여과Chill Filtration하는 과정을 거친다. 위스키에 포함되어 있는 지방성 아미노산을 위스키를 차갑게 하여 걸러내는 방법이다. '상온여과Un-chill Filtration' 표시가 없는 한 대부분의 위스키가 이 방법을 통해 병입되며, 이 과정을 거치지 않은 위스키의 경우에는 낮은 온도에서 저장되거나 차가운 물이나 얼음을 넣었을 때 헤이스Haze 현상이라 하여 부옇게 될 수 있으나 이는 정상이다.

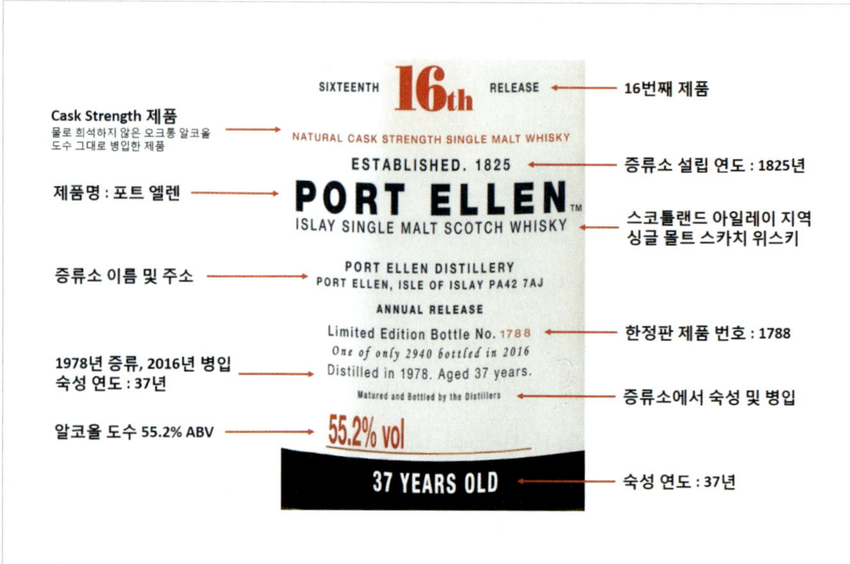

싱글 몰트 스카치 위스키

블렌디드 스카치 위스키

위스키 전문가들은 상온여과 및 캐스크 스트렝스 위스키를 가장 순수한 형태의 위스키로 간주하나, 위스키에 생소한 일반 소비자들이 접하기는 쉽지가 않다. 그리고 위스키는 와인과 다르게 병 안에서는 숙성이 되지 않는다는 사실을 상기해야 한다.

요즘은 라벨에 증류소의 창립년도, 창업자, 제조회사의 트레이드 마크, 숙성에 사용한 오크통 등등을 표시하며 다른 위스키와의 차별성을 라벨에 나타내고 있다. 라벨만 자세하게 이해해도 제품이 가진 특성을 대충 파악하여 미리 가치를 판별할 수가 있다.

스카치 위스키

1707년 영국은 스코틀랜드를 합병하여 대영연합 왕국을 건설했다. 그리고 어려운 재정을 타개하기 위해 1713년에 스코틀랜드의 주세를 인상했다. 주세 인상에 반발하여 시위와 밀조주가 성행하게 되자, 스코틀랜드에 세금 징수관을 파견하기도 했으며, 1746년에는 켈로든Culloden 전투가 벌어졌다. 이 전투로 스코틀랜드에는 세무 관리들의 관리가 강화되었으며, 1814년 500갤런 이하의 증류기 사용 금지령이 내려졌다.

증류업자들은 세무 관리들의 눈을 피해 로우랜드에서 멀리 떨어진 하일랜드 골짜기에 모여 몰래 위스키 제조를 계속했다. 이런 연유로 스카치 위스키의 근간을 세우는 제조 방법들이 생겨났다. 맥아를 건조시길 때 석탄 대신 피트를 사용했고, 증류한 위스키의 판매가 불가능해지지 무색투명한 위스키를 셰리 와인을 담겼던 빈 통에 담아 숨겨두었다. 시간이 경과함에 따라 셰리통의 영향으로 위스키가 호박색으로 변했고, 피트향Peat Flavor과 셰리 와인의 향이 잘 조화되어 풍미가 있는 위스키로 변하게 되었다.

1826년 로버트 스테인Robert Stein이 카메론 브릿지Cameron Bridge 증류소에서 처음으로 연속식 증류기를 사용했다. 1831년 아일랜드의 전직 세무 관리인 아네스 코피Aeneas Coffey가 연속식 증류기를 완성하게 되자, 위스키 산업은 큰 전환기를 맞게 되었다. 이 연속 증류기를 이용하여 그레인 위스키를 제조하기 시작했으며, 위스키라는 공식 명칭을 얻지 못했고, 1853년에는 앤드류 어셔Andrew Usher에 의해 블렌디드 위스키를 제조하기 시작했다.

1880년대 영국 상류층에서 주로 마셨던 와인과 브랜디가 '필록세라' 병충해로 공급이 중단되자, 런던 시장에서 와인과 브랜디를 대신하여 블렌디드 위스키가 인기를 끌었다. 스카치 위스키는 미국의 「금주법」 해제를 시작으로 아메리카, 아시아와 영국령 식민지로 수출되어 커다란 시장을 점유하면서 세계인의 술로 알려지게 되었다.

스카치 위스키는 1909년 영국법으로 정의되었고, 1989년 EC법으로 승인되었다. 현재 스카치 위스키와 특별하게 관련된 영국법은 1988년 스카치 위스키 법령, 그리고 재정 법령의 일부로 대체되는 1990년 6월 효력이 발생된 스카치 위스키 명령이 있다. 2009년에는 스카치 위스키 법령이 개정되었다.

- 스카치 위스키는 물과 발아된 보리로 스코틀랜드 증류소에서 생산되어야 한다(다른 곡류에서도 정제하지 않은 낟알을 첨가할 수 있다. 통 낟알만 유일하게 사용 가능).
- 스카치 위스키는 알코올이 94.8% 이하로 증류되어야 한다. 증류된 스피릿은 사용된 원재료와 스피릿을 만드는 방법으로부터 맛과 향을 가지고 있기 때문이다.
- 스카치 위스키는 700리터를 초과하지 않는 용량의 오크통에서 숙성기간은 최소 3년 이상을 스코틀랜드의 관세창고에서 숙성되어야 한다.
- 스카치 위스키는 사용된 원재료에서 나온 스피릿을 만드는 방법과 숙

성에서 나온 색깔, 향, 맛을 가지고 있어야 한다.

- 스카치 위스키에는 물과 캐러멜만을 첨가할 수 있다.

1988년 스카치 위스키 법령에 의해 스카치 위스키는 스코틀랜드 이외에서 생산하는 것을 금지했다. 스카치 위스키 법령과 유럽 증류주 정의 규정에서 최소 알코올 함유량이 40% ABV로 명기되어, 병에 주입되거나 EU에서 수출된 또는 EU 안에서 판매용인 모든 스카치 위스키에 적용된다. 특별히 명시된 유일한 원재료는 발아된 보리이다. 몰트의 사용은 법적으로 필요조건이다.

스카치 위스키의 분류

스코틀랜드 쿨일라 증류소

아이리시 위스키

세계에서 제일 먼저 만들어진 위스키는 바로 아이리시 위스키로, 아일랜드는 위스키의 종주국으로 알려져 있다. 1171년 잉글랜드의 헨리2세의 군대가 아일랜드에 도달했을 때, 이곳 사람들은 맥주를 증류한 '우스게 바하'를 마시고 있었는데 이 증류주가 위스키의 선조이다.

19세기까지 아이리시 위스키들은 소규모 농장에서 증류가 이루어지다가, 아이리시 위스키의 전성기가 지나면서 1966년까지 아일랜드에서 운영되던 많은 증류소들이 사라졌다. 아이리시의 쇠퇴를 막기 위해 미들톤 증류소가 제임슨Jameson과 파워스Powers 증류소를 합병하여 아이리시 디스틸러스 리미티드Irish Distillers Limited를 만들었다.

아일랜드 사람들은 세계에서 가장 먼저 위스키를 만들었다는 자부심이 대단하다. 그래서 스코틀랜드 사람들이 'Whisky'라 표기하는 것과 구분하여, 자신들의 위스키 상표에는 'Whiskey'라 쓰기를 고집한다.

아이리시 위스키는 스카치 위스키에 비하면 지명도가 낮고, 세계적인 시장 점유율도 아주 낮다. 그러나 1970년대에 블렌디드 아이리시 위스키가 등장하면서 다시 부활했다. 펍과 노래 그리고 전통 민속 문화와 함께 아이리시 위스키를 좋아하는 사람들도 늘어나고 있다.

아이리시 위스키의 원료는 맥아, 보리, 소맥, 옥수수 등이다. 맥아는 일반적으로는 피트향을 사용하지 않는데, 쿨리Cooley 증류소의 일부 제품은 피트를 사용한다. 몰트 스카치 위스키와 동일하게 100% 맥아만을 사용해서 몰트 위스키로 제조하는 방법, 맥아와 보리를 사용하여 몰트 위스키(싱글 팟 스틸 위스키)를 제조하는 방법, 맥아에 옥수수를 혼합해서 그레인 위스키를 만드는 세 가지의 제조 방법을 사용한다.

몰트 위스키 또는 싱글 팟 스틸 위스키Single pot still whiskey를 만들기 위해 단식 증류기를 이용하여 3회 증류를 한다. 최근에는 2회로 증류를 끝내는 쿨리Cooley 증류소도 있다. 3회 증류하여 약 85% ABV의 스피릿을 생산한다.

아이리시 위스키는 최소 3년 동안 오크통에서 숙성시켜야 한다. 이렇게 해서 탄생한 위스키를 통칭해서 아이리시 위스키라고 한다. 제품으로는 이 스트레이트 위스키를 그대로 제품화하여 싱글 몰트 아이리시 위스키 또는 싱글 팟 스틸 위스키를 만들고, 맥아와 옥수수를 주로 사용하여 연속 증류를 거친 그레인 위스키를 만들어서 그레인 위스키에 몰트 위스키를 블렌딩하거나, 그레인 위스키에 싱글 팟 스틸 위스키를 블렌딩하여 부드럽고 순한 블렌디드 위스키를 만든다.

아일랜드에서 가장 오래된 부시밀 증류소

아메리칸 위스키

1770년대 스코틀랜드나 아일랜드에서 종교적 박해와 가난에서 벗어나려 미국으로 이주한 사람들이 펜실베이니아 지역에 정착하면서 위스키를 제조하기 시작했다. 1807년에 노예무역이 폐지되자 당밀의 수입이 금지되고, 또한 곡물의 과잉생산 기미가 있어 호밀 등의 곡물을 원료로 사용한 증류주가 만들어지기 시작했다.

1783년 에반 윌리암스Evan Williams는 루이스빌에 상업적인 증류소를 만들었다. 버번Bourbon 카운티에서는 옥수수로 양조한 위스키가 생산되었는데, 소비자들은 라이 위스키보다 이 위스키를 더 좋아했고 이 지역에서 생산되어 버번 위스키라 불리게 되었으며, 라이 위스키에 비해 맛이 부드럽고 가벼웠다. 1789년 이름 자체로 유명세를 타고 있는 악명 높은 전도사인 엘리자 크레이그Elijah Craig에 의해 버번 위스키가 만들어졌다.

1791년 미국의 초대 대통령 조지 워싱턴의 승인 아래 재무성의 초대장관인 알렉산더 해밀턴은 조세수입 확보를 위해 위스키에 고액의 세금을 부과했는데, 펜실베이니아의 위스키 증류업자들이 폭동이 일으키는 바람에 세금을 대폭 삭감했다.

그 후 위스키의 반란을 기점으로 켄터키 등 서쪽으로 이동한 증류업자들은 위스키 제조에 적합한 비옥한 토양에서 자라는 옥수수와 석회석 물을 찾았고, 옥수수를 주원료로 하는 버번 위스키가 탄생되었다. 그 과정에서 오크통 내측을 태운 통으로 숙성시키면 향이나 색이 좋아진다는 것이 발견되었다.

펜실베이니아에서는 호밀을 사용한 위스키를 만들었고, 켄터키에서는 옥수수를 사용한 위스키를 만들게 되었다. 아메리칸 위스키는 보통 스트레이트 위스키Straight Whiskey인데, 보틀 인 본드Bottle in Bond 위스키는 연방정부의 보세창고에서 4년 이상 숙성시켜 알코올 100proof로 제품을 제조하는데 적용되는 표기 방법이다. 상표에 한 가지 종류의 곡물을 51% 이상 사용해야 스트레이트 위스키라고 사용이 가능하다.

「미국연방알코올통제법」에 의하면, 아메리칸 위스키는 곡물을 발효시켜 만든 양조주를 95% ABV 이하로 증류하여 오크통에서 24개월 이상 숙성시켜 알코올 농도가 40% ABV 이상으로 병 주입한 것으로 명칭하고 있다.

아메리칸 위스키 종류에는 우선 크게 스트레이트 위스키와 블렌디드 위스키, 블렌드 오브 스트레이트 위스키, 라이트 위스키, 스피릿 위스키로 나누어진다. 스트레이트 위스키에는 버번 위스키Bourbon Whiskey, 테네시 위스키Tennessee Whiskey, 콘 위스키Corn Whiskey, 라이 위스키Rye Whiskey, 라이 몰트 위스키Rye Malt Whiskey, 몰트 위스키Malt Whiskey, 휘트 위스키Wheat Whiskey가 있다. 라이트 위스키나 스피릿 위스키에 스트레이트 위스키 20% 이상을 블렌딩한 위스키가 블렌디드 위스키이며 대중적으로 인기가 높다. 두 가지 이상의 스트레이트 위스키를 블렌딩하면 블렌드 오브 스트레이트 위스키Blend of Straight Whiskey라고 한다.

테네시의 조지 디켈 증류소

캐나디안 위스키

캐나다 최초의 증류소는 1769년 퀘벡시에 설립되었다. 1763년 캐나다는 영국령이 되었으며, 1775년에 발발한 미국 독립전쟁을 피하기 위해 캐나다로 이주한 영국인들은 북쪽 캐나다로 이주하면서 제분업이 번창했고, 주로 당밀을 이용하여 증류를 하기 시작했다.

상업적인 위스키 증류는 1821년 토마스 몰슨Tomas Molson이 시작하여 1840년대에는 약 200여개의 증류소가 있었다. 현재 세계적인 주류 기업인 시그램Seagram사가 1857년에 온타리오주의 워터루시에 증류소를 설립했다. 새뮤얼 브론프만 사장의 경영으로 1930년대 초에 큰 성장을 이루었다. 1858년에는 캐나다 위스키의 상징인 하이램 워커Hiram Walker사가 설립되었다.

1933년 미국의 「금주법」이 해제되자, 캐나다의 위스키의 수요는 엄청나게 증가했다. 시그램Seagram사와 하이램 워커Hiram Walker사는 미국의 「금주법」 해금과 동시에 재빨리 미국 시장에 진출하여, 미국인들의 입맛을 사로잡는 데에 성공했다.

캐나디안 위스키는 제조 방법으로 구분된다. 옥수수, 보리, 밀과 호밀로 쿠킹한 매쉬를 3~5일 정도 발효한 이후 연속식 증류를 한다. 3번의 증류로 알코올과 바람직한 풍미를 만들며, 94% ABV로 증류한 후 베이스 위스키를 만들기 위해 숙성한다. 비록 '중성 스피릿'이지만 약간의 풍미를 가지고 있다. '플레이버링Flavouring'으로 알려진 위스키는 호밀 매쉬로 만든다. 비어 스틸로 한 번 증류한 이후 오크통에 넣거나 '케틀 & 컬럼Kettle & Column과 같은 여러 특이한 스틸 중 하나에서 두 번째 증류를 한다.

캐나디안 위스키(크라운로얄)

캐나다의 증류업자들은 조절된 비율로 재혼합하기 위해 향이 있게 증류한 다양한 스피릿으로 분리하고 여러 번의 커팅을 한다. 베이스 & 플레이버링 위스키는 부드럽고 풍미가 있는 위스키로 되기 위해 블렌딩 이전에 불로 태운 화이트 오크 배럴에서 3~25년 정도를 숙성한다. 보통 블렌디드 위스키로 알려져 있지만, 많은 캐나디안 위스키는 싱글 증류소 위스키라고 더 잘 알려졌다.

재패니즈 위스키

일본 위스키의 증류가 시작된 것은 관동 대지진이 있었던 1923년 교토 교외 야마자키에서 일본 최초의 몰트 위스키 증류소인 야마자키 증류소가 설립되면서 일본의 본격적인 위스키 만들기가 시작되었다.

일본인 최초로 스코틀랜드에 유학하여 위스키 제소법을 배워 온 타케츠루 마사타카는, 토리이 신지로와 함께 일본 최초의 위스키인 산토리의 시로후다(白札)를 만들었다. 일본에 위스키가 수입된 지 50년 후의 일이었다. 타케츠루는 산토리를 퇴사하고, 스코틀랜드와 기후가 비슷한 북해도에 닛카 위스키 증류소를 설립하였다. 이후 산토리는 위스키의 일본화로, 닛카는 정통 스코틀랜드 위스키 제조법으로 일본 내에서 성공을 거두었다.

제2차 세계대전 후 위스키는 본격적으로 일본인들의 사이로 침투하여 수많은 위스키업자가 등장하여 오션(三楽), 기린 · 씨그램 등이 위스키 산업을 주도했다. 일본 위스키업계 전체도 착실하게 성장하고 기술적으로도 진보했으며, 2000년 전 · 후로 세계 5대 위스키의 하나로서 독자적인 개성을 확립하게 되었다.

일본의 증류소들은 스코틀랜드의 증류소와는 달리 대부분 산림에 위치하고 있고, 수원지는 산에서 내려오는 자연적으로 정화된 천연수를 사용하고 하나의 증류소에서 생산하는 몰트 위스키가 다양하다.

몰트 위스키를 생산하는 증류소의 수가 적어 블렌디드 위스키를 만들기 위해서는 하나의 증류소에서 다양한 몰트 위스키를 생산할 필요가 있기 때문이다.

산토리의 야마자키 증류소에서는 섬세하고 복잡한 풍미의 몰트 위스키를 생산하고, 하큐슈 증류소에서는 숲과 감귤류 풍미의 상쾌한 맛을 가진 몰트 위스키를 생산한다. 닛카의 요이치 몰트 위스키는 강한 스모키향과 화려하고 과일과 나무의 향과 함께 깊은 맛이 특징이며, 미야기쿄의 몰트 위스키는 화려하고 달콤한 맛과 숙성된 탄닌의 깊은 맛이 어울려 온순함을 자랑한다. 후지고텐바 증류소는 연하고 부드러운 열대과일과 구운 빵의 풍미가 일품이다. 최근 2007년에 문을 연 치치부 증류소는 작은 규모이지만 다양한 풍미를 가진 몰트 위스키를 선보이면서 잠재된 일본 위스키의 저력을 보여주고 있다.

일본 최초의 야마자키 증류소

위스키의 제조과정

위스키의 시작은 맥아를 만드는 과정에서부터 시작하여, 최종 단계인 위스키 완제품 제조를 위한 자체적으로 병 주입을 하는 회사도 있고, 별도의 공장을 가지고 있는 회사도 있다. 맥아에 피트의 사용 여부, 발효통이 스테인리스인지 소나무인지, 짧게 발효하는지 길게 발효하는지, 단식 증류인지 연속식 증류인지, 어떤 오크통에서 숙성하는지에 따라 아주 다른 특징을 가진 위스키가 탄생된다.

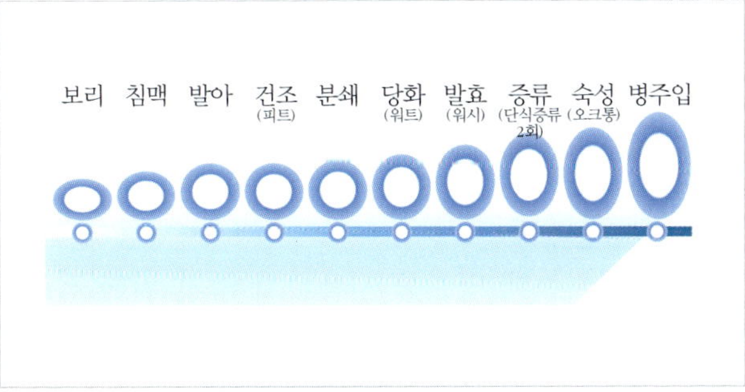

몰트 스카치 위스키 제조 공정

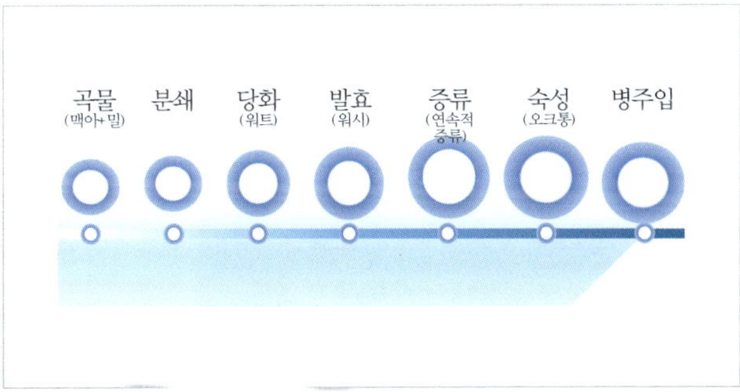

그레인 스카치 위스키 제조 공정

Malting(맥아 제조)

위스키의 주요 재료는 보리인데, 보리의 전분으로는 알코올 발효가 어렵다. 보리의 전분을 당분으로 전환하기 위해서는 보리의 싹을 틔워야 한다. 이 과정을 몰팅Malting 또는 맥아제조라고 한다. 맥아 만들기의 목적은 보리의 전분이 당화될 수 있는 충분한 양의 당분과 당화효소Enzyme를 함유하는 맥아Malt로 만들기 위해 발아Germination를 관리하는 것이다.

맥아를 만들기 위해서는 우선 물을 가득 채운 통에 보리를 2~3일 동안 담가놓고 일정하게 공기를 주입했다가 빼기를 반복하면, 보리의 수분량이 증가하면서 발아에 필요한 조건을 갖춘다.

스코틀랜드의 전통적인 플로어 몰팅Floor Malting은 보리를 30cm 두께 정도로 바닥에 펼쳐 놓고 싹을 틔운다. 균일하게 발아가 진행되고 보리의 싹과 뿌리가 엉키지 않게 보리를 뒤집어 준다. 발아가 진행되면서 천연효소와 당분이 생성되며, 발아하는데 당분을 사용하지 않기 위해 건조시켜야 한다. 발아가 너무 진행되면 알코올 발효에 필요한 당분이 소모되기 때문에, 발아를 중단해야 하는 시기를 결정하는 것이 매우 중요하다.

발아를 중단하기 위해서는 열이 필요한데 이 과정을 '건조'라고 한다. 건조는 킬른Kiln이라고 하는 바닥이 철제 그물망으로 된 개방형 화덕 속에서 진행되는데, 사용하는 연료는 석탄과 피트이며 열과 연기로 보리를 건조시

플로어 맥아 제조

맥아 분쇄기

킨다. 이 과정에서 피트를 사용하면 맥아에 스모키한 향이 배어들어 몰트 스카치 위스키의 독특한 맛과 향을 만들어 낸다. 이러한 전통적인 건조는 2~3일간 진행되며, 건조가 끝나면 보리의 습도는 3% 정도로 내려간다. 건조된 맥아 속의 당분이 뜨거운 물과 반응하여 당화가 촉진될 수 있도록 분쇄를 하는데, 적당한 크기로 가루를 내는 것이다. 이 분쇄된 맥아를 엿기름 Grist이라고 한다.

Mashing(당화, 맥아즙 제조)

당화는 분쇄된 맥아Grist에서 당분 성분이 가능한 한 최대로 용해되어, 다음단계인 발효Fermentation가 충분히 촉진될 수 있도록 당화조Mash Tun에서 맥아즙Wort이라고 부르는 당분 수용액을 만든다.

그리스트는 분쇄된 가루의 크기에 따라 세 부분으로 분류되며 허스크, 플라워, 파우더 형태로 2:7:1의 비율로 당화조에 넣고 63~68℃의 뜨거운 물을 붓는다. 그리스트와 물로 구성된 걸쭉한 이 혼합물을 매시Mash라고 하고, 뜨거운 물속에서 몇 시간이 지난 후 걸쭉해진 맥아의 전분은 효소의 작

당화조

당화조의 내부

용으로 인해 맥아당으로 변하는데, 이 과정에서 생기는 당분이 함유된 맥아즙Wort을 언더백Underback이라는 큰 통으로 보낸다.

매시에 남아있는 당분을 마저 추출하기 위해 뜨거운 물을 두 번 더 첨가하여 충분히 맥아즙을 추출한다. 새로운 맥아즙은 먼저 흘러 들어간 맥아즙과 합쳐져 발효하기 전에 냉각 과정을 거친다. 당화 과정이 끝나고 남은 찌꺼기Draff는 가축의 사료로 사용한다.

Fermentation(발효)

발효는 맥아즙Wort 속에 있는 당분을 효모Yeast가 사용하면서 대사 과정을 거쳐 알코올과 이산화탄소, 향미성분 등을 생성하는 것이다. 당화 과정에서 생성된 맥아즙을 워시백Wash Back이라는 커다란 통에 담은 후 효모를 첨가한다. 워시백은 전통적으로 소나무나 삼나무로 만들어지며, 이들 나무는 곰팡이가 생기는 것을 방지하는 데에 매우 큰 역할을 한다.

오늘날은 위생적이고 관리하기 쉬운 스테인리스 스틸을 많이 사용한다. 스테인리스 스틸통은 보관이 훨씬 쉽기 때문에 최적의 발효 과정이 진행되는 장점이 있지만, 나무를 사용하면 미생물인 효모의 작용이 원활히 이루어지며 발생된 열이 통 전체에 골고루 전달된다.

맥아즙에 첨가되는 효모균은 자낭균류에 속하는 양조 효모인 사카로미세르비체Saccharomyces Cerevisiae이며 증류소마다 다양한 효모를 사용하여 독특한 풍미를 가진 워시를 생산한다. 효모균의 작용으로 발효가 빠르게 진행될 때 온도가 갑자기 올라가지 않도록 지속적으로 맥아즙을 저어주며 관리를 한다. 맥아즙의 온도가 35~37℃가 넘으면 세균이 생성되어 발효가 중단될 수 있기 때문이다.

워시백에서 2~3일 정도 지나면, 맥아즙은 알코올 함량 8~10% ABV의 액체가 된다. 이것이 바로 맥아로 만들어진 워시Wash이다. 워시에는 발효를 통해 얻어진 과일, 꽃, 크림 등 향미 성분을 함유하고 있으며 위스키 풍미의 시작이다.

발효조

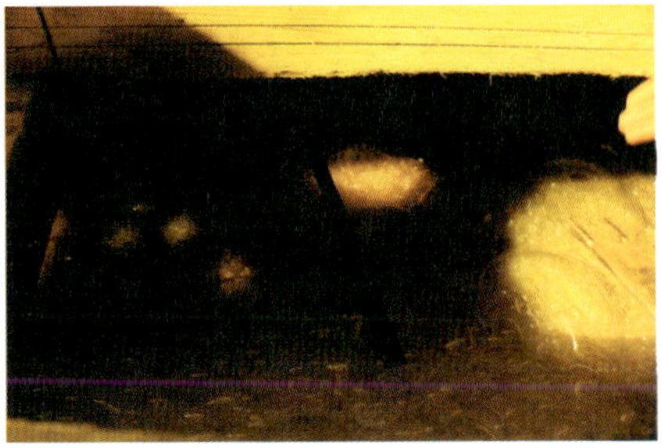

발효조의 내부

Distillation(증류)

증류는 워시Wash에 열을 가하여 높은 도수의 알코올을 추출하기 위한 과정으로, 증류를 통해서 알코올의 순도를 높인다.

증류는 물과 알코올의 비등점을 이용하며, 알코올은 약 78.3℃(1기압)에서 증기로 변하고 생성된 알코올 증기만을 모아 냉각하면 액체로 변하는데 증류주 또는 스피릿Spirit이라고 한다. 이때 생성된 스피릿의 특징은 당분, 탄닌 등이 없는 무색이다.

증류에는 '단식 증류'와 '연속식 증류' 두 가지가 있다. 단식 증류는 포트스틸Pot Still 또는 배치스틸Batch Still이라고 부르며, 보통 2~3회에 걸쳐 증류를 하고 약 70% 정도의 알코올을 생산한다. 1회 증류한 이후에 청소를 하고 다시 워시를 넣어야 하기 때문에 효율성이 낮아 생산량은 떨어진다. 단식 증류를 이용하여 주로 몰트 위스키를 만들며, 증류기의 형태에 따라 생성되는 스피릿의 풍미가 다양하고 복잡하여 증류소마다 특징이 다른 몰트 위스키를 생산한다.

연속식 증류는 컨티너스 스틸Continuous Still, 컬럼 스틸Column Still이라고 부르며 단식 증류기를 아파트 형태로 쌓아놓은 스타일로 연속하여 증류를 하여 약 97% 정도의 알코올을 생산한다. 단식 증류와는 다르게 계속해서 워시 투입이 가능하여 효율성이 높아 그레인 위스키 제조에 사용을 한다. 연속식 증류는 보통 보드카 제조에 많이 사용하는 증류 방식으로 고농도의 알코올을 만든다. 단식 증류로 생성한 스피릿보다는 거의 풍미가 없는 중성적이어서 가볍고 부드럽다.

단식 증류기

Maturation(숙성)

증류를 통해 만든 증류주를 'New-make Spirit'이라고 부르며, 오크통(참나무통)에 넣어져서 숙성되게 된다. 법적으로, 스카치 위스키는 최소 3년간 숙성되어야 한다고 명시되어 있지만, 보통 3년보다 많은 시간을 숙성창고에서 머문다. 스카치 위스키의 경우는 3년 이상 숙성되면 위스키로 분류되며, 미국의 경우는 최소 2년 이상 숙성되어야 위스키라고 부른다. 그 전에는 그냥 몰트 스피릿 또는 그레인 스피릿이다.

숙성에 사용하는 오크통Oak Cask은 위스키 제조의 마지막 단계에서 중요한 역할을 한다. 오크통 숙성 과정은 위스키의 최종 풍미에 최대 60~80%까지 영향을 미칠 수가 있다. 스피릿은 오크통 안에서 참나무의 맛, 향과 관련된 여러 요소를 주고받으면서 외부에서 유입된 산소와 함께 서서히 산화되면서 다양한 풍미가 생성되고 동시에 부드러워진다. 전통적인 위스키 숙성창고는 흙바닥에 마루 형태의 돌로 쌓은 더니지Dunnage 스타일이다.

오크통을 3단 이상 쌓지 않으며, 자연스러운 환기를 통해 숙성 과정이 느리게 진행되고 산화와 증발의 양이 적다. 현대적인 숙성 창고는 랙Rack 스타일의 아파트 형태로 위스키 통을 팔레트 위로 높게 쌓고 온도를 일정하게 유지시키며, 폐쇄적인 공기 순환방식을 사용한다.

더니지 스타일 숙성창고

랙 스타일 숙성창고

Bottling(보틀링) 병입

완벽하게 숙성이 끝난 위스키들은 보틀링Bottling 공장으로 옮겨진 이후, 대부분 블렌딩 공정을 거친 이후 여과를 하고 병입된다. 동일한 증류소의 몰트 위스키 경우에도 블렌딩 과정을 거치고 병입된다. 블렌딩 공정 이후에도 색을 맞추고 알코올 도수를 조절하여 여과 과정을 거친다.

몰트 위스키나 블렌디드 위스키 제품을 만들기 위한 과정 중에 마스터 블렌더가 중요한 역할을 차지한다. 마스터 블렌더란, 블렌딩을 할 때 어떤 위스키들을 사용할지를 결정하는 사람이다. 블렌딩에 사용할 각각의 위스키들의 향을 맡아 특징을 확인하고 특정한 위스키 함유량이 유지되는지를 보증한다. 또한 같은 브랜드의 맛과 향을 일정하게 유지하는데 마스터 블렌더의 경험이 매우 중요하다.

위스키 회사에서 마스터 블렌더의 위치는 상상을 초월한다. 스카치 위스키의 최소 알코올 도수는 40% ABV이다. 대부분의 제품들은 40~43% ABV로 알코올 도수를 표기하고 있지만, 일부 싱글 몰트 위스키들은 물로 일정하게 알코올 도수를 맞추지 않고 오크통의 위스키가 가진 알코올 도수 그대로 병입하는 캐스크 스트렝스 제품을 생산하고 있으며 점점 유행이 되고 있다.

위스키 병입 이전에 여과 과정도 두 가지 방법이 있다. 대부분의 위스키는 영하 3~4℃에서 냉동여과Chill Filtration를 거쳐 위스키가 뿌옇게 되는 것을 방지한다. 하지만 위스키 전문가들은 풍미와 입 안의 촉감이 떨어진다고 한다. 싱글 몰트 위스키에서는 비냉동여과Non-chill Filtration 방법을 선호한다.

병입 공정

단식 증류와 연속식 증류의 차이

스코틀랜드의 순수한 몰트 위스키의 경우, 구리로 만든 단식 증류기Pot Still로 1차, 2차 과정으로 증류한다. 증류기는 단순한 구조로 크게 포드Pot, 백조의 목Swan's Neck, 응축기Condenser 등 세 부분으로 나누어진다. 1차 증류는 약 8% ABV를 가진 워시를 1차 증류기인 워시 스틸Wash Still에서 증류한다. 워시를 가열하면 알코올의 끓는점(78.3℃)이 물의 끓는점(100℃)보다 낮으므로 알코올이 물보다 먼저 증발하게 되는데, 이 알코올 기체를 모아서 냉각시키면 알코올 농도가 높은 액체를 얻을 수가 있다. 이 액체가 바로 약 25% ABV의 로우 와인Low Wine이다.

일반적으로 많은 양의 로우 와인을 만들기 위해 워시 스틸의 크기가 스피릿 스틸Spirit Still보다 크다. 1차 증류의 경우 알코올 기체와 구리와의 접촉 시간을 길게 하면 가벼운 스타일의 스피릿을 얻는다. 증류기의 목이 긴 스틸을 사용하거나 증류 시간을 천천히 하는 경우이다. 반대로, 증류기의 목이 짧거나 빠르게 증류를 하면 무거운 특징을 가진 스피릿을 생산한다. 2차 증류는 25% ABV의 로우 와인을 2차 증류기인 스피릿 스틸로 보내어 증류를 한다. 2차 증류부터 세밀한 증류가 이루어지는데, 증류액은 증류를 감독하는 사람이 관찰, 평가하고 측정할 수 있도록 유리로 된 스피릿 세이프Spirit Safe를 통과한다.

스피릿 세이프는 증류 작업을 통제하고 관리하는 곳이며 알코올의 순도를 조절하기 위한 중요한 장치이다. 증류되는 모든 스피릿을 전부 사용하지는 않는다. 유출되는 스피릿을 나누는데 이것을 컷Cut이라고 하고 초류Foreshots, 본류Heart, Middle Cut, 후류Tail라 하며 각 지점을 컷 포인트Cut Point라고 부른다.

처음에 추출되는 스피릿(초류)에는 불순물(알데히드나 퓨젤오일)이 많기 때문에 그 부분만 모아서 1차 증류기(와시 스틸)로 보내 다시 증류하는데 사용하고, 이후에 추출되는 스피릿(본류)만 스피릿 저장고로 보낸다. 약 70% ABV의 본류는 진한 몰트의 풍미를 가지고 있어 증류소의 특징을 나타낸다. 마지막에 추출되는 스피릿(후류)은 알코올 성분이 낮고 풍미가 약해 초류와 마찬가지로 모아서 1차 증류기로 보낸다. 2차 증류기를 통과한 알코올의 도수는 보통 70% ABV인데, 여기에 물을 첨가하여 63.5% ABV로 희석시킨 후 오크통에 넣는다.

증류되는 스피릿은 풍미가 변하는데, 2차 증류 시 컷 포인트에 따라 생산하는 스피릿의 풍미가 다르다. 빠르게 컷 포인트를 가져가면 가볍고 섬세하면서 우아한 방향을 얻는다. 컷 포인트를 늦게 하면 오일리Oily하고 진한 풍미를 갖게 되며 스모키Smoky한 풍미도 얻는다. 묵직한 풍미를 원하는 증류업자들은 늦게 컷을 한다.

스코틀랜드에서는 일반적으로 몰트 위스키를 증류할 때 두 번 하지만, 세 번의 증류 과정을 거쳐 생산해 내는 증류소도 있다. 예를 들어, 스코틀랜드 로우랜드 지역의 유명한 싱글 몰트 위스키인 오큰토션Auchentoshan의 경우이다. 그리고 아일랜드의 몰트 위스키들은 몰트 스카치 위스키와는 달리 대부분 세 번을 증류하여 가볍고 부드러운 특징을 가지고 있다. 단식 증류기의 모양이나 가열하는 방법에 따라 위스키의 풍미가 달라질 수 있으며, 증류되는 스피릿들이 얼마나 증류기의 구리와 접촉하는지에 따라 생성되는 스피릿의 특징이 달라진다. 이 구리는 위스키의 풍미를 창조하는데 정말 중요한 역할을 한다.

증류기의 구리 성분은 알코올을 알데히드나 에스테르로 바꾸는 촉매 역할을 하고 황과 같은 불순물을 제거해준다. 전통적인 직접가열 방식은 간접가열 방식보다는 발효주가 구리와 더 많이 접촉하여 스피릿의 풍미가 강하고 더 무게감이 있다. 증류기의 목 길이에 따라 생성되는 스피릿의 특징이 달라진다. 목이 긴 증류기의 스피릿은 환류가 많아 가볍고 부드러운 특징을 가지고 있고, 목이 짧은 증류기의 스피릿은 환류가 적어 진하고 풍부한 스피릿을 생산한다.

응축기의 형태는 전통적인 웜 튜브Worm Tube와 셸 & 튜브Shell & Tube 두 가지가 있다. 웜 튜브는 차가운 물이 있는 통 안에 긴 구리 파이프가 코일처럼 구부러져 있어 구리와의 접촉이 적어 무거운 스타일의 스피릿을 만든다. 현대적인 셸 & 튜브 응축기는 차가운 물이 있는 기다란 실린더 안에 여러 개의 작은 구리 파이프로 구성되어 있어 구리와의 접촉이 많아 웜 튜브보다는 가벼운 스피릿을 생산한다. 몰트 위스키와는 달리 그레인 위스키는 연속식 증류기로 생산된다. 연속식 증류기는 1826년 로버트 스테인이 발명하여 1831년 아네아스 코피에 의해 완성되었나.

연속식 증류기는 분리탑Analyser Column과 정제탑Rectifier Column 두 개의 탑으로 구성되어 있는 이중의 다단형 구조이다. 연속식 증류기로 생산된 그레인 스피릿은 몰트 스피릿에 비해 90~94.8% ABV로 알코올 도수는 높으나 향기성분의 함량이 낮고 풍미도 가벼우며 부드럽다.

연속식 증류기는 단식 증류기에 비래 효율이 좋아 대량생산을 하는데 적합하다. 또한 숙련된 기술이 필요하지는 않다. 대신에 증류기 설치에 필요한 초기 비용이 많이 들어간다. 그래서 대형 회사의 막대한 자본력이 필요한 이유로는 그레인 위스키를 생산하는데 사용하는 원료도 수입해야 하기 때문이다. 그레인 위스키의 등장으로 위스키 산업은 점점 커지게 되었고, 마침내 몰트 위스키와 그레인 위스키를 블렌딩한 블렌디드 스카치 위스키가 전 세계에 알려지게 되었다.

그레인 위스키가 등장하게 된 배경에는 세금 회피와 관계가 깊다. 과거 몰트 위스키 증류업자들이 세금을 내지 않기 위해 잉글랜드에서 밀리 떨어진 하일랜드 골짜기(지금의 스페이사이드)로 도망가서 몰래 위스키를 제소한 것처럼, 증류업자들이 위스키 제조에 사용하는 맥아에 붙는 세금(맥아세)을 적게 납부하기 위해 100% 맥아를 사용하지 않고 맥아 이외에 옥수수나 밀을 첨가하여 위스키를 제조한 '저항의 역사'가 바로 그레인 위스키의 출발이다.

단식 증류기

연속식 증류기

마술같은 오크통 숙성

위스키를 오크통에서 숙성하는 방법이 알려진 것은 그리 오래되지 않았다. 1850년대 전·후로 오크통 숙성이 대중화되기 시작했다. 과거의 위스키는 보드카와 유사한 스피릿이었다. 위스키의 숙성은 자연 환경에 따라 빠르게 진행되기도 하고 천천히 진행되기도 한다. 건조한 기후보다는 습한 기후에서 보다 천천히 진행되는데, 온도의 변화는 숙성을 가속화시키는 중요한 요소이다. 건조한 기후에서는 알코올보다 물이 증발되고, 습한 기후에서는 물보다는 알코올이 증발된다.

오크통의 크기에 따라 작은 크기의 통은 숙성이 빠르게 진행되고, 큰 통은 상대적으로 천천히 숙성된다. 스카치 위스키의 경우에는 오크통의 크기를 700리터 이하로 규정하고 있다. 위스키는 오크통 속에서 오랜 시간을 더 보낼수록 발전하고 변화한다. 숙성시간은 주로 20년 미만에서 끝나게 되며 매년 2~3%의 술이 증발한다. 알코올이 더 휘발성이 강하기 때문에 숙성하면서 알코올 함유량은 자연스럽게 낮아진다.

12년 정도 저장된 통에선 약 25%의 내용물이 증발된다고 하는데, 이것을 '천사의 몫Angel's Share'이라고 한다. 오래 저장할수록 위스키의 품질과 비용이 같이 증가하게 된다. 숙성하지 않는 보드카와 비교하면, 위스키가 얼마나 높은 가치를 가지는지를 알 수가 있다.

오크통은 유럽산과 미국산을 주로 사용한다. 가장 많이 사용하는 유럽산 참나무는 퀘르케스 로브Quercus Robe와 퀘르케스 세실Quercus Sessilis 두 품종으로 미국산 오크보다는 성장속도가 느리며 무게감이 있고, 강렬하며 탄닌이 진한 풍미를 위스키에 준다. 스페인의 셰리통 제조에는 퀘르케스 로브 품종을 사용하며 스페인 북부지방에서 자생한다. 미국산 참나무의 종류는 다양하나 퀘르케스 알바Quercus Alba가 45% 정도 사용되며 성장속도가 빠르며 연하고 섬세하며 부드러운 풍미를 준다.

숙성된 위스키의 풍미와 관련이 있는 참나무의 성분으로는 첫째, 코코넛향을 가진 락톤 화합물, 둘째, 페놀성 알데히드 화합물, 셋째, 탄수화물 분해산물, 넷째, 아몬드향을 가진 푸르푸랄 화합물, 다섯째, 캐러멜향을 가진 말리톨과 사이클로틴 등이 있다. 숙성하지 않은 몰트 스피릿은 날카롭고 급속적인 맛을 낸다. 몰트 증류소나 숙성창고에서 스피릿을 시음할 기회가 있던 사람들은 모두 이 강렬한 풍미를 기억할 것이다.

오크통 안에서의 숙성 시간이 길어질수록 스피릿의 강렬하고 날카로운 풍미는 점점 무뎌진다. 보통 5~8년 후에는 완전히 없어지게 된다. 특정한 풍미의 감소와 관련된 것이기 때문에 전문가들은 이것을 '감산숙성'이라고 한다. 8년 이하 숙성된 프리미엄 위스키가 시장에 거의 없는 이유이기도 하다.

숙성 기간이 길어질수록 위스키는 오크통에서 풍미를 얻는다. 처음에는 나무의 풍미, 더 정확히는 당분, 바닐라와 오크(탄닌)의 풍미를 얻는다. 오크나무의 특성이 위스키에 전이되는 것이다. 이것은 '가산숙성'이라고 하며 처음 사용되고 활성도가 높은 유럽산 오크통은 위스키에 강한 풍미를 주고 오래되고 활성이 적은 오크통은 위스키에 가벼운 풍미를 준다.

숙성 과정과 오크통의 성격만이 위스키의 품질에 영향을 끼치는 것은 아니다. 증류소의 특징이라고 말할 수 있는 어떤 스타일의 몰트(피트의 사용 여부)를 사용했는지, 특별한 증류 방법인지가 몰트 위스키의 근본적인 특징을 결정한다.

사실 피트의 풍미를 가진 스피릿은 숙성이 진행되면서 피트의 풍미가 조금씩 감소하므로 따라서 증류소의 특징도 점점 약해진다. 숙성이 진행되면서 오크통의 풍미는 이 증류소의 특징(피트 사용 여부, 증류된 스피릿의 성격)과 결합한다. 두 가지가 조화롭게 되면 전문가들은 상호작용적 숙성이 일어났다고 말한다.

오크통의 선택은 최종 위스키의 특징을 만드는데 가장 큰 역할을 한다. 미국 위스키의 법령에 의하면, 버번과 테네시 위스키는 반드시 불로 태워진 새 오크통을 이용해 숙성되어야 한다고 명시하고 있기에, 스카치 위스키 제조업자들은 아메리칸 위스키 제조업자들로부터 오크통을 구매한다. 버본통은 위스키에 달콤함과 더불어 바닐라와 코코넛의 풍미를 더한다. 셰리 와인통도 자주 사용되는데, 이 관습은 스페인에서 영국으로 셰리 와인을 수출할 때 병보다는 오크통에 넣어 운반하는 것을 사람들이 선호했기 때문이다. 판매하고 남은 빈 오크통들을 스페인으로 다시 옮기기엔 너무 비용이 들었고, 빈 통을 원하는 셰리 양조업자도 없었기 때문에 자연스럽게 위스키를 셰리 와인통에 보관하기 시작했다.

셰리 와인통은 위스키에 강하고 진한 맛과 깊은 호박색, 가끔 붉은 빛을 선물한다. 근래에는 세리 와인의 소비가 줄어들고 스테인리스로 만든 컨테이너들이 참나무로 만든 셰리통을 대체하면서 셰리 와인통의 품귀 현상이 일어났다.

결과적으로 스코틀랜드의 증류소에서 스페인 셰리 양조업자들에게 오크통을 일정 시간 동안 제공한 후에 다시 스코틀랜드로 실어오는 자구책을 마련했다. 또한 셰리 와인통의 부족은 위스키 증류업자들이 포트 와인이나 마데이라를 담았던 통을 사용하게 만들었으며, 럼이나 프랑스 와인을 넣었던 오크통을 사용하는 다양한 방법을 추구하고 있다.

위스키의 풍미를 만들어 내는 캐스크 피니싱Cask Finishing이라는 또 다른 방법이 있다. 피니싱을 통해 기존의 숙성한 위스키의 풍미를 살짝 뒤트는 것이다. 버번통이나 리필통에서 숙성한 위스키를 짧은 기간 동안 아주 활력이 좋은 셰리나 포트, 마데이라, 와인통에서 두 번째 숙성을 하여 위스키에 다른 오크통의 특징을 준다.

다양한 오크통

오크통 내부

'피티'는 도대체 뭐야?

스카치 위스키에서 가장 중요한 풍미가 있으니 바로 '피티Peaty'라고 표현되는 풍미이다. 피티는 나무연기, 약냄새 등으로 표현되며 구체적으로 흙, 오일, 버섯, 부엽토 등의 독특한 풍미이다.

피티는 피트Peat, 즉 토탄을 태워 맥아를 건조할 때 피트의 연기가 맥아에 입혀지면서 생기는 것이다. 피트는 스코틀랜드 사람들이 나무나 석탄 대용으로 사용하던 천연 원료로, 양치류 식물이 퇴적하면서 오랜 세월 동안 층층이 쌓여 만들어졌다. 1cm의 피트가 퇴적되는데 100년이 걸린다고 한다.

피트는 축축한 진흙 상태를 파내어 습기 제거를 위해 말려서 사용한다. 피트를 채취한 장소, 탄화된 정도, 퇴적된 식물의 종류 등에 따라 피트의 풍미가 달라진다. 스카이Skye섬의 피트는 신선한 바다의 풍미를 가지고 있고, 아일레이Islay섬의 피트는 강렬하고 진한 풍미이며, 하일랜드Highland의 피트는 섬세하고 부드럽다고 한다.

과거에는 피트로만 맥아를 건조했지만, 지금은 석탄으로 먼저 맥아를 건조하고 이후 피트를 태워 피트의 향을 입히는 목적으로 사용하고 있다. 맥아에 수분 함량이 풍부한 상태(25% 이상)에서 피트의 향을 입히면 맥아 자

피트를 태우는 가마

피트

체가 연기를 잘 흡수하여 진한 피트의 향을 가지게 된다. 피트의 향을 입히는 시간에 따라 피트의 농도가 결정되며, 피트의 향을 입힌 맥아와 가스로 열풍 건조한 맥아를 적절히 혼합하여 사용한다.

최종 위스키의 피티함은 페놀 수치로 나타내며, 중요한 성분으로는 페놀, 이성화 크레졸이며, 과이어콜Guaiacol은 미량이지만 관능적으로 큰 역할을 한다. 스코틀랜드 아일레이의 몰트 위스키의 일반적인 페놀 수치는 40ppm 정도이나, 브룩라딕Bruichladdich 증류소의 옥토모어Octomore 몰트 위스키의 페놀 수치는 208ppm을 자랑한다.

위스키의 색으로 알아보는 맛과 향

위스키의 색은 오크통과 관련이 깊다. 무색투명한 스피릿을 오크통에 넣으면 나무성분이 우러나오면서 갈색으로 변하며 시간이 오래 될수록 점점 색이 진해진다.

오크통의 안쪽을 불로 태우기 때문에 스피릿은 나무로부터 추출되는 색소 성분들의 농도를 증가시킨다. 불로 태우는 강도가 높아질수록 색소의 농도가 증가된다. 태우는 정도에 따라 헤비Heavy, 미디엄Medium, 라이트Light로 나누고, 스피릿의 성격에 따라 태우는 정도를 달리한다.

스피릿은 원료 및 증류 방식에 따라 다른 맛과 향을 가지고 있고, 오크통 숙성을 통해 나무의 맛과 향이 더해지면서 맛과 향이 복잡해지면서 부드러워진다. 이와 같은 이유로 색과 풍미의 농도는 비례하지 않는다.

일반적으로 위스키를 숙성시키는 오크통으로는 미국산 버번 오크통과 유럽산 셰리 오크통을 주로 사용한다. 버번 오크통에서 숙성한 위스키는 밝은 황금색을 띄며 나무향이 강하고 바닐라와 코코넛의 향이 난다. 셰리 오크통에 숙성시킨 위스키는 붉은색이 도는 갈색으로 버번 오크통보다 더 진한 색이다. 진한 단맛이 나며, 과일향, 스파이시가 특징이다.

다양한 위스키의 색

숙성년도가 오래되면 좋은 위스키일까?

위스키의 숙성년도가 오래 될수록 품질이 더 뛰어나다고 생각한다. 하지만 반은 맞고 반은 틀린 말이다. 위스키는 오크통에서 숙성을 하기 때문에 숙성이 오래 될수록 부드럽고 풍미가 진해지기도 하지만, 계속해서 맛과 향이 좋아지는 것은 아니다. 중요한 요소는 오크통의 품질과 관련이 깊다. 활성도가 좋은 오크통에서 숙성을 하는 것과는 달리, 활성도가 떨어지는 오크통에서 오래 숙성한다고 좋다고 할 수는 없다.

스피릿은 오크통 숙성시간에 따라 맛과 향이 점점 좋아지는 성숙기를 거쳐 쇠퇴기에 이른다. 최상의 성숙기에 블렌딩하는 것이 좋다. 결론은 숙성년도와 숙성도(품질)는 연관성이 적다. 즉 항상 비례하지 않는다. 위스키를 제조하고 판매하는 입장에서는 무턱대고 위스키 숙성을 오래 할 수는 없다. 재고에 대한 부담이 가중되고 품질에 대한 이슈도 재기되기 때문이다. 가장 오크통 숙성이 최고조에 달했을 때 블렌딩 & 병입 과정을 진행하는 것이 최선의 방법이다.

숙성년도가 있는 위스키는 수요 때문에 제품의 수가 줄어들고 있다. 상대적으로 오래 숙성시킨 위스키의 재고가 부족하다는 반증이다. 위스키 숙성년도에 대한 현재의 문제점은, 최소 숙성년도를 표기해야 하기 때문에 원하는 품질의 오크통 재고가 없으면 동일한 품질의 위스키를 제조할 수 없다.

원초적으로 숙성년도가 무조건 위스키를 맛있게 만들까? 그렇다면 조니 워커 블루 레이블은 성공하지 못했을 것이다.

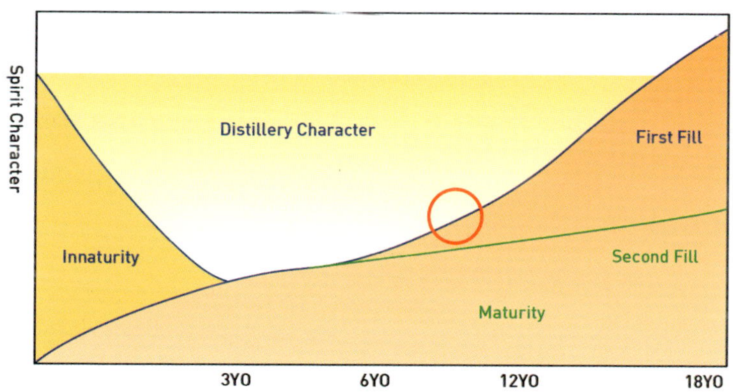

연도에 따른 숙성효과

싱글 몰트 스카치 위스키는?

싱글 몰트 스카치 위스키Single Malt Scotch Whisky라는 단어를 처음 사용하기 시작한 회사는 스코틀랜드의 글렌피딕Glenfiddich 증류소이다. 1963년 글렌피딕은 대형 위스키회사에 오크통으로 판매하던 몰트 위스키를 자신들의 이름을 걸고 제품화하여 판매하기 시작했다. 지금은 스카치 위스키 판매의 25%를 차지할 정도로 급격히 성장하였다.

싱글 몰트 스카치 위스키로 불리기 위해서는 하나의 증류소에서 만들어진 몰트 스카치 위스키만으로 만들어져야 한다. 만약 하나 이상의 증류소에서 만들어진 싱글 몰트 스카치 위스키들을 사용한다면, 이것은 블렌디드 몰트 스카치 위스키Blended Malt Scotch Whisky라고 불리게 된다. 싱글 몰트 스카치 위스키와 싱글 그레인 스카치 위스키를 블렌딩하면, 블렌디드 스카치 위스키Blended Scotch Whisky라고 부른다. 싱글 몰트 스카치 위스키는 그것을 생산한 증류소에서 직접 혹은 독립 병입자Independent Bottler들에 의해 제품화된다.

싱글 몰트 위스키의 경우 하나의 증류소 원액만을 사용하기 때문에 그 증류소의 특성을 그대로 반영하고 있다. 그 증류소만이 가지고 있는 독창성과 개성을 지니고 있기 때문에 다른 증류소와는 비교가 된다. 보리의 품종, 몰팅 방법(피트 사용 유무), 이스트의 종류, 발효조의 재질, 증류기의 모양과 크기, 오크통의 종류, 숙성창고 등 여러 가지 요소들이 작용하기 때문에 그 증류소만의 특징들을 만들어 낸다.

스코틀랜드에는 약 120여개의 증류소가 가동되고 있으며 각 증류소마다 다른 특성들을 가지고 있어 각 증류소마다 생산된 위스키의 풍미가 전부 다르다. 1830년대 연속식 증류기가 발명되기 이전에 스카치 위스키는 전부 몰트 위스키였다가, 맥아와 곡류를 사용한 그레인 위스키가 탄생했다. 이후 1850년대 몰트 위스키와 그레인 위스키를 혼합하여 블렌디드 위스키가 탄생하면서 몰트 위스키에 비해 부드럽고 마시기 쉬운 블렌디드 위스키가 유명세를 타기 시작했다. 1960년대까지 모든 스카치 위스키는 바로 블렌디드 스카치 위스키를 의미하며 전 세계 위스키 시장을 선도하게 되었다.

위스키를 제조하는 증류업자들은 블렌디드 위스키를 대형회사에 종속되어 운영하던 중 1963년 글렌피딕 증류소에서 과감히 싱글 몰트 위스키를 제품화했다. 섬세하고 라이트한 바디감, 독특한 삼각형의 병 모양과 뛰어난 품질은 소비자들에게 인기를 끌게 되었고, 이후 많은 증류소들이 싱글 몰트 위스키를 출시하기까지 경쟁자 없이 홀로 성장하게 되었다.

1990년대 경제호황으로 소비자들의 입맛이 고급화되었고, 싱글 몰트 위스키에 대한 수요는 폭발적으로 늘어났다. 그리고 2000년대 전 세계에서 싱글 몰트 위스키의 수요가 늘어나면서 스카치 위스키의 르네상스 시대가 열렸다고 자축했다. 동시에 스카치 위스키업계에서는 기존 증류소를 확대 · 증설했고 또한 새로운 증류소를 신설했다. 우리나라에서는 2000년대 들어서 소비자들에게 인지되기 시작했고, 최근 경제 불황 속에서도 꾸준하게 성장하고 있다. 이는 소비자들의 입맛이 다양화 · 고급화되었으며 소비자들의 기호에 싱글 몰트 위스키가 맞았기 때문이다.

현재 싱글 몰트 위스키는 국내 위스키 판매량에서 약 7%를 차지하고 있고, 지금도 싱글 몰트 위스키를 취급하는 전문 바도 증가하여 전국적으로

싱글 몰트라는 개념을 처음으로 사용한 글렌피딕 증류소

약 250여개의 바가 성업 중에 있다. 이는 소비자들의 입맛이 다양화 · 고급화되었고 소비자들의 기호에 싱글 몰트 위스키가 맞았기 때문이다. '혼술, '홈술' 등 새로운 음주 트렌드에 따른 결과로, 싱글 몰트 위스키 시장은 점차 확대될 전망이다.

저도주(K-위스키)와 스피릿 드링크

전 세계적으로 유행하는 술들은 오랜 역사와 전통을 가지고 있고 생산국을 대표하기도 한다. 대부분 그 나라의 사회와 문화를 대변하고 생활과 밀접한 관계를 형성하고 있다. 언젠가부터 우리나라에서 유행하는 술들은 점점 알코올 도수가 낮아지고 있다.

대표적인 희석식 소주를 보더라도 35% ABV로 시작하여, 지금은 12% ABV의 소주까지 출시되었다. 건강을 생각하며 순한 알코올을 찾는 소비자들의 경향에 맞추어 40% ABV의 위스키들도 알코올 도수를 내려 35% ABV의 위스키 판매가 성장하고 있다. 이런 알코올 도수가 낮은 위스키들을 '저도주'라고 부르며 다양한 저도수 제품들이 출시되고 있다.

해외에서도 종종 알코올 도수가 낮은 위스키들을 접할 수는 있지만, 대부분 '스피릿 드링크' 또는 '플레이버드 위스키'로 불린다. 나름대로의 명칭을 가지고 있다. 우리는 '저도주'라고 표현하지만, 알코올 도수가 낮은 스피릿 위스키만 있는 것이 아닌 이상 이제는 '케이-팝K-POP'처럼 저도주를 'K-위스키K-Whisky'라고 불렀으면 한다. 이제 'K-위스키'와 비슷한 '스피릿 드링크'는 스피릿의 도수를 낮추고, 여러 종류의 향이나 맛 또는 다른 주류를 혼합해 만든 술을 분류하는 명칭으로 주로 유럽에서 많이 사용된다.

스피릿은 알코올 도수가 높은 위스키, 보드카 등이며 40% ABV 이상의 우리나라 증류식 소주도 포함된다. 스피릿 드링크는 위스키에 와인 등의 주류를 혼합하거나, 위스키에 향 또는 추출물을 첨가하거나, 보드카에 과일 향 또는 기타 음료를 첨가하여 알코올 도수를 낮추어서 제조한다.

스피릿 드링크의 기본 베이스가 되는 증류주는 보통 보리, 옥수수 등의 곡류와 포도, 사과 등의 과일을 원재료로 하여 발효와 증류 과정을 거쳐 탄생되며 높은 알코올 도수를 가지고 있다. 우리나라에는 스피릿 드링크를 표현하는 용어가 아직까지는 없어, 흔히 '기타 주류'로 분류하지만, 이 주류는 '기타 주류'가 될 수도 있고, '위스키'로 분류될 수도 있다. 이유는 국내 「주세법」의 주류 구분 방법과 위스키를 생산하는 국가의 주류 구분 방법의 차이로 인해 생겨났다.

우리나라 「주세법시행령」 제2조2항에 의하면, 위스키의 경우에 당분, 산분(구연산), 조미료, 향료, 색소 등 5가지 첨가물을 사용해서 위스키 제조가 가능하다고 규정하고 있다. 또한 알코올 도수에 대한 제한은 없다. 스카치 위스키는 최소 3년 이상 스코틀랜드에서 숙성하여 알코올 도수 40% ABV 이상인 제품을 의미하는 것과는 기준조차 다르다.

우리나라 시장에 출시되고 있는 40% ABV 이하의 '저도 위스키'로 불리는 제품의 경우, 첨가물 종류에 따라 '기타 주류' 또는 '위스키'로 분류되기도

저도 위스키(스피릿 드링크)

한다. 하지만 스카치 위스키의 원액을 사용하더라도 스카치위스키협회SWA의 기준에 따르면 모두 '스피릿 드링크'이다.

독립 병입자

스카치 위스키에도 증류소 또는 위스키회사가 판매하는 오피셜 버틀Official Bottle이 있고, 독립 병입자The Independent Bottlers가 판매하는 인디펜던트 버틀Independent Bottle이 있어 같은 증류소에서 제조되었어도 누가 병입하고 판매하는지에 따라 풍미가 다르다.

독립 병입자는 스카치 위스키 세계에서 원료 납품업체, 설비업체, 제조업체, 판매업체, 수입업체, 도매업체, 소매업체 등등 관련된 주류 업종이 대단히 많은데, 그 중에서 특별한 업무를 한다.

독립 병입자의 출발은 과거 스코틀랜드의 위스키 문화와 관련이 있다. 스카치 위스키업계에서는 위스키를 제조하는 장인, 위스키 블렌더, 병입업자, 판매업자들이 개별로 활동하고 있었다. 그 중에서 증류소에서 숙성된 몰트 위스키를 오크통째로 구매하여 몰트 위스키들을 직접 블렌딩하거나 자신의 이름을 걸고 판매하는 사람들이 있었다. 그 사람들이 만든 유명한 제품으로 조니워커, 발렌타인 등이다.

조니워커의 경우에도 처음에는 증류소에서 위스키 오크통을 구매하여 병으로 소분하여 판매하는 작은 소매점에서 시작하여, 사업이 커지면서 자체적으로 증류소를 보유하면서 대형 위스키 회사로 커지게 되었고, 지금은 전 세계에서 판매되는 가장 큰 위스키회사가 되었다. 여기에서 파생된 독립 병입자들은 위스키 증류소를 소유하지 않으면서도 증류소에서 숙성된 몰트 위스키를 오크통째로 구매하거나 증류소에서 몰트 스피릿을 구매하여 자신의 숙성창고에서 숙성한 이후에 자신의 제품 이름을 걸고 병입하여 판매하고 있다. 독립 병입자들의 독자적인 방법으로 숙성하고 블렌딩하기 때문에, 증류소가 같다고 해도 다른 풍미를 가지고 있고 다양한 오크통으로 숙성하여 실험적인 제품을 생산해 내고 있다.

우리나라도 다양한 위스키들이 수입되면서 위스키 수입업자들이 독립 병입자들의 제품을 조금씩 수입하기 시작했고, 몰트 위스키 애호가들도 오피셜 버틀과 비교하면서 인디펜던트 버틀을 마시고 있다.

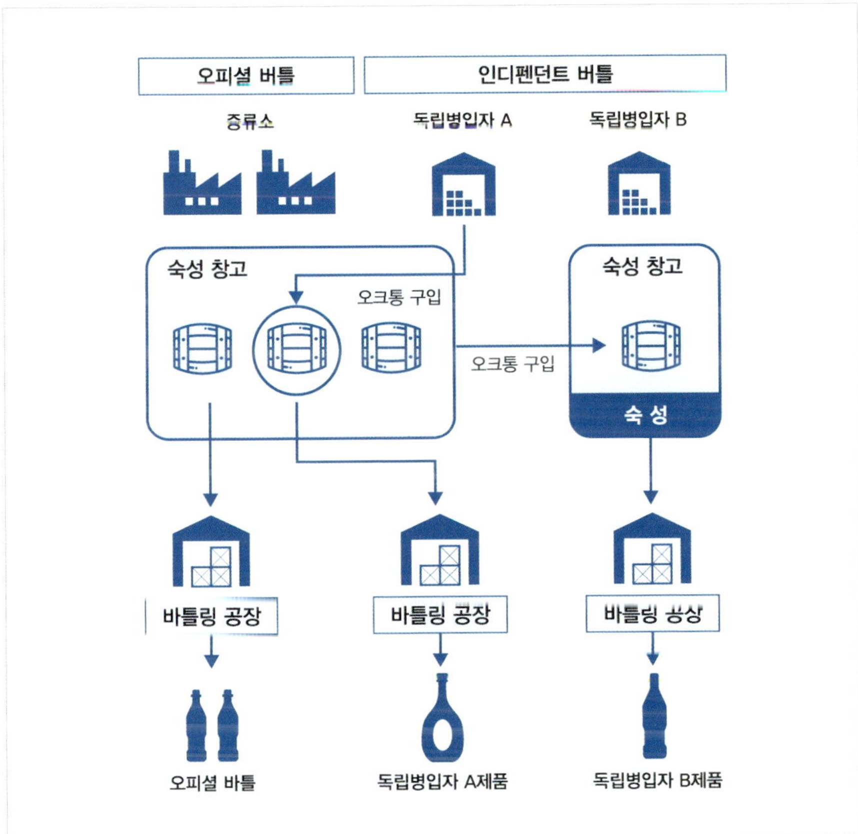

오피셜 버틀과 인디펜던트 버틀의 생산공정

위스키 테이스팅

우리나라 사전의 '시음(試飮)'은 술이나 음료수 따위의 맛을 알기 위해 시험 삼아 마셔보는 일, 즉 '맛보기'로 순화된다. 시음의 사전적 의미이지만, '맛보기'를 하기 위해서 선행되어야 할 것은 바로 시음의 이해이다.

'시음'은 우리의 감각기관을 이용하는 것이다. 우리는 음식에 대해 각각의 의견이 있고 서로 다른 의견을 가지고 있다. 화학적인 차원이 아닌 맛과 냄새로 이해하고 위스키도 마찬가지이다. 그러나 사람들은 위스키에 대한 표현에 자신이 없어한다. 그 이유는 위스키의 풍미를 이해하지 못할 것이라고 생각하기 때문이다.

풍미에 대해 이해하는 것은 위스키를 이해한다는 것이고, 풍미를 통해 위스키를 배운다는 것은 기억에 남는 기술을 배우는 것이다. 결국 소비자들은 풍미 그리고 그 제품을 연상하는 가치 때문에 특정한 제품을 구매한다.

풍미(風味)는 미각과 후각의 조화로, 미각과 후각은 가깝게 연계되어 있다. 맛을 느끼는 것은 실질적으로 냄새를 맡는 것을 의미한다. 이유는 맛으로 느껴진다고 생각했던 다른 요소들이 냄새로 느껴지기 때문이다. 만약 냄새를 맡지 못한다면 제대로 맛을 느낄 수가 없다.

당신의 후각이 속삭이는 것

위스키 테이스팅을 하면서 테이스팅Tasting과 노징Nosing을 이야기한다. 테이스팅은 크게 단맛, 짠맛, 신맛, 쓴맛의 4가지로 나눌 수 있지만, 노징은 크게 32가지로 더욱 세밀하게(아로마 휠) 나눌 수 있고, 노징이 테이스팅에 미치는 영향이 매우 크므로, 위스키 산업에서는 테이스팅이라는 단어와 노징이라는 단어를 같은 의미로 보고 있으며, 아로마(향)에 초점을 맞추었다.

위스키 테이스팅에 앞서 위스키의 향을 더욱 잘 발산할 수 있는 방법은 글라스의 선택과 위스키에 물을 약간 첨가하는 것이다.

첫째로, 글라스는 튤립형으로 아래의 볼은 크고 위로 갈수록 좁아지는 형태로 위스키의 향이 쉽게 날아가지 않게 향을 잡아놓을 수 있다. 우리가 흔히 좋은 글라스라고 생각하는 크리스털 텀블러Tumble는 테이스팅보다는 소다수를 섞어 마시기에 적합한 글라스이며, 또한 커팅된 단면으로는 위스키의 빛깔과 질감 등이 잘 표현되지 않기 때문에 테이스팅할 때에는 튤립 모양의 글라스가 적합하다.

둘째로, 위스키 원액에 물을 조금 넣는 것이다. 약간의 물을 첨가하면 위스키는 향이 더욱 잘 발산된다. 또한 위스키 원액의 향이 너무 자극적이어서 코를 찌르거나 목 넘김이 매우 강할 경우 물로 희석시키는 것이 향을 느끼기에 적합하기 때문에 테이스팅에 효과적이다. 문제는 얼마만큼의 양을 첨가하느냐 하는 것인데, 이것은 매우 섬세한 문제로써 통상적으로는 약 10~20%정도로 희석하는 것이 적합한 것으로 알려져 있지만, 위스키마다 풍미의 강도가 다르기 때문에 조금씩 물을 첨가해가는 것이 좋다. 위스키에 첨가하는 이상적인 물은 테이스팅하고 있는 위스키가 사용한 동일한 물로서 구하기 어렵다고 판단될 수 있지만 스코틀랜드산 생수가 이 조건에 가장 좋다. 물은 차가워야 하지만 위스키의 향을 가두어버리기 때문에 얼음 정도로 차가워서는 안 되며 글라스를 손으로 감싸 따뜻하게 만드는 것도 좋다.

나의 감각이 평가하는 것 : 테이스팅 노트

위스키를 어떤 방식으로 마실 것인가는 당연히 당신이 가장 선호하는 방법으로 해야 한다. 그럼에도 불구하고 처음 테이스팅할 때는 전문가들에 의해 받아들여진 절차를 따르는 것이 좋다. 기본적인 1, 2, 3번의 정보를 적고, 첫째로 색깔을 적는다. 진의 투명함부터 블랙커피의 빛깔까지 '금색-호박색-동색'의 사이 모든 상상 가능한 빛깔로 때로는 초록빛이나 카키색, 장미빛이나 자주빛, 헤나색이나 마호가니색으로 당신이 표현할 수 있는 단어로 색깔을 적는다.

테이스팅 노트

1. 위스키명 : 싱글톤 더프타운 12년	2. 숙성년도 : 12년	3. 알코올도수 : 40도
외관	윤이 나는 마호가니의 진한 호박색	
후각	달콤한 꿀 향, 구운 사과 향에 감미로운 황설탕과 말린 과일의 향	
후각(물 첨가)	달콤한 사과와 배 향, 깔끔하고 드라이하며 부드러운 나무 향	
미각	달콤한 견과류 풍미 이후, 따뜻한 에스프레소 커피와 황설탕, 과일의 맛	
여운	미디엄 ~ 롱, 세련된 드라이감과 상쾌한 여운, 달콤함, 견과류 풍미	
결론	부드럽고 균형감이 있으며, 세련된 풍미로 어렵지 않은 싱글 몰트	

이러한 평가의 견해에서 가장 중요한 점은 위스키의 숙성과 관련된 오크통을 이야기할 수 있다. 예를 들어, 미국의 화이트 오크는 스페인이나 다른 유럽의 오크보다 훨씬 적은 색깔을 준다. 옅은 금색을 띄고 있으면 여러 번 다시 사용한 오크통에서 숙성되었음을 보여주며, 중간이나 진한 금색은 처음 사용한 것이고, 버번 위스키를 담았던 통은 광택이 나는 금색이다. 리필 셰리통(또는 셰리통으로 피니싱)은 광택이 나는 마호가니색이고, 셰리와인을 담았던 통에 처음 채운 위스키는 붉은색이 감도는 진홍색이다.

충분히 색을 즐겼다면, 글라스를 살짝 스월링Swirling하여 글라스 안쪽 벽의 '눈물'을 본다. 천천히 내려오는 눈물(또한 'leg'라고도 불리는)이 보인다면 테이스팅하는 위스키가 알코올 도수가 높고 좋은 질감을 기지고 있다고 판단할 수 있다.

그리고 다시 위스키를 빛에 비추어 투명도와 밝기를 본다. 물을 첨가한 후 만약 아주 약간 흐려진다면 냉각여과Chill Filtration를 거치지 않은 위스키라는 뜻이다. 이것은 좋은 것이다. 냉각여과가 비록 위스키를 섬세하고 선명하게 만들었지만 맛의 일정요소를 빼앗긴 것도 사실이기 때문이다.

위스키를 다시 스월링Swirling하고 글라스를 따뜻하게 한 다음 향을 조심스럽게 맡아본다. 만약 테이스팅하고 있는 위스키의 농도가 오크통 속의 위스키 농도(약 50% ABV 이상)라면 일시적으로 후각을 마비시킬 수 있다.

지금 시음하고 있는 위스키가 얼마나 강렬한지를 스스로 자문해 본다. 전문가들은 자기 자신의 코가 얼마나 향에 대해 열려있는지, 조금 감각을 상실했는지 강도를 표시한다. 그리고는 '코의 느낌Nose-feel' 결과를 평가한다. 당신의 코가 따끔따끔 했거나 얼얼했는가? 따뜻하거나 차가운 영향이 있었는가? 다시 한 번 시음하고 있는 위스키가 얼마나 강했는지를 표현한다.

위스키는 40% ABV의 표준 알코올 도수에서 약간의 코의 느낌Nose-feel 효과를 가지고 있다. 글라스가 따뜻하게 덥혀지고 있는 동안 향이 점차 발산되기 시작한다. 얼마나 복잡한지, 특별한 향을 식별할 수 있는지가 중요하다.

첫 번째 느낌(인상)이 하나의 열쇠이다. 시음하는 위스키를 잠시(10~20분 정도) 공기 중에 열어놓아도 나쁜 것이 아니다. 아주 조금 마셔본 후 물을 첨가한다. 물을 첨가한 후 글라스를 돌렸을 때 얼마나 소용돌이가 치는지를 관찰한다. 이 과정에서 첨가된 물이 위스키의 향기를 깨우고 풀어준다. 어떤 사람은 이 과정을 '향 깨우기 또는 발산하기'라고 부른다. 처음에 글라스의 가장자리에 코를 대어 위스키의 향기를 샵아낸 다음 좀 더 깊이 가장 밑에 있는 향까지 샵아낸다. 짧게 들이마신 뒤 잠시 멈춘 후 때때로 신선한 공기 속에 숨을 쉰 다음 코를 쉬게 한다. 시간이 지나가면서 향이 오고가면서 다소 변해가는 것을 볼 수가 있다. 식별할 수 있는 어떤 향이나 묘사할 수 있는 것을 당신만의 언어로 적는다. 이것은 위스키 테이스팅에 있어서 가장 중요한 단계이다.

이제 마지막 단계로 맛을 볼 차례로, 시음할 위스키를 마신 후 잠시 입에 머금고 천천히 마신다. 처음 주의해야 할 것은 질감과 혀의 느낌Mouth-feel이다. 부드러운가? 점성이 있는가? 혀가 코팅되었는가? 아니면 신선한가? 신가? 쓴가? 맛이 풍부한가? 옅은가? 또는 크리미Creamy한가? 약간 탄산이 있는가? 절차를 반복하고, 단 이번에는 주요 맛에 대해 집중을 한다. 단맛, 신맛, 짠맛, 쓴맛 등 모든 시음하는 위스키가 주요 맛에 대한 정보를 주는 것은 아니다(많은 것들이 복합적이다; 단맛으로 시작해서 쓴맛으로 끝이 나며 상큼한 신맛이 그 가운데 있기도 한다. 다른 맛을 느껴본다). 마지막으로 여운과 뒷맛이다. 여운은 시음하는 위스키를 마신 후 맛이 얼마나 오래도록 남아 있는가이다.

증류주 테이스팅

외 관	내 용
투명성	• 맑은 – 투명한 – 흐린 – 어두운 – 탁한 – 뿌연
강도	• 하얀 – 옅은 – 중간 – 짙은 – 불투명한
색깔	• 하얀색 : 무색 – 초록색 – 연초록 – 연노란 • 황금색 : 황금 – 호박색(황색) – 구리(동색) • 갈색 : 황갈색 – 적갈색 – 동색 • 색깔 : 분홍색 – 붉은색 – 오렌지색 – 초록색 – 파란색 – 자주색 – 갈색 – 검은색
기타	• 눈물, 다리, 점도

후 각	내 용
상태	깨끗한 / 개운한 – 결점(밋밋한 – 곰팡이 향 – 상한 – 김빠진 – 시큼한)
강도	특성 없는 – 가벼운 – 적당한 – 강렬한
숙성	숙성 하지 않은 – 짧게 숙성한 – 숙성한
아로마 특징	과일 – 꽃 – 야채 – 곡물 – 식물 – 허브 – 오크 – 당도 – 기타

미 각	내 용
당도	달지 않은 – 약간 달콤한 – 중간의 – 달콤한
알코올	은은한 – 부드러운 – 따뜻한 – 강력한
농도 / 무게감	가벼운 – 적당한 – 풍부한
풍미의 강도	특성이 없는 – 가벼운 – 적당한 – 확연한
풍미의 특징	과일 – 꽃 – 야채 – 곡물 – 식물 – 허브 – 오크 – 당도 – 기타
지속성	짧은 – 적당한 – 긴
여운	깔끔하고 단순한 – 약간 복합적인 – 매우 복합적인

결 론	내 용
품질	결함이 있는 – 부족한 – 괜찮은 – 좋은 – 매우 좋은 – 뛰어난

위스키 전문가들의 말에 귀를 기울여보면 '피트 성분의 물과 연관이 있는 아몬드 맛'과 '해초의 풍미를 가진 짠 맛' 같은 맛의 표현을 들을 수 있다. 위스키 초보자는 싱글 몰트 위스키에서 어떻게 사람이 그런 맛을 구분해낼 수 있는지에 대해 궁금해 한다.

인간은 맛을 볼 수 있는 양의 1천배를 후각으로 감지한다. 태어날 때 인간은 우선 몇 가지 미각을 가지고 태어나며, 혀의 미뢰는 크게 네 가지 맛을 구분해 낼 수 있는데 신맛, 짠맛, 단맛 그리고 쓴맛이다. 혀의 끝에서 단맛을 느끼고 인간의 먼 조상들이 단맛이 나는 물질에 혀를 갖다 댔을 때 바로 '여기 칼로리가 높은 음식이 있구나!'라는 것을 알 수 있었다. 쓴맛의 미뢰는 혀 뒤쪽에서 보호 장치의 역할을 하고 있어 우리가 독성이 있다고 판단되는 쓴맛을 지닌 물질을 삼키기 전에 우리의 혀에게서 경고를 받는 것이다. 신맛은 설익은 과일을 대표하고 염분은 체내의 수분 조절에 중요한 요소이다. 그러나 인간이 생존하는데 필수적인 이 요소들은 혀 위에 분포되어 있을 뿐이다.

미각의 대부분은 코가 만들어내고, 뇌는 특별한 기능을 동반하여 과거를 돌아보게 한다. 겨울철에 따뜻한 군고구마를 생각하면 아궁이 또는 장작불이 연상되고, 여기서 가마솥 쌀밥과 청국장의 냄새가 아스라이 떠오르고 있다는 것을 기억 속에서 쉽게 찾을 수 있다.

조니워커 블루 레이블 위스키를 글라스에 따르고 코에 대고 조심스레 향을 맡아본다. 다양한 맛 요소(= 분자)들은 공기에 의해 코로 흡입되고, 수백 만개의 감각기를 지나고 어떤 것들은 붙어있고 어떤 것들은 지나간다.

어린아이의 뇌는 알코올 분자에 대해 '머리를 때리는' 혹은 '따가운' 느낌이 든다고 알릴 것이다. '알코올에 대한 경험'이 더 긴 성인이라면 이 두 가지의 주요특징 외에 더 많은 것을 알아낼 수가 있다. 거의 모든 위스키 애호가들은 조니워커 블루 레이블 위스키에서 '벌꿀같이 달콤한' 그리고 '과일 같은' 풍미를 구분해 낼 수 있을 것이다.

이 두 가지 대신 쿨일라Caol Ila 싱글 몰트 위스키같이 오래된 버번통에 숙성된 것의 냄새가 난다고 느낀다면, 거의 모든 사람은 '스모키'한 그리고 '기름진' 풍미를 느끼게 된다. 이들 기초적인 향의 근원을 분석해서 찾아낸다면 싱글 몰트 위스키의 맛에 가장 큰 영향을 끼치는 변수들을 찾아낼 수 있다. 과일 같은 맛은 발효 도중에 과일 맛의 화합물을 생산해 내는 효모에 의한 것이다.

'증류'하면 이런 화합물이 농축된다. 캐러멜(타피사탕) 맛은 오크통의 원목에 의한 것이다. 오크통의 제조과정 중 열을 가함으로써 원목의 당질이 캐러멜화되고 긴 숙성기간 동안 위스키에 전이된다. 버번 위스키를 숙성시켰던 통은 과일의 단맛을 아주 조금밖에 전이시키지 않는다. 안쪽을 불로 태운 후에 달콤하기로 알려진 버번 위스키를 2년에서 4년간 숙성했기 때문이다.

스모키한 향은 맥아를 건조시킬 때 발생한다. 더운 피트연기는 축축한 맥아를 건조시키고 연기의 페놀이 맥아 낟알에 입혀지게 된다. 몇몇 위스키의 오일 같은 느낌은 증류할 때 생긴다. 맥아와시를 비교적 오랜 시간 동안 증류시키면 가벼운 에탄올과 과일맛의 화합물만 모이게 된다. 증류시간이 늘어날수록, 그리고 온도가 높을수록 무거운 유분 역시 마지막 스피릿을 풍부하게 만든다. 쿨일라 같은 강한 스타일의 맥아에 따라서 종종 오일 같은 질감을 준다.

이 네 가지 미각군만이 몰트 위스키에서 감지할 수 있는 것의 전부는 아니다. 더 많은 것들이 연구되고 새롭게 나타나기를 기다리고 있다. 전문가들은 '아로마 윌'이라고 불리는 도표를 이용해서 지각하는 향기를 설명한다. 맛을 말로 표현하기는 매우 어렵고, 원 둘레에 많은 풍미를 배치하고 비례되는 풍미를 중심부로 연결한다.

증류주의 아로마와 풍미의 특징

과일(에스터)	신선한 – 가공한 / 천연의 – 인공적인
감귤류	오렌지, 밀감, 자몽, 레몬, 라임
녹색 과일	사과(연두색 / 잘 익은), 구즈베리, 배
핵 과일	살구, 복숭아
붉은 과일	라즈베리, 레드체리, 플럼, 레드커런트, 딸기
검은 과일	블랙베리, 블랙체리, 블랙커런트
열대 과일	바나나, 프룬, 리치, 망고, 멜론, 패션 후르츠, 파인애플
마른 과일	무화과, 프룬, 건포도, 씨 없는 건포도, 감귤류 껍질, 과일 케이크

꽃	내 용
관목의 꽃	엘너 플라워, 오렌지 블리썸
꽃	장미, 바이올렛, 퍼퓸, 라벤더, 라일락, 마른 꽃
향신료	내용
달콤한	아니스, 펜넬, 리코라이스, 시나몬, 정향, 생강, 넛멕, 카다몬
자극적인	검은 후추, 백 후추, 기민

야 채	내 용
식물	주니퍼, 코리앤더, 바질, 로즈마리, 타임, 세이지, 레몬그라스, 민트
신선한	아스파라거스, 피망, 버섯
초본	풀, 건초, 유칼립투스, 블랙커런트 잎, 젖은 나뭇잎, 침엽수
종자	초콜릿, 커피, 헤이즐넛, 아몬드, 코코넛, 캐슈너츠

기 타	내 용
곡물	곡물 껍질, 곡물 죽, 보리, 호밀, 맥아, 밀가루, 아마 씨
오크	토스트, 커피, 세다 나무, 향신료, 숯, 셰리, 톱밥
당분	옥수수, 바닐라, 버터스카치, 멘톨, 캐러멜, 태운 설탕, 토피, 당밀
피트 / 페놀	피트, 소독약, 스모크 생선, 흙, 스모키, 해초
동물	가죽, 생고기, 고기즙, 효모 추출물
솔벤트	눈깔사탕, 테레빈 유, 페인트, 니스
가공의	왁스, 가죽, 비스킷, 담배, 치즈, 플라스틱, 땀
유황	고무, 쓰고 난 성냥개비, 삶은 양배추, 하수도

【참고문헌】

Distilling Knowledge – A Professional Guide to Spirits and Liqueurs by *WSET*, 2006

Malt Whisky by *Charles Maclean*, Mitchell Beazley, 2017

Michael Jackson's Complete Guide to Single Malt Scotch: A Connoisseur s Guide to the Single Malt Whiskies of Scotland by *Dominic Roskrow and Gavin D. Smith*, 2015

Scotland and Its Whiskies: The Great Whiskies and Their Landscapes by *Michael Jackson*, Duncan Baird, 2008

Spirits – Looking behind the label by *WSET*, 2019

The Scotch Whisky Distilleries : For The Whisky Enthusiast by *Misako Udo*, Black & White Publishing, 2006

Whiskey : The Definitive World Guide by *Michael Jackson*, DK; American ed. edition, 2005.

Whisky : Technology, Production and Marketing by Graham Stewart (Editor), Inge Russell (Editor), Academic Press, 2003

樽とオークに 魅せられて by *加藤定彦*, 阪急コミュニケーションズ, 2000

"도전정신과 탐구심으로 가득 찬 아라비아 연금술사의 증류기술을 바탕으로 만들어진 위스키는, 어느덧 스피릿의 왕좌에 올라있다. 위스키는 하이볼의 베이스로, 온더락 또는 니트(Neat) 등 다양한 방법으로 전 세계인이 즐기고 있다."

04

맥주 이야기

김 종 길

2013년 사브밀러코리아 인터내셔널 마스터 바텐더 한국대회 우승, 같은 해 체코에서 열린 국가대표 인터내셔널 마스터 바텐더 2013 파이널리스트로 결승진출, 현재 그랜드 워커힐 호텔 비어 마스터 바텐더로 재직 중, 식음료 부분 다수의 강의 활동을 하고 있다.

맥주, 알고 마시자

맥주는 곡류를 발효시켜 제조되며, 보통 보리를 사용한 알코올 성분이 적은 편이나(보통 2~6%) 이산화탄소와 홉의 쓴맛 성분을 함유하고 있는 음료이다.

맥주의 역사

맥주는 세계에서 가장 많이 소비되는 양조주로, 연간 생산량이 1억KL를 가뿐히 넘는다. 세계 인구를 대략 60억 명이라고 하면, 전 세계 사람들이 연간 17리터 이상의 맥주를 마신다는 계산이 나온다. 그리고 다양한 스타일로 전 세계에서 1만 5천여 종 이상 만들어지고 있는 맥주는 인류의 역사와 함께 해 온 오래된 친구이고, 주요 맥주 생산국은 미국, 독일, 영국, 벨기에 등이 있다.

그렇다면 사람들은 언제부터 맥주를 마시기 시작했을까?

학자들은 맥주가 7천여 년의 역사를 가졌다고 보고 있다. 맥주의 주원료는 곡물을 사용하기 때문에, 사람들이 맥주를 마신 시기를 한곳에 정착하여 농사를 짓기 시작한 농경시대부터라고 추정한다.

이 시기에 메소포타미아 문명에 속했던 수메르 민족의 한 여인이 등장한다. 그 당시 수메르인의 주식은 보리로 만든 빵이었다. 보리로 빵을 만드는 일을 했던 이 여성은 실수로 빵을 항아리에 빠뜨렸고, 얼마간의 시간이 지나고 나서 항아리에서 우러난 물을 마셨더니 정신이 몽롱해지면서 기분이 좋았다고 한다. 바로 이 여인이 마신 것이 자연스럽게 발효되어 만들어진

'최초의 맥주'라 할 수 있다.

당시의 맥주는 상당히 걸쭉하여 "마시는 빵, 액체의 빵"이라고 불렸다. 당시의 맥주는 특유의 쓴맛이 나지 않고 알코올 농도도 낮아 술이라고 말하기에는 싱거운 것이었다. 그래도 메소포타미아 문명을 발전시킨 수메르인은 매우 술을 좋아하는 민족이어서 수확한 보리의 약 40%를 양조에 사용했다고 전해진다. 맥주는 이렇게 실수로 시작이 되었지만, 그 이후부터는 사람들에 의해 점점 발전하게 되었다.

시간이 흘러 중세유럽은 수도시설이 발달하지 않은 상태였기에, 물이 깨끗하지 못하여 바로 마실 수가 없었다. 따라서 이에 대한 대안이 고민이었고, 맥주도 이러한 측면에서 발전하는 계기가 되었다. 그리고 중세시대 당시 엘리트 계층이었던 수도사들이 맥주 양조에 깊이 관심을 갖게 되었다. 그 이유는 금식기간 동안 음식과 함께 영양이 풍부하고 기분 좋은 맛을 내는 음료를 원했기 때문이다. 당시 수도사 1명당 5리터의 맥주를 마실 수 있게 했다는 것을 보면, 수도사들이 맥주를 사랑했다는 것을 알 수 있는 대목이다.

맥주를 사랑한 수도사들은 그 당시 지식인의 계층이었고, 사랑하는 이 술을 맛있게 만들고 싶은 욕망이 있었을 것으로 생각된다. 그러면서 맥주 양조에 깊게 관여하면서 맥주의 품질이 크게 향상되었고, 품질 좋은 맥주는 전 유럽으로 퍼져나가는 계기가 되었다. 뛰어난 맥주를 생산하기로 유명한 벨기에는 현재의 수도원에서 양조되는 맥주나 수도원의 제조법을 전승한 진한 맥주를 선호하고 있다.

맥주에 없어서는 안 될 쓴맛을 첨가하는데 사용한 재료로는 처음에는 버드나무 잎이었다. 이후 향을 더하기 위해 지역마다 쉽게 구할 수 있는 허브를 중심으로, 정향나무나 육계 등의 향료와 약초를 혼합한 '그루트'를 사용하였다. 그루트는 맥주의 특징을 결정짓는 중요한 재료가 되었다.

맥주의 원료

보리

보리는 맥주를 만드는데 가장 중요한 재료 중의 하나이다. 뜨거운 물에 담가서 양조가 가능하게 맥아로 변화시키고, 보리가 맥아로 변하면서 효소가 만들어지는데, 이 효소가 단백질과 전분을 발효가 진행될 수 있게 당으로 변하고, 효모가 나중에 이 당을 양분삼아 알코올을 생성시킨다.

보리가 맥주양조에 가장 많이 사용되는 이유는 보리의 겉껍질에 있는데, 이게 끓는물과 보리맥아 혼합물인 매시를 느슨하게 잘 풀어주고, 맥주가 되는 죽 형태의 맥아즙을 잘 배출될 수 있게 해준다. 그리고 양조업자들은 종종 풍미를 더하기 위해 주 곡물인 보리에 다른 발효 보조물인 호밀과 밀 등을 혼합하기도 하였다.

맥아와 부원료

맥아의 종류

싹 티운 맥아(덜 볶은 것)

싹 티운 맥아(더 볶은 것)

기본 맥아Base Molt

기본 맥아는 일반적으로 전체 곡물 함량의 큰 퍼센트(%)를 차지하며, 곡물구입 예산의 상당 부분을 차지하고 있다. 전형적으로 엷은 색깔이고, 가장 중요한 역할을 하며, 최고의 추출 잠재력을 제공한다. 양조하는 맥주의 스타일에 따라 양조자는 한 가지 또는 두 가지 유형의 보리 맥아만을 사용하거나, 많게는 7가지 또는 8가지를 사용할 수도 있다.

특수 맥아Specialty Molts

맥주의 바디감과 맥주의 색, 아로마, 또 커피, 초콜릿, 비스킷, 캐러멜의 풍미를 더해주는 특수 맥아의 종류는 다음과 같다.

○ 캐러멜 맥아Caramel Malts

캐러멜 맥아는 젖은 발아보리를 제어된 온도에서 건조하여 생성된 녹말로 만들어지며, 이로 인해 전분이 당으로 전환되면서 캐러멜화가 된다. 이 과정에서 로스팅 온도에 따라 색의 깊이와 캐러멜 향의 정도가 결정된다. 캐러멜 맥아는 주로 색상조절을 위한 것으로 알려져 있지만, 바디, 입안의 질감, 단맛을 제공하기도 한다. 또한 거품의 안정성을 향상시킨다. 또한 밝은 색의 캐러멜 맥아는 부드러운 맥아 풍미가 느껴지고, 어두운 캐러멜 맥아는 진한 캐러멜의 약간 달콤한 맛과 유럽식의 맥주들에서 느낄 수 있는 풍미가 제공된다.

○ 어두운 맥아Dark Malts

어두운 맥아는 높은 온도에서 건조되거나 볶아지기 때문에, 담금 과정에서 맥아 내의 효소가 활동하질 못한다. 그래서 이 맥아는 담금 과정에서 단독으로 사용할 수가 없다. 이 맥아는 강한 풍미와 색상을 제공하기 때문에 소량만을 사용한다. 스타우트나 블랙 IPA, 복 같은 스타일의 묵직한 풍미가 느껴지는 맥주들이 이 맥아를 사용해 만들어진다. 어두운 맥아의 예로는 앰버Amber, 브라운Brown 맥아 등이 있다.

○ 구운 맥아Roasted Malts

가마에 넣어 굽거나 고온에서 볶으면 특정한 풍미가 형성된다. 커피 원두의 로스팅 과정과 비슷하다. 구운 맥아의 대표적인 예시로는 초콜릿Chocolate, 검은Black 맥아가 있다. 구운 맥아는 어두운 맥아보다 더 짧은 시간에 구워지기 때문에, 색상이 더 밝고 맥아의 달콤한 향과 풍미가 더 남게 된다. 맥주에 견과류, 구운 풍미를 부여하지만 검은 맥아처럼 쓰게 만들진 않는다. 포터나 스타우트의 기본 재료이며 어두운 색을 띠는 스타일의 맥주에 사용한다. 마일드 에일, 브라운 에일, 올드 에일, 다크 라거 등이 있다.

○ 밝은 맥아Light Malts

밝은 색의 맥아는 기본 맥아보다 높은 온도에서 건조되어 맥주에 더 깊은 색과 더 풍부한 맥아의 풍미와 향을 가지고 있다. 기본 맥아보다 효소가 적게 함유되었으며, 밝은 색 맥아의 대표적인 비엔나와 뮌헨 맥아가 있다.

○ 비맥아 보리Unmalted Barley

맥주에 풍부하고 부드러운 곡물의 풍미를 제공한다. 그리고 거품이 유지되는데 크게 기여한다. 그러나 맥주 선명도를 탁하게 하는 단점이 있어 맥주산업에서 쌀과 옥수수를 더 선호한다. 비맥아 보리는 전체 곡물양의 50% 이상까지 사용할 수 있지만, 일반적으로는 10~15% 이상을 사용하지는 않는다. 그 이유는 많이 사용하게 되면 맥주의 맛이 거칠어지기 때문이다.

맥주의 부원료

옥수수

옥수수

옥수수는 전통적으로 양조업자 사이에서 가장 선호하는 부원료이다. 옥수수는 여러 스타일의 맥주와 잘 어울리고, 부드러우면서 달콤하고 부드러운 맛을 가진 맥주가 만들어진다. 미국 양조장에서 가장 많이 사용되는 부원료이며, 일반적으로 에일보다는 더 달콤한 흑맥수나 라거 맥주에 적합한 부원료라고 할 수가 있다.

귀리

귀리

귀리를 보리와 함께 사용하면 부드럽고 크리미한 풀바디감의 맥주가 만들어진다. 일반적으로 오트밀 스타우트에 많이 사용된다.

쌀

쌀

쌀은 현재 미국에서 밝은 색의 라거맥주 생산에 두 번째로 많이 사용되는 부원료로, 별한 맛이 없어서 맥주의 기본 맥아 특징을 방해하지 않는 장점이 있다. 그리고 맥주의 바디감을 가볍게 해주면서 산뜻한 풍미와 드라이함을 느끼게 해준다.

밀

밀

밀 맥아는 단백질이 풍부하여 풍성한 바디감을 주고, 거품이 오랫동안 지속되도록 도와주며 전체적으로 풍성함을 느낄 수 있게 해준다. 밀 맥아의 유량이 많아지면 탁한 맥주가 만들어질 수도 있다.

호밀

호밀

보리와 함께 사용하면 향이 풍성해지고 드라이하며, 복합적이면서 상쾌함을 느끼게 해준다. 호밀을 구우면 초콜릿, 캐러멜 향을 얻을 수 있다.

수수

수수

수수는 곡물이 아닌 풀이기 때문에, 무 글루텐 맥주를 만들 때 사용되며 맥주의 신맛을 낼 때 많이 첨가한다.

홉

홉은 다년생 식물로 맥주를 양조할 때는 구과의 열매가 된 것을 말려서 사용한다. 홉은 맥주의 영혼을 불어넣는다. 홉의 효능은 맥주에 독특한 쌉싸름한 맛을 내고, 거품을 일게 하여 맛과 향이 날아가는 것을 방지해 주며, 미생물의 활동을 억제시켜 방부제 역할을 해준다.

홉

물

물은 맥주를 구성하고 있는 요소 중에서 90% 이상을 차지하고 있는 만큼 아주 큰 비중을 차지한다. 양조를 할 때 물은 무색, 무미, 무취한 상태로 정제하여 맥주에 부적절한 맛을 일으키지 않도록 정제수로 사용한다.

물

각 국가별 환경에 따라 맥주 스타일은 표현하고 있다. 와인의 테루아처럼 지역의 토양과 기후로 인한 농작물이 갖는 고유한 특성을 갖는 것처럼 지역의 물에 함유된 황산칼슘, 황산이온, 탄산칼슘 등 물의 함유된 물질에 따라 맥주의 특징이 드라이한 맛과 향, 그리고 강한 맛의 버튼 지역의 페일 에일이 만들어지고, 런던, 뮌헨의 탄산칼슘이 많은 알칼리성 물은 짙은 색의 다크 비어를 제조하는데 적합하며, 체코 필젠 미그네슘 등 미네랄이 적은 연수로, 색이 연하거나 아닌 라거 맥주를 만드는데 적합하다고 알려져 있다.

이렇게 지역적인 물의 특징에 따라 국가별 맥주 스타일로 나뉜다.

효모

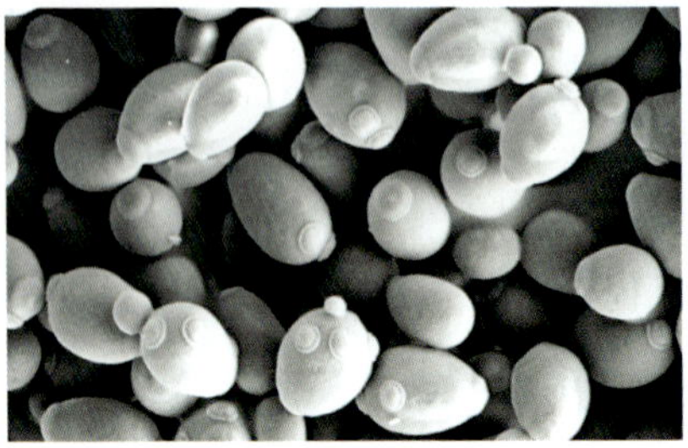

효모

맥주의 풍미와 아로마, 바디감, 여운은 홉, 맥아, 효모 그리고 물 이렇게 네 가지가 잘 섞여 복합적으로 만들어진 결과이다. 이 중에서 효모는 풍미와 아로마에 큰 영향을 미친다. 효모는 크게 두 가지로 나뉜다.

첫 번째로, 에일 효모는 따뜻한 온도를 좋아하고 발효탱크 윗부분에서 활동을 하여 맥주의 서양배나 바나나 향과 같은 과일의 풍미와 아로마가 느껴진다.

두 번째로, 탱크 아래에서 하면발효를 하는 라거 효모는 시원한 온도를 좋아한다. 라거는 청량감, 섬세함, 무더운 여름을 날려버릴 상쾌함을 주는 맥주이다.

이렇게 효모는 종류에 따라 최적의 온도가 있고, 맥아즙이 너무 뜨거우면 제대로 증식하지 못해 이상한 풍미가 날 수도 있다. 또한 너무 차가우면 효모의 활동이 둔해져 발효시간이 길어져 박테리아가 맥아즙에 침투할 수도 있다. 그래서 항상 발효를 할 때는 효모의 최적온도를 유지하면서 발효를 진행해야 한다.

세상에는 하늘에 떠있는 별만큼 다양한 스타일의 맥주가 있다. 이런 다양함은 물, 홉, 맥아, 효모, 환경, 기후, 물, 양조자의 양조 기법에 따라 수많은 스타일의 맥주가 만들어진다.

맥주의 제조 과정

보리밭에서 맥주병의 병입이 되어 제품화가 되는 데는 총 19단계의 과정을 거친다.

정선(고르기)

먼저 수확한 보리에서 양질의 보리알을 선별하는 작업을 '정선'이라고 한다. 일정한 길이에 보리알을 고르는 정립과, 보리알 두께에 따라 일정한 등급을 나누는 선립 과정을 통해 양질의 보리알을 선별한다.

침맥(수분 공급)

양질의 보리알을 선별한 다음 싹이 나도록 물을 공급해 주는 과정이다. 2~3일 정도 수분 공급을 하는데, 이때 급수와 배수를 반복하여 보리가 썩지 않도록 유의해야 한다.

발아(싹 틔우기)

수분이 채워진 보리알은 적절한 온도가 맞으면 싹이 나게 된다. 싹 틔우기 작업을 하는 이유는 보리알의 전분 일부가 발효가 잘되는 당으로 변화시키고, 전분 분해효소인 아밀라아제를 생성시키며, 발효를 방해하는 단백질 분해효소를 형성시키기 위함이다.

건조(볶기)

뜨겁고 건조한 바람으로 몰트를 말리면서 볶는 과정이다. 볶는 정도에 따라 담색맥주, 흑맥주와 같은 다양한 스타일의 맥주가 만들어지게 된다.

제근(뿌리 제거)

볶은 맥아에서 발효에 필요 없는 뿌리를 제거하는 과정이다. 뿌리를 제거한 후 맥아가 변질되지 않도록 습기가 적고 서늘한 곳에 보관한다.

분쇄

발효에 필요 없는 뿌리가 제거된 맥아를 분쇄하여 가루로 만드는 과정이다. 이때 맥아 분쇄도에 따라 양질의 맥주를 만드는데 큰 영향이 미치므로 분쇄도 조절이 중요하다.

당화(전분 분해)

알맞게 분쇄한 맥아를 따뜻한 물과 혼합하여 죽처럼 만드는데 이것을 '매쉬'라고 한다. 매쉬를 천천히 가열하면 보리알의 전분이 발효성 당으로 바뀌는 과정을 '당화'라고 한다.

여과

전분이 발효성 당으로 완전 분해되어 당화가 끝난 매쉬를 '워트Wort'라고 한다. 이 워트를 원심분리기를 통해 맥즙Sweet Wort과 찌꺼기로 분리하는 과정을 '여과'라고 한다.

자비 및 홉 첨가

맥즙을 끓이는 과정을 '자비'라고 한다. 맥즙을 끓이는 이유는 일정한 농도로 농축해서 각종 효소를 파괴시키고, 맥즙 안에 있는 세균 등을 살균처리하며, 안 좋은 휘발성 물질을 발산시키기 위해서이다. 맥즙을 끓이면서 '홉'을 첨가하는데, 홉은 맥주 특유의 쌉싸름한 맛을 나게 하는 역할을 한다.

정제(거르기)

맥즙 안에 있는 필요 없는 홉 찌꺼기와 단백질 침전물을 걸러낸다.

냉각

발효가 잘될 수 있는 온도로 맥즙 온도를 낮추는 과정이다. 이때 하면발효 맥주를 만들려면 온도를 3~10℃로 낮추고, 상면발효 맥주로는 10~21℃로 낮추는 작업을 한다.

효모 첨가

적절하게 식힌 맥즙에 효모를 첨가하여 10~24시간 동안 효모가 골고루 퍼지게 한다.

발효

발효 탱크로 옮긴 후 상면발효 맥주는 3~4일, 하면발효 맥주는 7~10일 정도 발효한다. 발효탱크는 뚜껑이 없는 개방형과 밀폐된 폐쇄형이 있는데,

보통은 폐쇄형을 많이 사용한다. 그 이유는 온도조절 장치를 부착해 발효를 조절할 수 있고, 발효 과정에서 생겨나는 탄산가스를 회수하여 압축 저장해서 다시 사용할 수 있으며 자동세척이 쉽기 때문이다.

정제(거르기)

효모의 발효가 끝나면 맥주가 만들어지는데, 이때 발효 과정 중에서 생겨난 찌꺼기나 죽은 효모 침전물을 걸러내는 과정이다.

숙성

침전물을 제거한 맥주를 저장탱크에 넣고 1~3℃ 온도에서 평균 2개월 정도 숙성하게 된다. 맥주를 숙성하는 이유는 잔존하고 있는 효모로 잔당 발효를 유도하거나, 부유물과 효모 침전, 효모의 잔당 발효를 통해 발생되는 탄산가스를 맥주에 녹아들게 하는 것이고, 그리고 불쾌한 냄새를 제거하여 맛과 향을 높이기 위해서이다.

여과

맥주의 숙성 과정에서 생겨난 부유물과 찌꺼기를 규조토 등의 흡착제, 원심 분리기, 마이크로 필터를 통해 제거를 하면 생맥주가 완성된다.

병입

깨끗하게 세척이 되었는지 검사가 끝난 병에 탄산가스와 맥주를 동시에 주입한다. 이때 주입하는 탄산가스는 맥주가 발효하면서 발생한 가스를 정제 압축한 것이다. 맥주는 병, 캔, 통 등의 다양한 용기에 병입되어 세상에 유통된다.

살균

여과가 끝난 맥주를 바로 통에 넣은 것이 생맥주이다. 그래서 생맥주는 효모가 살아있어 맛이 신선하다. 그러나 효모와 미생물이 맥주에 남아있어 저장기간이 짧다는 단점도 있다.

병이나 캔은 오래 보관하기 위해 살균처리를 하는데, 65~70℃에서 10~15분에 걸쳐 살균처리를 하는 저온 살균법과, 82~85℃에서 1분간 살균하는 고온 살균법이 있다. 그런데 열로 살균을 하면 맥주의 맛이 변할 수가 있어, 요즘은 살균을 하지 않고 미세한 마이크로 필터로 효모를 걸러내는 '비열처리 방식'을 많이 사용한다.

포장

이렇게 여러 방법으로 제조된 맥주에 상표를 부착해서 출고하게 된다.

맥주의 분류

양조법에 따른 분류

상면발효 맥주Top Fermenting Beer

19세기 후반에 냉동기가 발명되기 전까지는 대부분의 맥주가 상면발효 맥주였다. 상면발효 맥주는 발효 도중 생기는 거품과 함께 상면으로 떠오르는 성질을 가진 효모를 사용하여 만드는 맥주이다.

상면발효 맥주

상면발효 맥주인 에일은 상온(20~25℃)에서 발효시키고, 주 발효는 4~5일 만에 끝이 난다. 효모가 발효를 끝내면 위로 떠오르는 현상 때문에 '상면발효 맥주'라고 부르게 되는데 에일, 스타우트, 포터, 벨기에 전통 맥주, 독일의 퀼슈 등이 있다.

하면발효 맥주Bottom Fermenting Beer

하면발효 맥주

저온에서(8~12℃) 7~10일간 발효시킨 후, 저온에서 다시 1~2개월간 숙성시켜 하면발효 맥주가 만들어진다. 발효가 끝나면 효모가 바닥으로 가라앉는 현상 때문에 '하면발효 맥주'라고 부른다. 하면발효 맥주를 '라거 맥주'라고도 하는데, 라거라는 뜻은 독일어로 '저장하다'란 뜻이다. 오랫동안 저온 숙성시키는 과정 때문에 라거 맥주라 부르는 것 같다. 현재 라거 맥주는 세계에서 가장 많이 제조, 소비되는 맥주이다. 체코 필젠 지역에서 만들어지는 필스너 타입의 맥주가 가장 대표적이다.

양조법에 따른 분류에서 상면발효 맥주와 하면발효 맥주는 에일과 라거로 바꿔서 말을 해도 된다. 에일은 상온에서 단기간에 만들어지고, 라거는 저온에서 장기간 숙성시킨다는 특징이 있다. 체코의 필젠 맥주, 독일의 도르트문트 맥주, 미국, 일본, 한국 등의 맥주가 여기에 속하며, 세계의 맥주 생산량 약 70% 정도를 차지하고 있다.

유형에 따른 맥주

상면발효 맥주

○ 페일 에일Pale Ale

에일 맥주는 전반적으로 라거에 비해 몰트의 향, 즉 스위트한 풍미가 전체적으로 지배적이다. 페일 에일은 영국 남부, 버튼 온 트렌드에서 만들어진 대표적인 맥주이다. '버튼 에일'이라고도 말한다. 버튼 지역의 물은 유황 성분이 많이 함유되어 있어 홉의 쓴맛을 잘 표현할 수 있고, 칼슘은 맥주의 맛을 가볍게 만드는 역할을 해준다. 그래서 '엷다'란 뜻의 '페일'이란 뜻이 붙어 '엷은 에일 맥주', '페일 에일'이라고 부르게 된 것이다.

현재 라거 맥주와 비교하면 탁하고 엷은 맥주라고 이야기할 수는 없지만, 그 당시 페일 에일은 맑고 청량감이 느껴지는 맥주였다.

○ 비터 에일Bitter Ale

영국 펍에서는 맥주를 '비터 에일'이라고 말한다. 펍에서 제공하는 맥주는 전통 방식에 따라 만드는데, 나무통에서 숙성시켜 만든 맥주를 '비터 에일'이라고 부른다.

영국 버튼 온 트렌드에서 만들어진 맥주인 버튼 에일이 영국에서 큰 인기를 얻자, 각지에서 버튼 에일을 흉내 낸 에일을 제조하기 시작했다. 그러자 '버튼 페일 에일'의 명칭을 사용하지 못하도록 문제 제기를 했고, 결국 버튼 외 지역에서 만든 맥주는 '비터 에일'이란 명칭을 사용하게 되었다.

○ 스카치 에일Scotch Ale

스코틀랜드에서 만들어진 에일이다. 영국 맥주의 영향을 받았지만, 더 가벼운 스타일의 맥주이다. 그 이유는 스코틀랜드가 영국보다 기온이 낮아

저온에서 더 오래 발효되기 때문이다. 그리고 홉보다는 몰트 아로마가 더 풍성한 특징을 가지고 있다.

○ 마일드 에일Mild Ale

마일드 에일은 북잉글랜드 철강소 노동자들 때문에 만들어진 맥주이다. 용광로에서 일하는 노동자들은 목을 축일 수 있는 가벼운 맥주가 필요했다. 기존 에일은 중후한 바디감을 가진 맥주였다면, 마일드 에일은 내일 마실 수 맥주, 오래 숙성하지 않는 신선하고 가벼운 스타일에서 시작되었다. 기존 에일 맥주에 비해 원 맥즙 농도도 낮고, 적당한 감칠맛과 맥아 본래의 달콤함이 느껴지며, 쓴맛도 약한 맥주가 마일드 에일이다. 즉 맥주 초보자를 위한 에일 입문 맥주라 할 수 있다.

○ 브라운 에일Brown Ale

브라운 에일은 마일드 에일보다 원 맥즙 농도가 낮고, 보다 달콤한 것이 특징이다. 발효가 끝난 후 당을 첨가하여 숙성시키고, 당분이 남은 상태에서 병입하여 가열 살균처리를 한다. 브라운 에일의 특징 중에 달콤한 맛은 가열한 당에서 나오는 것이다.

○ 포터Porter

포토는 검정색의 에일이다. 이 여러 스타일의 에일을 섞어서 만든 맥주가 '포터'이다. 포터는 값싸고 맛이 진한 맥주였는데, 당시 런던의 저소득층을 중심으로 퍼져나가며 폭발적인 인기를 얻어 영국의 대중적인 맥주가 되었다. 그러나 버튼에 페일 에일과 필스너 맥주가 등장하면서 20세기에 들어 사라지게 되었다.

○ 스타우트Stout

스타우트는 포터의 후계자, 포터의 자손이라 표현할 수 있다. 아일랜드의 기네스가 가장 대표적인 스타우트 중의 하나로, 기네스는 포터의 제조법을 전면적으로 수정해서 전보다 더 까맣고, 홉 첨가량을 높였으며, 훨씬 더 풍성하고, 더 원맥즙 농도를 높인 스타우트를 개발했다. 스타우트의 특징은 태운 맥아에서 나오는 구수하면서도 날카로운 맛이다.

○ 올드 에일Old Ale

올드 에일은 도시가 아닌 시골에서 맥주를 나무 배럴에 장기간 숙성시킨 데서 시작되었다. 1년 또는 그 이상을 숙성시키기 위해 정성들여 양질의 맥주를 만들었다. 올드 에일은 장기간 나무 배럴에서 숙성시켜 산도와 알코올 도수가 높고, 매우 풍부한 아로마를 가진 맥주이다. 올드 에일은 판매하거나 손님에게 대접할 때 신선한 맥주와 혼합해서 밸런스를 맞춰 제공한다.

○ 발리 와인Barley Wine

발리 와인을 직역하면 '보리 와인'이다. 와인의 가장 큰 특징은 오크통에 숙성시키는 것처럼, 발리 와인과 올드 에일의 공통점은 숙성시킨 맥주라는 것이다. 또 다른 올드 에일 스타일의 맥주가 바로 '발리 와인'이다. 올드 에일과 발리 와인의 차이점은 올드 에일은 출하를 할 때 신선한 에일과 섞어서 병입을 한다면, 발리 와인은 그냥 출하를 한다. 그리고 올드 에일은 1년 정도 숙성기간을 가진다면, 발리 와인은 그 이상의 숙성시간을 가진다. 발리 와인의 특징은 과일향이 풍부하고 달콤한 맛이 나는 묵직한 맥주이다.

○ 임페리얼 스타우트Imperial Stout

임페리얼 스타우트는 18~19세기에 영국을 출발하여 제정러시아의 수도인 상트페테르부르크에 보내지던 스타우트로부터 시작된다. 영국에서 시작하여 러시아의 서쪽 항구도시였던 상트페테르부르크까지 가려면 춥고 험난한 북해와 발트해를 거쳐야 했는데, 그 당시의 수송 능력과 시간을 감안하면 맥주가 변질이 되었다. 그래서 변질을 막기 위해 홉을 다량으로 넣고 결빙을 막기 위해 맥아를 다량으로 넣었다.

맥아는 제조공정에서 단맛과 알코올 도수를 높이는데 관여하고, 홉은 쓴맛을 강하게 하며 항균작용이 있어 맥주의 변질을 막아주는 역할을 했다. 그래서 맥아를 다량으로 넣어 단맛이 생겨 알코올 도수가 9~10℃ 이상의 술이 된다. 이 진하고 강한 매력적으로 변형된 스타우트 맥주는 러시아 황실의 입맛을 사로잡았고, 점차 하나의 스타일로 자리를 잡아 러시아 황실을 위한 맥주라는 뜻으로 '러시안 임페리얼 스타우트'라고 불리게 되었고, 오늘날 통상적으로 임페리얼 스타우트라고도 부른다.

○ 쾰슈Kolsch

독일의 쾰른의 상면발효 맥주이다. 독일 맥주에 비해 원맥즙 농도가 11% 낮고 쓴맛이 약하지만, 목 넘김이 정말 좋은 상쾌한 맥주이다. 쾰른에서 만든 맥주 외에는 '쾰슈'라고 표시할 수가 없는데, 샴페인처럼 '원산지 통제명칭'을 허가받은 맥주이다. 세계 맥주 중 유일한 원산지 통제명칭 맥주인 쾰슈이다.

○ 알트Alt

독일 뒤셀도르프의 상면발효 맥주이다. 알트는 독일어로 '오래되다'라는 뜻을 가지고 있지만, 오래된 맥주는 아니다. 알트비어는 16~17세기에 시작 된 저온에서 발효되는 라거 이전에 라거와 비슷한 공정으로 만들어진 맥주이다. 에일 맥주는 상온에서 발효 숙성을 시키는 게 보편적인데, 알트 비어는 에일 효모를 사용하지만 저온에서 발효 숙성시키는 특징을 가지고 있다. 그래서 알트 비어의 맛을 보면 깔끔한 맛을 느낄 수가 있다.

○ 비이스 비어Weissbier

맥주 하면 생각나는 나라가 바로 독일이다. 그 중 가장 유명한 지역은 바이에른주이다. 독일에서 가장 많은 양조장을 가지고 있으며, 독특한 스타일의 맥주를 만드는 곳이다. 그 중에서 가장 대표적인 맥주가 바로 '바이스 비어'라고 할 수 있다. 바이스 비어Weissbier는 독일어로 '희다Weiss'와 '맥주Bier'의 합성어로 '흰맥주'란 의미를 가지고 있다. 밀 맥아를 사용해서 만든 맥주로 밀이란 뜻을 가진 '바이첸Weizen'을 사용해서 '바이체 비어'라고도 표현한다.

시중에 판매되고 있는 밀 맥주를 독일식으로 표현하면, 바이스 비어(흰 맥주), 바이첸 비어(밀 맥주)가 된다. 그리고 밀 맥주 하면 벨기에 호가든 맥주도 화이트 비어, 즉 밀 맥주라는 용어를 사용한다. 바이스 비어, 바이첸 비어라고 맥주 라벨에 표기되어 있다면, 그 맥주는 독일식 밀 맥주라고 생각하면 된다.

○ 트라피스트 맥주Trappist Beer

트라피스트 수도원 양조장에서 만든 맥주를 '트라피스트 맥주'라고 한다. 수도원 양조장은 중세시대부터 전통적으로 세 가지의 맥주를 만들었다. 첫 번째는 귀빈을 위한 고급 맥주, 두 번째는 수도사를 위한 자가소비용 맥주, 마지막으로 세 번째는 순례지의 빈민에게 무료로 제공했던 싱거운 맥주이다.

'트라피스트 맥주'란 용어는 수도원 양조장에서 만들어진 맥주만 쓸 수가 있다. 그리고 애비 비어Abbey Bier가 있는데, 이 맥주는 수도원에세 만든 맥주는 아니고, 수도원에서 만드는 방식으로 허가를 받은 회사에서 만든 맥주이다. 즉 수도원 스타일의 맥주라고 말할 수 있다.

○ 자연발효 맥주 람빅Lambic

람빅은 벨기에 파요텐란드Pajottenland 지역에서 만들어지는 자연발효 맥주이다. 명칭의 유래는 파요텐란드 할러Halle의 렘비크Lembeek 마을에서 유래했다는 가설이 가장 유력하다. 람빅은 '에일 맥주냐? 라거 맥주냐?'라는 논란이 있는데, 정확하게 말하면 에일도 라거도 아니다. 에일 효모는 '사카로마이세스 세레비지에'라는 효모로 양조하고, 라거는 '사카로마이세스 페스토리아누스' 효모를 사용하여 양조하기 때문에, 람빅은 에일도 라거도 아닌 맥주라 말할 수 있다.

요즘에는 상면발효와 하면발효는 효모종에 따라 크게 영향을 미친다. 그러나 람빅은 보통 자연발효 맥주이기 때문에 에일도 라거도 아닌 맥주가 된다. 일반적으로 시중에 판매되고 있는 맥주는 인공 효모를 사용해서 맥주를 양조한다면, 람빅 맥주는 인공효모를 사용하지 않고 주변 환경에 떠도는 여러 균체를 이용해 자연적인 방법으로 발효시킨다.

이렇게 만들어진 맥주는 드라이하고 강렬한 신맛과 상큼함, 그리고 균류 특유의 쿰쿰하고 텁텁한 질감이 특징이고, 만들어진 람빅 맥주는 사실상 음용기한이 없다. 쉽게 이해를 돕자면 양조가 완성된 람빅은 시간이 지나도 맛이 변하지 않는다는 것이다. 당연히 잘 보관이 된 상태일 때에 시간이 지나도 맛이 변하지 않는다.

하면발효 맥주

○ 라거 맥주

하면발효 맥주를 왜 라거 맥주라고 이야기할까? 독일어로 라거는 '저장하다'란 뜻을 가지고 있다. 라거 맥주는 '저장하다'란 뜻을 가진 것처럼, 양조를 할 때 저장기간을 오랫동안 숙성시켜 저온에서 발효시키는 맥주의 종류로 밑에서 발효를 한다.

하면발효가 탄생되게 된 이유는, 잡균에 의한 변질을 최소로 하여 깨끗한 맥주를 만들어 내기 위한 것이다.

○ 필스너 맥주

필스너는 체코의 필젠Pilsen 지방에서 맥주 강국으로 불리던 독일의 라거 생산기법을 응용하여 만들어진 맥주이다. 즉 독일식 라거에 체코 지방의 홉이 배합되어 필스너 맥주가 탄생되었다. 체코의 필젠 지역을 대표하는 필스너 맥주인 '필스너 우르켈'이 그 당시 상당히 인기가 많아 주변국에서 '필스너', '필스'라는 단어들을 라벨에 표기하면서 필스너 맥주가 체코 필젠이 아닌 다른 나라 맥주라고 생각하는 사람들도 생겨났지만, 원래는 체코 필젠 지역에서 만든 맥주를 필스너 맥주라고 말한다.

필스너 맥주의 특징은 짙은 황금빛에 톡톡 튀는 탄산감, 일반 라거 맥주에 비해 홉의 쌉싸름함과 풍미가 더해져 강한 쓴맛을 지니고 있는 게 특징이다.

○ 뮌헨너Munich Beer

뮌헨 맥주는 하면발효 맥주의 발상지이다. 옛날에는 뮌헨너는 다크 비어가 인기를 끌었으나, 담색 라거 맥주에 밀려 사라졌다가, 20세기 초에 슈파텐사가 담색의 라거 맥주를 개발하면서 다시 큰 인기를 누리게 된다. 지금의 뮌헨너는 필스너 타입의 맥주이지만, 전통 뮌헨너의 맛을 간직하고 있다. 홉의 쓴맛을 강조하는 것보다는 맥아 고유의 특징인 부드럽고 풍부한 맛을 부각시킨 맥주가 진정한 뮌헨너 맥주이다.

○ 도르트문너Dortmunder

도르트문트는 독일에서 가장 많은 맥주를 생산하는 도시이다. 13~15세기에 맥주를 생산하고, 활발하게 수출을 하는 맥주의 도시였다. 당시에는 흔들리는 마차에 실려 긴 시간 운송되는 환경이어서 가장 중요한 점은 '오랫동안 상하지 않고 버티는 맥주'였다. 도르트문트는 장기간 보존할 수 있는 맥주를 개발했다. 바로 '엑스포트 비어'이다. 이 맥주는 지금까지도 프리미엄 맥주의 대표주자로 활약하고 있다. 엑스포트 비어는 필스너보다 원맥즙 농도가 높고, 13.5℃로 진한 호박색에 적절하게 쌉싸름한 맥주이다.

○ 헬레스Helles

헬레스 맥주는 뮌헨에서 만들어진 라거 맥주이다. 1873년 암모니아식 냉동기가 발명되었는데, 제1초(호)기가 슈파텐 양조장에 설치되었다. 냉동기가 발명되면서 세계 맥주시장은 큰 변화를 겪었다. 에일 맥주들이 세계시장을 주름잡고 있었는데, 냉동기의 발명으로 인해 라거 맥주는 맥주의 왕좌로 올라서는데 큰 역할을 하게 되었다. 19세기 말 파울라너사가 독일에서 최초로 담색 라거 맥주Hellesd의 'Hell'은 영어로 'Pale(담색)'를 개발했고, 그 뒤를 이어 슈파텐 양조장이 담색 라거를 제조했다. 이렇게 독일 필스가 탄생하게 되었다.

헬레스란, 원래 독일의 담색 라거 맥주를 가리킨다. 헬레스 맥주는 필스너 타입의 맥주보다 원맥즙 농도가 낮고, 쓴맛도 보통이며, 마시기 좋은 스타일의 맥주이다.

○ 둥켈Dunkel

하면발효 흑맥주를 독일에서는 '둥켈'이라고 부른다. 기존 흑맥주에 비해 까맣지 않고 흑갈색에 좀 더 가벼운 스타일의 맥주이다. 둥켈은 필스너 타입과 비슷한 원맥즙 농도를 지니고 있으며, 은은한 단맛을 가지고 있다.

○ 무알코올 맥주Non-alcohol Beer

맥주에서 알코올을 선택적으로 추출한 맥주를 무알코올 맥주라고 한다. 알코올 농도가 0.5% 미만의 맥주를 '알코올 프리 맥주'라고 부른다. 알코올 성분이 전혀 없는데, 맥주의 냄새와 맛을 내는 음료를 '무알코올 맥주'라고 부른다.

나라별 대표맥주

체코 : 필스너 우르켈

체코의 맥주 필스너 우르켈

세계에서 맥주 소비량이 가장 많은 나라는 체코이다. 체코의 대표 맥주는 체코 수도인 프라하에서 자동차로 한 시간 정도 떨어진 필젠 지역에서 생산하는 필스너 우르켈이 체코를 대표한다.

필스너 우르켈은 처음에 개발이 될 당시 '필스너'란 말은 체코 필젠에서 생산된 맥주만을 가리키는 말이었으나, 워낙 필스너 타입에 맥주가 색, 맛이 좋아 독일 및 다른 유럽 지역에서 같은 제조법으로 맥주를 만들어 '필스너'라는 이름을 상표에 붙여 팔게 되면서 그냥 맥주 종류를 의미하는 말이 되었다. 그래서 체코 필젠 필스너 맥주의 원조성을 강조하기 위해 나중에 우르켈(오리지널)이란 말을 상표에 붙여 판매하였다. 현재 필스너 우르켈은 하면발효 맥주인 라거의 대중적인 성공의 시작을 알렸다는 평가를 받는 맥주이다.

아일랜드 : 기네스

아일랜드의 맥주 기네스

아일랜드 더블린 지역에서 만들어지는 스타우트 스타일의 흑맥주이다. 아일랜드를 대표하는 국가 문장인 켈틱하프를 심벌로 삼고 있다.

기네스는 씁쓸하면서도 달콤 쌉싸름한 맛을 가지고 있다. 맥주를 양조할 때 보리를 볶아서 사용하기 때문에, 색은 까맣고 거품의 질감이 크림 같으며, 맥주의 생명이라고 할 수 있는 홉 맛이 첫 모금을 했을 때 느껴지는 것이 아닌 뒷맛에 살짝 나는 것이 특징이다. 에일 스타일의 맥주이기 때문에 청량음료처럼 탄산감이 있는 맥주가 아닌 은은한 달콤 쌉싸름한 맛을 느낄 수 있는 맥주이다.

네덜란드 : 하이네켄

네덜란드의 맥주 하이네켄

네덜란드 암스테르담에서 탄생한 하이네켄은 하면발효 맥주로, 유럽에서 가장 높은 점유율을 가지고 있다. 맥주의 맛은 카스나 하이트 맥주보다 톡 쏘지는 않지만 쌉싸름하고 묵직한 뒷맛을 가지고 있다.

하이네켄은 알코올 5%와 4.3% 맥주가 있는데, 국내에 수입되고 있는 맥주는 알코올 5%가 대부분이다. 하이네켄은 유럽 라거 맥주이기 때문에 보리와 물, 홉, 효모들만 가지고 양조하고 있으며, 효모는 1886년 것을 지금까지 사용하고 있다. 국내에서는 국산 맥주들보다는 판매량이 높진 않지만, 유럽산 맥주 브랜드들 중에선 가장 인기가 좋은 맥주이다.

멕시코 : 코로나

멕시코의 맥주 코로나

코로나는 멕시코의 대표적인 맥주이다. 선인장의 용설란을 발효시켜 제조하여 독특한 풍미를 가지고 있으며, 쌉싸름한 홉의 맛이 약한 가벼운 스타일이다. 코로나는 시원한 맥주로 청량감과 깔끔한 목 넘김으로 무더운 여름에 가볍게 마시기가 좋다. 코로나의 특별한 점은 투명한 병에 라임이나 레몬조각을 끼워 음용한다.

벨기에 : 스텔라 아르투아

벨기에의 맥주 스텔라 아르투아

벨기에는 다양한 맥주를 생산하는 나라이다. 스텔라 아르투아는 600년 전통의 필스너 맥주로, 벨기에를 대표하는 하면발효 맥주 중 하나이다. 쌉싸름한 맛과 청량감을 가지고 있다.

미국 : 버드와이저

세계적으로 가장 유명한 맥주인 버드와이저는, 창업자 아돌푸스 부시가 체코의 보헤미아 지역의 맥주 맛에 반해 보헤미안 스타일 라거를 개발하여, 1876년 생산하기 시작하면서 체코 부드바이저 맥주회사와 상표명 분쟁이 일어나게 되었다. 지금까지도 이 분쟁이 해결되지 않았다. 그래서 버드와이저가 유럽에서는 '버드Bud'라고 상표명을 붙여 판매를 하고, 부드바이저는 북미 지역에서는 체크바르Czechvar로 판매되고 있다.

미국의 맥주 버드와이저

덴마크 : 칼스버그

칼스버그 맥주회사는 덴마크를 대표하는 회사이며, 덴마크 왕실의 공식 맥주이다. 그리고 덴마크 맥주시장의 70%를 점유하고 있다. 또 칼스버그연구소의 한센이 완성한 효모 순수 배양법은 맥주 양조기술을 크게 발전시켰으며, 100% 몰트를 사용하여 양조하기 때문에 쓴맛이 강하고 짙은 풍미를 가지고 있는 것이 특징이다.

덴마크의 맥주 칼스버그

중국 : 설화

설화 맥주는 중국의 맥주 브랜드이다. 설화 맥주는 세계에서 가장 많이 팔리는 맥주 브랜드로, 중국에서 리터당 1달러에 판매되는 저렴

중국의 맥주 설화

하면서 맛도 좋은 국민 맥주로, 중국인들의 사랑을 받고 있다. 중국 내에서 주로 판매되고 있어 국내에는 잘 알려지지 않은 맥주이다.

한국의 맥주문화

한국의 맥주는 언제부터 시작되었을까?

한국의 역사를 살펴보면 『조선왕조실록』에 '모미주'란 기록이 있다. '모미'는 보리라는 의미를 가지고 있어서, 즉 모미주를 해석하자면 보리주, 즉 보리로 만든 술이 되는 것이다. 그러나 요즘 사람들이 즐기고 있는 맥주와는 큰 차이가 있었는데, 그 당시 선조들이 즐겼던 '모미주'에는 요즘 맥주를 양조할 때 사용되는 홉이 첨가되지 않아 지금의 맥주와는 전혀 다른 술 일 거라고 추측하고 있다.

그렇다면 요즘 한국 사람들이 즐겨 마시고 있는 맥주는 언제 들어왔을까? 1876년 강화도조약을 맺은 후 본격적으로 일본 맥주가 한국에 들어오기 시작했다. 1876년 일본 맥주 '삿포로', '에비스', '기린 맥주' 등이 상륙하였다. 그 당시 맥주는 일반인들이 배고픔을 채웠던 점심밥 가격보다도 비쌌다. 그래서 맥주는 일부 부유층과 상류층의 술이었다. 일제강점기 때 조선총독부는 술값의 30%를 세금으로 징수했다는 기록도 있다.

그 당시 우리나라 사람들은 나라를 빼앗긴 분노와 슬픔을 술을 통해 위로를 받았을 것이다. 그런데 그때 우리를 위로해 주었던 술이 일본의 세징을 더 채워준 꼴이 된 것이다. 그래서 맥주는 우리나라의 술이 아니다. 우리나라에 맥주를 유통시킨 것이 일본이고, 우리나라 땅에서 일본의 자본과 기술로 맥주가 만들어져 전국 방방곡곡에 유통된 맥주는 슬픈 역사를 가지고 있다. 이처럼 아픔으로 시작은 되었지만, 요즘 한국 사람들이 즐겨 마시고 있는 한국의 맥주는 어떤 것들이 있을까?

카스 후레쉬(Cass Fresh)

카스 후레쉬는 라거 맥주이다. 주재료인 맥아 함량을 낮추고 부재료인 옥수수와 밀이 들어가고 탄산을 주입하여 청량감과 톡 쏘는 맛을 부각시켰다. 마셨을 때 "캬~!"란 탄성이 나오는 청량감을 높인 한국의 대표적인 맥주이다.

오비 골든 라거(OB Golden Lager)

오비 골든 라거는 독일 홉에서도 최고급 아로마 홉을 주로 사용한다. 아로마 홉은 일반 홉보다 5배 이상 비싸고, 맛과 향도 풍부하다. 독일 홉 가운데서도 최고급으로 이름난 '아로마 홉'은 일반 홉보다 5배 정도 비싸고 맛과 향도 풍부하다. 이렇게 황금 맥아와 아로마 홉을 사용해서 양조를 했기 때문에 맥주병 라벨에 '골든 라거'라고 표기를 한다. 오비 골든 라거는 풍성하면서 산뜻하고, 중후하면서 부드러운 풍미를 느낄 수 있는 맥주이다.

카프리 맥주

카프리(Cafri)

한국 맥주에서 처음으로 투명한 병에 병입한 맥주이다. 캐나다산 맥아를 사용하여 청량감을 강화한 맥주로, 유럽산 아로마 홉, 헥사 홉을 사용하여 깔끔한 목 넘김과 부드러운 거품을 가지고 있는 맥주이다. 산뜻하고 상쾌함을 통해 젊은 층을 타깃으로 삼은 맥주이다.

하이트(Hite)

요즘은 전 세계적으로 알코올이 높은 술을 즐기는 것이 아닌 알코올이 낮은 저도주를 즐기는 문화로 바뀌면서, 하이트 맥주는 가볍게 여러 술을 혼합해도 좋은 맥주이다. 가벼운 마음으로 상쾌하고 청량함을 느끼고 싶다면 하이트 맥주를 마시면 된다.

하이트 맥주

맥스(Max)

100% 맥아만 사용하여 만든 100%의 보리맥주이다. 독일의 맥주 전통 제조방식처럼 맥아, 홉, 물만 사용하여 만들어진 맥주로, 맛과 향이 풍부하고 깊고 진한 맛이 입안에 가득 느껴진다.

테라(Terra)

보리가 생육하는데 가장 최적화된 일조량, 강수량, 비옥한 토양 그리고 깨끗한 물을 갖춘 곳인 청정 지역에서 생산된 맥아를 100% 사용하여 만든 맥주이다. 깨끗하고 건강하며 안전하고 유기농이란 말이 지금 이 순간을 살아가는 사람들이 가장 중요하게 생각하는 것들을 가장 잘 표현해주는 맥주이다.

전 세계의 맥주는 하늘에 떠 있는 별만큼 셀 수가 없이 다양하다. 그 중에서 한국의 맥주는 목마름이 느껴지는 그 순간 그 목마름을 시원하게 해

소시켜주는 맥주들이다. 한국 맥주를 한 단어로 표현한다면 '청량감'이라고 말하고 싶다.

【참고문헌】

맥주, 문화를 품다, 무라카미 미쓰루, 알에이치 코리아
맥주의 모든 것, 조슈아 M. 번스타인 지음, 푸른숲
맥주의 원료 기본 맥아 출처https://www.beeradvocate.com/beer/101/malts/
명욱의 동네술 이야기https://blog.naver.com/vegan_life/221386882186
소믈리에 실무, 김의겸 저, 백산출판사
조주학개론, 이석현·김용식·김종규·김학재·김선일, 백산출판사

"필자는 맥주와 함께 인생을 살아간다.
기쁨, 슬픔, 힘듦, 인생의 희로애락이 있는 그 순간순간마다
내 곁을 지켜주는 친구는 바로 맥주이다. 지금도 시원하게
맥주를 마시고 싶다. 시원하게 원샷을 하고 "캬~!!"라고
외치는 소리가 들린다."

오희
O' HEE
BUCKWHEAT LIQUOR
40°
녹파주
1920
우렁
이쌀

05

전통주 이야기

정 석 태

경북대학교 식품공학과를 졸업했으며, 농촌진흥청에 입사하면서부터 줄곧 우리나라에서 생산되는 술의 품질 향상을 위한 연구해 왔다. 도중에 유학을 하고, 일본 주류종합연구소에서 연구원 생활을 하면서 박사학위를 취득했으며, 우리나라 전통주의 정체성에 대해 많은 생각을 하였다. 복귀 후 우리 전통주의 정체성 확립은 물론 다양한 신기술을 접목한 새로운 패러다임의 전통주를 개발하는 데에 매진하고 있다.

전통주 역사와 문화

전통주의 역사

고대 한반도에서의 술

한반도에서 술이 태동된 것은 한반도에 곡물이 전래되어 이주민이 정착 생활을 시작한 신석기시대라고 볼 수 있다. 한반도의 신석기시대는 기원전 6000년경에 시작되었으며, 유적 발굴 자료에 의하면 피나 조 같은 잡곡류가 전래되었음을 알 수 있다. 한반도에서 보리가 재배된 시기는 기원전 10세기경이며, 쌀이나 밀이 재배된 시기는 기원전 1세기경으로 보아 보리의 싹을 틔워 만든 맥아를 이용한 단술(감주)의 형태가 밀로 만든 누룩을 이용한 술보다 먼저 탄생되었을 것으로 짐작된다.

한반도에 보리가 전래되고 저장기술이 발달되지 않은 시기라, 보리에 빗물이 스며들게 되면 원하지는 않지만, 맥아가 만들어졌을 것으로 보인다. 당분이 있는 즙액에 공기 속의 효모가 들어가면 자연스럽게 발효가 이루어지는 것을 고려할 때, 이때부터 맥아를 이용한 알코올성 발효 음료가 활용되었을 것으로 생각된다. 『산가요록』, 『고사촬요』, 『음식디미방』 등 고문헌 속 우리의 술은 대부분 곡물가루를 사용하여 술을 빚는 예가 많은데, 곡물

BC 6000년경의 한반도 정착

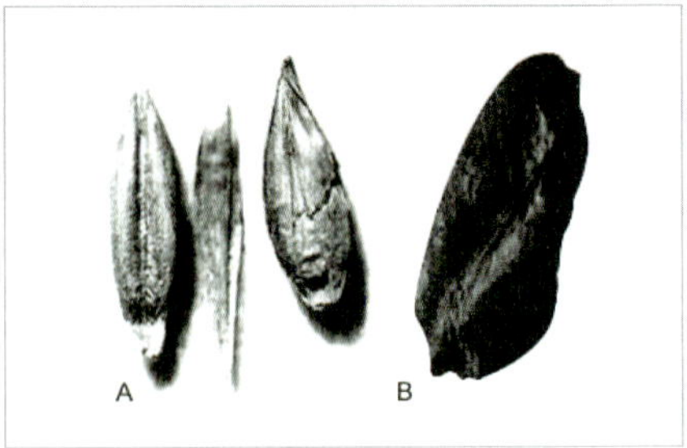

선사시대의 보리 유적

가루를 이용하여 술을 빚는 방법은 곡물의 맥아를 이용한 '곡아주(穀芽酒)'에서 유래한 것으로 추정된다.

술의 사회문화적 기원

식량을 구하기 위한 힘든 노동의 대가로 사람들은 노래와 춤을 즐겼고, 당연히 술이 함께 했을 것으로 생각할 수 있다. 술은 동서고금을 통해 전해 내려오는 삶의 양념으로 민족마다 문화 깊숙이 뿌리박고 있음을 알 수 있다. 신이나 조상에게 제사를 지내는 주술적인 행사에서, 신비한 힘을 가진 술이 요구되면서 체계적으로 만들어지기 시작했을 것으로 보인다.

동양에서 술을 뜻하는 주(酒)자의 유래

주(酒)의 옛 글자는 유(酉)자이며, 유(酉)자는 밑이 뾰족한 항아리 모양의 상형문자에서 변천된 것으로 추정된다. 술의 침전물을 모으기 위해 끝이 뾰족한 항아리를 이용한 것에서 유래된 것으로 보이며, 물 수(水)와 술 항아리를 뜻하는 익을 유(酉)자가 합쳐져 술 주(酒)가 된다. 지금도 유(酉)자가 들어간 한자는 발효(醱酵)와 관련된 식품을 가리키는 경우가 많다는 데서 유(酉)자가 발효를 시키는 것과 밀접한 관계가 있음을 알 수가 있다.

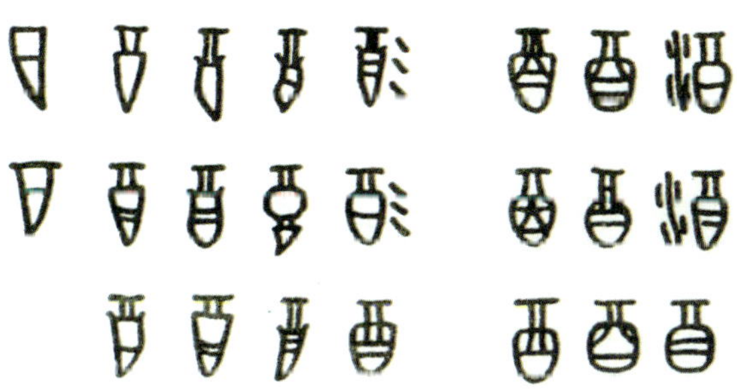

주(酒)자의 변천

고대 한반도의 술

유화의 아들 주몽

우리 문헌에 등장하는 술 이야기는 『제왕운기』에 처음으로 나타난다. 하백의 딸 유화가 해모수의 꾀에 속아 술에 만취된 후 해모수의 아이를 잉태했는데, 그가 '주몽'이라는 이야기다.

비록 우리 문헌에 술에 관한 기록이 드물지라도 술이 단순히 중국에서 전래되었을 것으로 생각해서는 안 된다. 이미 고조선 이전부터 동아시아 대륙에 번성했던 우리민족은 발효 문화를 장기(가장 잘하는 기술)로 했으므로 술의 역사도 우리민족의 역사와 함께 시작되었을 것이다. 따라서 우리나라 술의 기원은 중국으로부터 전래된 것이라기보다는, 화북과 산동 지역의 동이족 술 문화가 중국과 한반도에 동시에 영향을 주었으리라 보는 것이 더욱 정확할 것이다.

우리나라는 예로부터 벼농사를 주로 했기 때문에, 당연히 쌀과 곡류로 만든 누룩을 원료로 한 술이 발달했다. 우리의 선조들이 음주와 가무를 즐긴 민족이라는 사실은 여러 고문헌에도 잘 나타나 있다. 고구려의 건국 설화가 담겨있는 『제왕운기』에 천제의 아들 해모수와 하백의 딸 유화가 합환주를 마시고 동명성황을 낳았다는 사실을 통해, 예로부터 혼인할 때는 술을 빚어서 부부가 함께 마셨을 것이라는 사실을 유추해 볼 수가 있다.

삼국시대의 술

부여, 진한, 마한, 고구려의 무천, 영고, 동맹 등 제천(祭天) 행사에서 '밤낮으로 술을 마시며 노래하고 춤을 추었다'라는 『삼국지(三國志) 위지동이전』의 기록에 의하면, 고구려에는 좋은 술을 담그는 기술이 발달했을 것이다. 이때 이미 누룩과 곡아로 술을 빚는 방법이 완성되었을 것이다.

▶곡아의 이용

곡아는 곡류를 발아시킬 때 곡류 자체에서 자연스럽게 생성되는 식물성 효소로서 곡류의 전분을 당화시킬 수 있는 천연효소이다. 동 · 서양 모두 곡아를 이용한 음료가 발달했는데, 우리나라에서는 곡아를 이용한 무알코올성 음료인 식혜를 만드는 기술이 발달했으며, 서양에서는 메소포타미아 시대부터 알코올성 음료인 맥주 제조기술이 발달했다.

백제의 양조기술은 『일본서기』에 의해 전해지고 있는데, 일본에서 주신(酒神)으로 모시는 백제사람 '인번'이 일본에 누룩과 술을 빚는 방법을 전함으로써 비로소 일본에 술다운 술이 생겼다고 말하고 있다. 양조기술의 장인인 '보리'라는 이름의 뜻은 '술을 거르는 이'로써 그 당시 백제에는 발전된 양조법으로 술을 빚었을 것으로 추측된다. 그러나 백제의 술에 대해 자세히 전해지는 기록이 없어 확실하지는 않으나, 일본에 남아 있는 기록과 술을 빚는 기술로 미루어 볼 때, 고구려의 술 빚기에 비해 그리 떨어지지 않았을 것으로 보인다.

신라의 술에 대한 명성은 아마도 고구려로부터 전해진 듯하다. 삼국 중에서도 비교적 늦은 시기에 국가체제를 형성한 신라는 술 빚기에서도 처음에는 뒤떨어졌을 것으로 보인다. 그러나 다른 문화와 함께 고구려로부터 전해진 술 빚는 기술은 국력의 성장과 함께 발전했다. 신라의 '포석정'은 술 문화의 극치를 보여주는 것인데, 이 '포석정'은 통일신라시대에 만들어진 것으로 자연환경을 최대로 활용했으며, 주위의 아름다운 경관에 인공적인 기술을 가미하여 이룩한 조화미는 신라 정원기술의 독특한 면모를 잘 보여주고 있다.

포석정(통일신라시대)

▶포석정의 유래

중국의 명필 왕희지가 친구들과 함께 물 위에 잔을 띄워 술잔이 자신의 앞에 오는 동안 시를 읊어야 하며, 시를 짓지 못하면 벌로 술 3잔을 마시는 잔치인 유상곡수연(流觴曲水宴)에서 유래했다고 한다.

고려시대의 술

고려시대에는 송 · 원대의 양조법이 도입되면서 전래의 곡류 양조법이 발전되어, 누룩(麴)의 종류도 소맥국과 미국(米麴)으로 이루어질 뿐만 아니라 종류도 다양해졌다.

「고려사」에 의하면, 고려 문종 때 '양온서'를 두어 왕이 마시는 술을 빚었다고 한다. 청주와 법주 두 가지로 구분하여 질항아리에 넣고 명주로 봉하여 저장해 두었다고 한다.

고려시대에는 사찰이 여행자의 숙박지로 이용되었을 뿐만 아니라, 술을 판매하는 풍속이 있어 사찰을 중심으로 다양한 술들이 발달하였다. 그러나 그 폐단이 심해지자, 현조 때에는 사찰에서 술을 빚고 마시는 것을 금하였다. 고려 후기에 접어들면서 증류주가 유입되었는데, 몽고의 침입(1231년)을 계기로 소줏고리와 이용법이 도입되면서 급속하게 소주문화가 발전했다. 특히 몽고군이 주둔했던 개성, 안동, 제주에서 소주 제조가 성행했는데, 평안도에서는 수수를, 황해도와 전라도에서는 주곡인 쌀을, 제주에서는 좁

쌀을 원료로 사용했다.

조선시대의 술

조선시대에 접어들면서 더욱더 다채로운 술들이 빚어졌다. 술도 고급화 추세를 보이면서 제조 원료가 멥쌀 위주에서 찹쌀로 바뀌고, 발효 기술도 한 번 담금에서 두 번 내지 세 번을 담금하는 '중양법'이 발달하여 질 좋은 술이 제조되었으며, 이 시기에 좋은 술로 꼽히는 것들로는 '삼해주', '백로주', '이화주', '부의주', '하향주', '춘주', '국화주' 등이 있다.

조선시대에는 유교문화가 발달되면서 술이 자연스럽게 제례주로 많이 이용되었으며, 각 지방이나 가정마다 독특한 제조 방법으로 다양한 술을 빚었다. 조선 후기에 접어들면서 지방주의 전성기를 맞이했는데, 그 당시 명주로서 서울의 '약산춘', 여산의 '호산춘', 충청의 '노산춘', 평안의 '벽향주', 김천의 '과하주' 등이 유명했다.

술 제조법이 발달하고 술 문화가 발달하면서 조선 후기에 들어서 주막이

신윤복의 주사거배(酒肆擧杯)

나 기방이 등장하게 되었는데, 이러한 술 문화는 김홍도의 '주막'이나 신윤복의 '주사거배(酒肆擧杯)'라는 그림에 잘 나타나 있다. 주사거배란 '주막에서 술을 마시다'라는 뜻으로, 이 그림은 조선시대 선술집으로 지금의 스탠드 바와 같은 곳이다. 주모는 앉아있고, 손님들은 모두 서 있다. 안주는 무료이고, 술값만 내면 된다.

한편 소주에 각종 약재를 응용하여 만든 술들이 개발되었는데, 황해도의 '이강주', 전라도의 '죽력고'가 유명하다. 이밖에 약주의 산패(酸敗) 방지를 목적으로 발효주에 증류주인 소주를 혼합하는 방법으로 저장성을 향상시켜 여름에도 마실 수 있는 술인 '과하주'가 개발되었다. 서양에서도 증류주 제조기술이 전해짐으로써 우리나라와 거의 유사한 시기에 발효주에 증류주를 혼합하는 주조법이 개발되었는데, 대표적인 것이 스페인의 '셰리'와 포르투갈의 '포트'이다. 이들 강화주는 저장성이 뛰어나 전 세계적으로 유통되면서 많은 이들의 사랑을 받아 명주가 되었다.

일제강점기의 술

1876년 강화도조약이 체결된 이후 일본인들이 이 땅에 건너오기 시작하면서 일본식 청주를 만들게 되었다. 그러나 일본식 청주의 질이 좋질 않아 일부 노동자계급의 수요에 쓰였을 뿐 대부분은 수입되었다. 일본으로부터 수입된 일본식청주 중에 대표적인 것이 '정종'이라는 상표명이었는데, 현재도 일본식청주를 가리켜 '정종'이라고 부르는 경우가 많다.

우리나라에서는 예부터 술에 세금을 물게 한 적이 없고, 자가 양조에 대하여 정부에서도 특별한 제재가 없었다. 1909년 2월 「주세법」을 발표함으로써 생산방법에 따라 양성주, 증류주, 혼성주의 3종으로 구분하여 각 종류별로 과세하는 간접세를 확립했다. 하지만 각 가정에서 술을 빚어 마시는 '가양주'가 성행하게 되자, 1916년 1월에 주류 단속이 강화되는 가운데 모든 주류를 '약주', '탁주', '소주'로 획일화시켰다. 1917년부터는 주류 제조업의 정비가 시작되면서 허가를 받지 않고 술을 빚는 것을 전면적으로 금지하게 되어 각 가정에서 대대로 내려오던 '가양주'가 사라지게 되었다. 지방마다 대단위 주류 제조공장이 새로 선정되었으며, 여기에 수반하여 1920년을 기점으로 재래식 누룩을 사용하던 방법에서 흑국, 황국의 배양균을 사용하는 입국법이 활용됨에 따라 재래누룩을 사용하는 전통주는 서서히 사라지게 되었다.

우리나라 술의 특징

우리나라의 전통술은 '막걸리', '약주', '소주'로 대표된다. 이 세 가지 가운데 제조 방법으로 볼 때 막걸리가 가장 오랜 역사를 가지고 있다고 할 수 있다. 오늘날에도 널리 음용되고 있는 막걸리(탁주)는 약주와 함께 농민과 도시의 서민층에 널리 기호층을 가지고 있는 우리민족의 토속주이다.

약주는 곡물로 만든 발효주에 있어서 숙성이 거의 끝날 무렵, 술독 상층부에 맑게 뜨는 발효액 속에 싸리나 대오리로 둥글고 깊게 통같이 만든 용수를 박아 맑은 액체만 떠낸 것이다. 약주의 원료로서 다양한 곡류를 사용할 수 있기 때문에 원료의 종류에 따라서 다양한 맛의 약주가 빚어진다.

소주(燒酎)는 막걸리나 약주를 증류해서 내리는 것으로 고려시대 이후 그 제조 방법이 전래되어 우리 땅에서 발전된 민족 고유의 술이다. 오늘날에는 고리를 이용한 단식증류 방법인 옛날 방식과는 달리, 연속식 증류기로 증류한 다음 희석하여 만든 희석식 소주가 크게 유행하고 있다.

전통주와 문화

우리나라의 술 문화

우리나라의 경우 마한시대부터 한 해의 풍성한 수확과 복을 기원하며 맑은 곡주를 빚어 조상께 먼저 바치고 춤과 노래와 술 마시기를 즐겼다고 한다. 이러한 사실로 미루어 보아 우리나라에선 농사를 시작했을 때부터 술을 빚어 마셨고, 모든 행사에는 술이 애용되었음을 알 수가 있다.

우리에게 술은 단순한 알코올이 아니라, 사회 구성원 전체를 하나로 통합하고 유지하는 커뮤니케이션의 상징적 매체라고 볼 수 있다. 누군가와의 만남이나 공식적인 자리, 축하, 연회, 의례, 제사 등이 사회에서 일어나는 일상 속에 술이 있다고 할 수 있다.

우리나라는 유교문화권으로서 예로부터 예(禮)를 중요시 해왔다. 관혼상제에 있어서 빠질 수 없는 것이 바로 술이다. 즉 기쁠 때나 슬플 때나 언제나 술이 빠지지를 않았다. 이처럼 술은 우리의 전통문화 깊숙이 자리 잡고 있으며, 일상생활에서도 서로간의 매개체로서 그 역할을 해오고 있는 것이다. 특히 전통혼례식 때 합환주는 신랑과 신부가 술을 나누어 마심으로써 서로 다른 두 사람이 하나 됨을 나타내는 것으로, 백년가약을 맺어 한평생을 동고동락하라는 중요한 의식으로 전해지고 있다.

전통혼례식 합환주

한국의 음주문화

우리 조상의 음주 예절은 대개 두 가지로 분류된다. 하나는 '향음주례'로 어른을 공양하고 음식의 예의와 절차를 밟아 마시는 음주문화이며, 다른 하나는 여럿이 어울려 마시는 '군음문화'이다.

'향음주례'에서는 겸양과 미덕의 표현이라 할 수 있는 예절이 처음과 끝이다. 반면에, '군음'은 형식과 절차 없이 거리낌 없이 즐기는 자유롭고 호탕한 자리였다. 전통 주도의 요체는 정성을 다하여 예의를 갖추어 마시는 것이며, 반드시 사람을 먼저 생각하고 인간관계를 중시하여 적대적이 아니라 화목하는 것이 그 핵심이다. 지금도 그러한 전통이 우리의 음주문화 속에 면면히 전해 내려오고 있다.

하지만 술이라는 것이 꼭 좋은 문화를 낳은 것만은 아니다. 술을 많이 마셔 몸이 상하고, 술을 이용하여 자기이득을 취하는 도구로도 사용함으로써 공공의 적이 되는 경우도 많다. 따라서 개인적으로 술을 잘 다스려 건강을 지키고 사회적으로 성숙한 술 문화를 만들며 상대방에 대한 배려를 아끼지 않는 문화로 발전시켜 나가야 한다.

우리나라의 음주 예절

우리나라의 음주 예절을 보면, 우리 선조들은 술을 마심에 있어 상 · 하의 위계질서를 엄격하게 적용했다는 것을 짐작할 수 있다. 첫째, 어른과 술을 마실 때는 제자리에서 앉은 채로 어른에게서 술을 받을 수가 없기 때문에 자리에서 일어나 술잔이 있는 곳으로 가서 절을 하고 술을 받으며, 둘째, 어른이 술잔을 들어 마시지 않으면 아랫사람이 먼저 술을 마시지 않는다. 어른이 마시고 난 후에 마시는 것이 예(禮)이다. 셋째, 어른에게 술잔을 올리고 어른이 술잔을 주시면 반드시 두 손으로 받고, 어른 앞에서 술을 마실 때는 돌아앉거나 상체를 뒤로 돌려 마시며, 넷째, 여러 사람이 함께 술을 마실 때는 가장 지위가 높거나 나이가 많은 윗사람부터 순서대로 따르도록 한다. 다섯째, 친구나 동료 또는 아랫사람이 아닌 이상 모든 사람에게는 두 손으로 따르는 것이 주도에 어긋나지 않는다. 두 손으로 술을 따를 때는 오른손으로 따르되, 왼손의 위치는 옷차림에 따라 달리할 수 있다.

우리나라의 음주 예절은 다른 어느 나라보다 까다롭다. 술자리에서 이렇게 또는 저렇게 해야만 한다는 것이 너무 강조된다면, 즐거운 대화가 오가야 할 술자리가 딱딱해질 수밖에 없다. 현재도 일상적으로 위에서 열거된 음주 예절을 지키는 것이 통상적이기는 하나, 궁극적으로 음주 예절이란 상대방에 대한 배려와 공경이 기본이 되어야 한다. 윗사람은 아랫사람을 배려하고, 아랫사람은 윗사람을 공경한다면 그보다 좋은 술자리가 또 어디 있을까?

전통주 스토리텔링

술과 관련된 재미있는 언어

'약주'의 유래

고구려 건국신화에서도 나오듯이, 우리 민족은 아주 오래전부터 술을 즐겨왔으며 술에 얽힌 다양한 이야기가 전해오고 있다. 우리는 일반적으로 술을 '약주'라고 한다. 약주는 술의 한 종류이기도 하지만, 술을 일컫는 대명사이기도 하다.

약주의 유래는 선조 때의 문신 서성(徐渻)에 얽힌 일화가 전해진다. 조선 후기 실학자 서유구가 쓴 『임원경제지』에서 "조선 중종 때 약현에 살았던 이씨 부인(서성의 어머니)이 남편을 잃고 술장사에 나섰는데, 좋은 청주를 빚어 그 명성이 높았다고 하며, 그의 집이 약현에 있었기 때문에 그 집 술을 '약산춘'이라 한다."라고 기록하고 있다. 서성의 집에서 빚은 술이 장안에서 가장 유명했으며, 서성의 호가 약봉(藥峰)이었고, 그가 사는 곳이 약현(藥峴 · 지금의 서울 중림동)이어서 서성의 집(약현술집)에서 빚은 좋은 맑은 술이라는 데서 '약주'가 유래되었다고 한다.

술 이름은 대개 사용하는 원료나 술의 색에 의해 명명되는데, 특이하게도 술의 모습을 보고 이름 지어진 것이 있는데 바로 '동동주'가 그것이다. 동동주는 발효가 완료된 시점에 누룩의 효소에 의해 쌀알의 속 부분은 삭아 없어지고, 겉 부분은 섬유질이 많아 쌀알의 형태를 유지하면서 술 위에 밥알이 동동 뜨는 모습을 나타낸 의태어이다. 한자로는 '부의주(浮蟻酒)'라고도 하는데, 뜰 부(浮)자에 개미 의(蟻)자를 써서 '밥알이 떠있는 모습이 개미같다'라는 데서 유래되었다고 한다. 흔히 동동주를 막걸리라고 생각하기도 하는데 동동주는 약주에 더 가깝다.

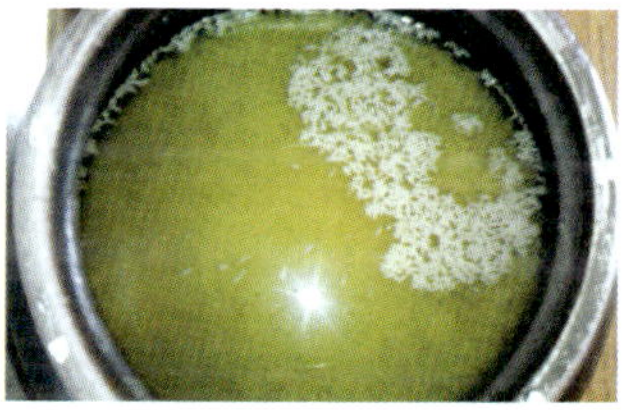
발효가 끝난 술덧

막걸리 거르기

용수로 거른 약주

수작부리다

예로부터 술자리는 벗과 함께 즐겁게 마시는 일이 많았겠지만, 은혜에 대한 보답이나 부탁의 자리로도 활용되었다. 우리가 알고 있는 '수작부리다'라는 말은 술자리에서 유래된 말 중의 하나이다. 수작(酬酌)이란, 술 따를 수(酬)자에 술 받을 작(酌)자를 써서 '술잔을 서로 주고받으며 이야기하는 것'을 의미한다. 즉 술자리에서 술잔을 돌리는 것을 '수작'이라고 하고, 우리의 대표적인 술 문화이기도 하다.

'수작(酬酌)'은 친분 있는 사람들끼리 교감과 공동체 의식을 위한 예로 시작되었지만, 술에 접대문화가 결합되면서 엄밀한 거래가 이루어지고 서로 밀약을 맺고 음모를 꾸미는 뜻으로 변질되어 '수작부리다'라는 말로 사용하게 된 것이다.

수작(술을 주고받음)

수작부리다(음흉한 뒷거래)

술과 관련된 지명

술과 관련된 지명이 전국에 여러 곳이 있는데, 그 중에 대표적인 것이 강원도 영월군에 있는 주천(酒泉)이다. 이름 그대로 '술이 솟아나는 샘'이라는 뜻이다. 영월군 주천면의 망산(望山) 기슭에 자리 잡고 있는 이 샘물은 『신증동국여지승람』에 주천(酒泉)이라는 이름으로 전해져 오며, 고구려 시대부터 주천현(酒泉縣)으로 부르게 되었다는 곳이다.

전설(傳說)에 의하면, 옛날부터 이 샘에서 술이 나왔는데 양반(兩班)이 오면 약주(藥酒)가 나오고, 천민이 오면 탁주(濁酒)가 나왔다고 한다. 조선시대에 한 천민이 양반 복장을 하고 와서 약주가 나오기를 기다렸으나 약주는 나오지 않고 평소와 같이 탁주가 나오자, 화가 나서 샘터를 부순 이후에는 술이 나오지 않고 맑은 찬물만 나오게 되었다는 이야기가 전해온다. 지금은 사라졌지만 술과 관련된 지명으로 주천진(酒泉津, 원주), 주등원(酒燈院, 영덕), 주병원(酒餠院, 청풍군), 주천역(酒泉驛, 함경도 정평) 등이 있었다고 한다.

강원도 영월 '주천' 표지석

맑은 찬물이 샘솟는 '주천'

술과 관련된 속담과 고사성어

술은 일상생활에서 취할 수 있는 알코올성 음료로, 우리 생활에 깊숙이 뿌리박혀 있기 때문에 술과 관련된 다양한 속담이 전해지고 있다. '후래자삼배(後來者三杯)'라고 하여 '술자리에 늦게 오면 거듭 석 잔을 먹어서 다른 사람과 취기가 비등하게 하는 의미도 있고, 약속시간에 늦게 왔으니 벌주로 석 잔을 마셔라'라는 뜻도 있는 것 같다.

술과 관련된 속담 중에 맛있는 술을 빚는 곳에 대한 속담이 몇 가지 있는데, 항상 떡과 대소를 이루고 있어 우리 전통적인 식생활에 술과 떡이 함께 했음을 짐작할 수 있다. 그리고 술에 대한 속담 중에는 좋지 않은 이미지도 많이 녹아있다는 것을 엿볼 수가 있다.

술과 관련된 속담

속 담	의 미
막술에 목이 멘다.	술도 좋지 못한 것은 목에 메이듯이, 하찮은 것이 사람을 해친다는 뜻
광산 김씨의 술이요, 은진 송씨의 떡이다.	예전 논산군 연산면 광산김씨의 술맛이 좋았고, 대전 회덕면 은진송씨의 떡 맛이 좋기로 유명했다는 뜻
남촌은 술이고, 북촌은 떡이다.	옛날 서울에서는 남촌은 술이 유명했고, 북촌은 떡이 유명했다는 뜻
먹다 남은 술상을 받는다. 먹다 남은 술에 식은 안주다.	남이 먹다가 남긴 술상으로 대접을 받는다는 의미로, 푸대접을 받았다는 뜻
며느리 술값은 열 닷 냥, 시어머니 술값은 열 냥	일의 선 · 후가 바뀌었다는 뜻
물 덤벙 술 덤벙 한다.	무턱대고 함부로 날뛴다는 뜻으로, 아무 일에나 까불고 덤비는 사람을 비유하는 말
물에 물 탄 듯, 술에 술 탄 듯	주견이나 주책이 없이 말이나 행동이 분명하지 않음을 비유적으로 이르는 말
미운 놈이 술 사달란다.	미운 놈이 염치도 없이 술을 사달라고 조르듯이, 미운 놈은 미운 짓만 골라한다는 뜻
겨울비는 술비다.	겨울에 눈은 안 오고 철 지난 비가 오면, 농촌에서는 흔히 모여서 술을 마시며 편히 쉰다는 뜻
거지도 술 얻어먹을 날이 있다.	얻어먹는 거지도 잔칫집이 있을 때는 술을 얻어먹을 수 있듯이, 살다보면 좋은 기회를 만날 때가 있다는 뜻
건넛 술막 꾸짖기	직접 그 사람의 잘못을 꾸짖지 않고, 다른 사람의 잘못을 끌어다가 그것을 빌어서 꾸짖는다.
계(契)술에 낯대기 / 상돗술에 벗 사귄다.	공동의 소유물을 가지고 자기 얼굴을 내세운다.
공중에 술 배운다.	술이라는 것은 처음에는 반드시 남의 권유에 못 이겨 마시다가 배우게 된다.
공술 한 잔 보고 십리 간다.	제 돈 안 드는 공것은 무엇이나 다 좋아한다.
공술 먹은 놈이 트집 한다.	공술을 얻어먹으면 감사할 줄 알아야 하는데, 도리어 트집을 잡으며 싸우려 하듯이 은혜를 원수로 갚으려고 한다는 뜻
공술이라면 초를 술이라고 해도 먹는다.	공것이라면 좋든 나쁘든 가리지 않고 덤비는 사람을 조롱하는 말
군자(君子)는 취해도 말이 없다.	군자는 교양이 있기 때문에 술에 취해도 말실수를 하지 않는다는 뜻
금주(禁酒)에 누룩 흥정	술을 먹지 않는다는 사람에게 누룩을 팔려고 흥정한다 함이니, 필요 없는 수고를 한다는 뜻
김씨가 먹고 이씨가 취한다.	무슨 일을 하거나 그 좋지 않은 결과에 대해 남에게 책임을 지운다.
남의 술로 제사 지낸다.	돈에 몹시 인색한 사람을 비유하는 말

속 담	의 미
노인 봉양에는 술보다 더 좋은 약이 없다.	술을 좋아하는 어른을 모시고 있는 사람은, 항상 술이 떨어지지 않도록 준비하여 늙은 어른을 봉양하라는 뜻
당나귀 새낀가 보다 술 때 아는 걸 보니	당나귀는 한 번 술을 주면 언제나 술을 달라고 소리 지르고 발로 차고 한다함이니, 술 잘 먹는 사람이 술자리를 알아서 온다하여 놀리는 말
단술 먹고 여드렛만에 취한다.	무슨 일을 한 것이 뒤늦게 비로소 이루어졌다는 뜻
도갓집 우물은 물이 돈이다.	술을 만드는 도갓집 우물은 그 물을 술에 타기만 하면 술이 되기 때문에 우물이 돈이라는 뜻
동성(同姓) 아주머니 술도 싸야 먹는다.	일가 아주머니 술도 비싸면 안 사 먹고 싼 집에 가서 먹는다는 뜻
뜨물 먹고 주정한다.	술주정은 술에 취해서 하는 것이 아니라, 버릇으로 하게 된다는 뜻
말은 할 탓이요, 술은 먹을 탓이다.	말은 하기에 따라 다르게 될 수 있고, 술은 먹기에 따라 행동이 다르게 되므로 본성을 잃지 않는 범위에서 마시라는 뜻
메주 먹고 술 트림한다.	메주 먹은 사람이 술을 먹은 것처럼 과장하여 위세를 부리듯이 잘난 체하는 사람을 비유하는 말
모주 장사 열 바가지 두르듯	얼마 되지 않은 것을 겉으로만 많은 체하려 한다.
물 댄 놈은 술 차지하고, 쌀과 누룩 댄 놈은 지게미 차지한다.	술을 만들 때 물을 부담한 사람은 술을 차지하고, 쌀과 누룩을 부담한 사람은 지게미만 차지하듯이 분배가 반대로 되었다는 뜻

술은 우리 생활에서 없어서는 안 될 기호식품 중 하나로, 술의 주성분은 알코올로써 독성이 강하다. 따라서 술을 함부로 마시는 것은 건강상 엄청난 화를 당할 수가 있다. 하지만 술을 적당히 마시면 사람 사이를 더욱 돈독하게 할 뿐만 아니라 건강에도 도움을 줄 수가 있다. 술을 마시기 전에 알아두어야 할 3가지를 명심하면서 즐겁고 행복한 술자리를 만들어보자.

▶술을 마시기 전에 알아두어야 할 것

- 술을 권하지 않을 사람에게 술을 권하는 것은, 술을 잃어버리는 것이요.
- 술을 권할 사람에게 권하지 않는 것은, 사람을 잃어버리는 것이다.
- 지혜로운 자는 술을 권함에 있어, 먼저 그 사람됨을 살피는 것이다.

한민족 대표술 막걸리

막걸리의 역사

막걸리의 역사는 우리 술의 역사와 같은 길을 걸었다고 할 수 있다. 청주나 소주를 만들려면 먼저 막걸리가 만들어져야 한다. 그래서 막걸리는 '술의 어머니'라고 말할 수 있다. 막걸리는 삼국시대 이전 벼농사가 시작되면서부터 빚어졌을 것으로 추정되고, 이때부터 우리민족과 함께 해온 술이라고 여겨진다. 고구려의 '곡아주'나 당나라시대의 '신라주'나 『일본서기』의 '수수보리'가 만든 술은 우리 고유의 발효기술인 막걸리 제법을 기반으로 만들어진 품질이 우수한 술이었을 것으로 여겨진다.

문헌으로서 막걸리에 대한 기록은 송나라 사신 서긍이 지은 『고려도경』에 나타나 있는데, 고려의 수도인 송도(지금의 개성)에서 보고 들은 이야기를 기록한 책의 내용이다. '일반적으로 고려 사람들은 술을 즐긴다. 그러나 서민들은 양온서에서 빚은 좋을 술을 얻기가 어려워 맛이 박하고 빛깔이 진한 것을 마신다.'라는 기록으로 보아 관공서 이외 일반인들은 주로 막걸리를 마셨다는 것을 알 수가 있다.

조선시대 막걸리는 탁주, 농주, 재주, 회주, 모주, 백주, 가주 등 다양한 이름으로 불렸으며, 막걸리에서 '막'이란 거칠게 혹은 금방이라는 의미이고, '걸리'라는 것은 거른다는 의미이므로 막걸리란 '금방 걸러낸 술'이란 의미가 있다. 막걸리란 한글이 등장한 것은 19세기 말 〈춘향전〉 완판본 '열녀춘향수절가'에서 '목걸리'라는 표현이 나온다. 암행어사가 된 이몽룡이 거지행세를 하고 변사또 생일잔치에 참석하게 되는데, 이때 이몽룡 앞에 나온 상을 보고서 "모 떨어진 개 상판에 닥채 저붐 콩나물 깍때기 목걸리 한 사발 나왔구나"하는 대목이 있다. 여기서 나오는 목걸리는 막걸리의 전라도 사투리라 할 수 있다.

막걸리는 1970년대 초반까지 농민과 도시 노동자들 사이에서 노동주로서 인기가 높았다. 1974년 국내 주류 생산량의 77%를 막걸리가 차지할 정도였다. 하지만 이후로 소주나 맥주의 소비 증가와는 대조적으로 막걸리 소비량은 점점 줄어들었다. 2000년대 초반까지 막걸리를 상온에서 유통함으로써 유통 중에 시어지는 등 품질이 급격히 떨어져 일반인들이 외면하게 된 것이다. 특히 막걸리를 상온에 오래도록 두면 젖산균이 과도하게 자라게 되고 바이오제닉아민이 다량으로 생성되는데, 이 물질이 막걸리 두통의 원인 물질이다.

현재 50대 이상인 사람들은 대부분 막걸리 하면 먼저 떠오르는 단어가 바로 '두통'이다. 하지만 최근에는 막걸리를 저온에서 유통하고 소매점에서도 저온에서 보관하기 때문에 '머리 아픈 막걸리'라는 이야기는 거의 사라지게 되었다. 특히 2000년대 중반 이후 한류 문화와 웰빙 트렌드로 막걸리 열풍이 불기 시작하며 막걸리가 명실상부한 '국민주'로서의 자리를 굳혀가고 있다.

막걸리의 발전

막걸리는 2010년대 이후 지속적인 발전을 보이고 있다. 막걸리 제조의 다양성을 제한하는 여러 가지 「주세법」 규정이 개선되고 '전통주 등 산업진흥에 관한 법률'이 제정되면서 다른 주류와 같이 막걸리도 크게 발전하게 되었다. 지역 특산물을 넣어 만든 다양한 막걸리나, 탄산감이 풍부한 막걸리, 알코올 3% 정도의 저알코올 막걸리 또는 알코올이 없는 무알코올 막걸리 등 막걸리와 관련된 기술이 지속적으로 개발되고 있으며, 막걸리의 저변도 확대되고 있다.

막걸리는 다른 술과는 다르게 여과를 하지 않기 때문에 사용한 원료와 발효 산물을 그대로 섭취한다는 장점이 있다. 따라서 막걸리에는 라이신이나 류신, 발린 등 필수아미노산이 다량으로 함유되어 있으며, 특히 막걸리에 많이 들어 있는 식이섬유나 미생물 발효에 의해 생성된 유기산, 올리고당 등은 만성변비와 대장암 예방에 효과가 있는 것으로 알려져 있다. 또한 항암물질인 파네졸이 포도주나 맥주보다 훨씬 많이 함유되어 있다는 연구 결과도 있다.

막걸리는 앞에서도 언급했듯이 침전물을 흔들어서 그대로 마신다. 이들 침전물은 비발효성 식이섬유로써 식후 혈당을 떨어뜨리는 효능이 있으며, 특히 포만감을 주어 비만을 억제하는데 도움을 준다. 최근에는 막걸리에 들어있는 올리고당 등 대사산물에 대한 연구가 활발히 진행되고 있어 향후 '막걸리 패러독스'의 밑거름이 될 것으로 생각된다.

소주! 양반의 술에서 서민의 술로

소주는 막걸리나 약주를 증류하여 만든 술이다. 발효주인 탁주나 약주를 증류하게 되면 알코올 도수가 높은 알코올이 소량만이 이슬처럼 떨어지는데 이것이 '소주'다. 많은 양의 탁주를 증류하더라도 소주는 소량밖에 만들어지질 않는다. 예를 들어, 알코올 농도 6%짜리 탁주 10리터를 증류하게 되면 40% 소주는 고작 1.5리터 밖에 나오질 않는다. 따라서 소주는 아주 귀중한 술이었다. 조선시대라면 양반들만이 겨우 마실 수 있는 술이었다. 하지만 시대가 변하고 소주를 만드는 새로운 원료와 기술이 개발되면서 소주의 가격은 낮아졌고, 70~80년대에는 도시근로자들의 애환을 달래주는 서민의 술이 되었다.

소주의 역사

국내 소주 생산업체의 불타는 경쟁으로 우리의 소주 제조기술은 고도로 높아졌으며, 많은 한국인이 가장 즐겨 마시는 술 중의 하나가 되었다. 그렇다면 우리나라에서는 언제부터 소주를 만들어 마셨을까?

그 유래를 살펴보면, 고려시대로 거슬러 올라간다. 아직도 그 흔적이 소주의 옛말에 남아있는데 전라도, 경상도, 평안도, 함경도에서는 소주를 '아랭이', '아래기', '아래이', '아랑주'라 한다. 이들 단어는 모두 몽골의 말 '아라키'에서 비롯되었나.

징기스칸의 서역 원정 때 페르시아 증류주인 알렉, 아랍의 아라크, 터기의 라크가 몽고에 도입되어 '아라키'가 되었는데, 이 말은 영어로 주정을 뜻하는 알코올의 어원이기도 하다. 즉 소주는 페르시아에서 태어나 몽고를 거쳐 고려로 유입되었다고 추정된다. 그 당시 몽골인들이 마시던 술은 '마유주(馬乳酒, 말젖술)'였다. 몽골말로 '아이락'이라 부르는 술인데 말젖술이나 양젖술을 끓여서 알코올을 받아 만든 증류주이다.

원래 증류주(소주)는 기원전 3천 년 경에 메소포타미아 남부지방에 살던

소수 증류기(고리)

배주 증류기

꼬냑 증류기

감압 증류기

다양한 증류기

수메르인들에 의해 개발되었다고 전한다. 메소포타미아 문명, 즉 아랍의 연금술사들은 금을 합성하기 위해 다양한 실험을 하게 되었고, 그 결과로 사람에게 증류주라는 선물을 안겨주었다. 이 증류주는 곡물이나 과일을 발효시켜 만든 탁한 술을 다시 끓여서 맑고 독한 향기로운 액체를 만든 것이다. 이 시기에는 의료용이나 향수로 사용할 목적으로 만들었을 것으로 추정되는데, 증류기술로 금을 만들지는 못했지만, 증류주는 연금술사의 스트레스를 해소하는 명약이 되었을 것이다.

세계적으로 마시는 증류주의 역사는 900여년 정도이다. 12세기 몽골의 아라키가 만들어지고, 13세기 중반 고려의 아랑주(소주)가 만들어짐으로써 한국의 소주는 세계적으로도 그 역사가 오래되었음을 알 수가 있다. 중국의 로주(露酒, 현재의 백주)가 개발된 시기도 약 13세기로 볼 수 있으며, 뒤이어 14세기에는 태국의 라오론(쌀소주)이, 15세기에는 일본 오키나와의 아와모리가 생산되었다. 서양에 있어서 러시아의 보드카는 13세기에, 위스키는 15세기 아일랜드에서, 브랜디(꼬냑)는 17세기 프랑스에서 생산되어 전 세계적으로 증류주의 전성시대가 도래하였다.

온 세계를 휩쓸던 몽고군이 우리나라를 정복하고 개성에는 정동행성을, 서경인 평양에는 동녕부를, 안동에는 여몽연합군의 병참기지를, 제주에는 탐라총관부를 두어 주둔을 했다. 공교롭게도 이들 지역이 현재도 소주 생산지로 유명한 곳이라, 아마 몽고군의 주둔과 연관이 있을 것으로 추측되고 있다. 다만, 이들 지역 중 평양은 감홍로가 그 명성이 높으며, 제주도는 김정이 쓴『제주풍토록(1520)』에 의하면, 소주가 많이 빚어진다는 기록이 있어 역시 소주가 다른 지역보다 유명하다는 것을 알 수가 있다. 특히 제주도는 삼별초군이 몽고군에 함락되면서 몽골의 직할지가 되고, 몽골의 조랑말(몽고어 조로몰) 방목장을 세우게 되면서 많은 몽고인들이 따뜻한 제주에 살게 됨으로써 제주 '고소리술'의 기원이 되었다고 알려져 있다. 또한 이들 지역은 소주의 원료인 수수나 조 등 잡곡이 많이 생산되는 지역이라 약주를 생산하는 것보다는 소주를 만들기에 더 적합한 곳이기도 하다.

몽고군들은 추위를 막고 전투력을 상승시키는 자극제로서 아락주를 가죽 술병에 담아 허리에 차고 다니며 수시로 마셨고, 이 외인부대에 아락주를 공급하기 위해 만들기 시작한 것이 바로 한국 소주의 뿌리라고 한다면 좀 슬픈 이야기가 될 수도 있다.

안동은 다른 곳과는 달리 쌀로 만든 발효주를 기본으로 한 쌀소주가 생산되는 지역이다. 이곳에 조선시대 세도가들이 많이 거주했다는 데서 고급술이 많이 생산되었으리라고 생각되며, 소주도 그 종류의 하나라고 여겨진다. 다만, 조선시대 음식과 관련된 고문헌에 안동에서 소주류가 유명했다는 기록은 찾아보기가 힘들다. 따라서 안동소주의 유래는 다른 곳에서 찾아볼 필요가 있다. 특히 안동소주는 1920년대 '제비원소주'가 출시되면서 전국적으로 그 이름이 잘 알려졌고, 지금의 '안동소주' 명성을 확립할 수 있었을 것이라고 보는 것이 더 설득력이 있으리라 생각된다.

삼겹살에 소주 한 잔

요즘 소주하면 생각나는 것이 바로 '참이슬' 또는 '처음처럼'이다. 참이슬은 진짜 이슬이라는 뜻의 '진로(眞露)'에서 유래되었으며, 현재 서울·경기 지역을 기반으로 한 하이트진로의 주력상품이다. 처음처럼은 강원 지역의 경월소주를 인수한 두산주류 BG에서 2006년 출시한 제품으로 현재는 롯데주류의 대표적인 소주 브랜드이다.

아직까지 국내 소주 생산업체는 지역적 기반이 남아 있는데, 대표적으로 대구·경북의 금복주(참소주), 부산의 대선주조(시원), 경남의 무학(화이트), 전북의 보배(하이트소주), 광주·전남의 보해양조(잎새주), 대전·충남의 선양(O2린), 충북의 충북소주(시원한 청풍), 그리고 제주도의 한라산(한라산)이 있다.

소주는 우리나라에서 가장 즐겨 마시는 술 중의 하나로, 특히 1970~80년대 급속한 공업사회로의 변화를 거치면서 도시 근로자들의 애환과 고단한 하루의 피로를 풀어주는 알코올음료로써 근대 한국의 역사에서 빼놓을 수 없는 우리의 술이다. 퇴근시간은 벌써 지나고 야근이 끝나갈 무렵 과장님의 한마디! "삼겹살에 소주 한 잔 어때?" 소주는 이렇게 우리의 삶 속에 깊숙이 뿌리내렸다.

일본의 술 관련 책에서도 일본 소주의 유래는 조선반도라고 기록되어 있는 것으로 보아 소주의 종주국은 역시 한국이다. 하지만 현재 대량으로 팔리고 있는 소주는 옛날의 소주와는 사뭇 다르다. 옛날 방식의 소주는 안동소주나 감홍로, 진도홍주, 이강주, 죽력고와 같은 것들이다. 이들 소주는 술덧을 발효한 다음 증류를 하여 알코올 30~45%의 소주를 만드는 증류식 소주이다. 참이슬이나 처음처럼은 발효한 술덧을 다단식 증류기를 통하여 알코올 농도 95%까지 증류한 다음 물로 희석해 만든 희석식 소주이다.

소주에 있어서 잘못 알려진 것 중의 하나가 바로 이 희석식 소주가 석유에서 뽑아낸 화학주라는 것이다. 현재 유통되고 있는 소주는 쌀이나 고구마, 타피오카, 보리 등의 전분이 많은 원료를 이용하여 효소에 의한 당화와 효모에 의한 발효를 거쳐 발효주를 만들고, 이것을 증류하여 소주를 만든다. 석유에서 뽑은 알코올은 식용으로 전면 금지되어 있다. 법적으로 소주로 만들 수가 없다.

우리의 희석식 소주는 러시아의 보드카와 별반 다르지 않다. 재료나 기술적인 면에서도 별 차이가 없다. 다만, 차이가 있다면 소주는 그냥 마실 수 있게 맛있게 만들었는데 반해, 보드카는 별 맛이 없다. 그래서 주로 칵테일에 활용된다.

고려나 조선시대 때에는 고급주로 일부 특권층만이 마시던 소주가 근대에 이르러 대중화되었다. 1905년 전에는 주로 서울 공덕동, 마포, 동막 부근에서 가내공업 형태로 제조되어 서민들에게도 팔았다. 1910년 이후 소주 제조법은 크게 변했는데, 재래식 시루가 주조용 시루로 바뀌고, 처음으로 소주받이에 냉각 사관을 부착했다. 소주 제조업체도 1916년 이전에는 소규모 가내공업 업체가 전국적으로 208,404개에 달했으나, 이후 업체들이 기업의 형태를 갖추면서 업체 수는 줄었으나 생산량은 오히려 늘었다.

기술의 진보로 대량 생산이 가능해져 1926년에는 전국 1,303개 양조장에서 무려 237,124섬의 양곡이 소주 생산에 소비되었다. 1924년 (주)진로의 전신인 진천양조상회 설립은 소주가 우리 국민과 더욱 가까워지는 결정적인 계기가 되었다. 광복 이후에는 일본인이 경영하던 양조업체가 한국인의 손으로 넘어오게 되면서 소주는 국민과 함께 기쁨과 슬픔을 나누는 '서민의 술'로 자리매김 되었다. 그러나 광복 이후 불어 닥친 식량난으로 쌀을 원료로 한 양조가 금지됨으로써 소주 생산도 크게 위축되었다.

초창기 1960년대 1970년대 1990년대 진로골드 현재

진로소수의 번천

1961년 소주를 증류식과 희석식으로 구분하는 「주세법」이 만들어졌고, 1964년에는 증류식소주 제조에 곡물을 사용하는 것이 법으로 금지되었다. 1965년 1월부터는 양곡을 원료로 사용하는 주류 제조를 금하는 것을 골자

로 한 「양곡관리법」이 실시되어 모든 소주 생산업체는 증류식 제조를 중단하고 희석식으로 대체하였다. 「양곡관리법」에 따라 증류식소주 업체는 모두 문을 닫았는데, 이 모든 조치는 보릿고개와 같이 당시의 어려운 식량난을 극복하기 위한 궁여지책이었던 것으로 생각된다. 1970년대에는 소주 업체 난립에 따른 과다경쟁으로 유통질서가 문란해지자, 정부는 판매를 전국적으로 통합하는 '공동판매제'를 실시하였다. 1973년 국세청은 제조업체 통폐합을 단행하여 1도 1사 원칙을 세웠다. 1973년도에 68개였던 소주 제조업체는 매년 꾸준히 줄어 10개 업체로 축소되었다. 그러다가 1998년 소주 시장이 전면 개방되면서 업체 간 경쟁에 불이 붙기 시작했다. 전통주에 대한 관심이 높아지면서 한때 사라졌던 증류식 소주가 등장했으며, 안동소주 등 알코올 농도가 높은 증류식 소주는 선물용으로 인기를 모으기도 했다.

위스키 수입은 전체 주류 수입의 큰 비중을 차지하고 있다. 최근 국내에서도 품질이 우수한 증류식 소주가 출시되고 있으며, 병이나 라벨 디자인도 세련되었다. 그리고 재료에 있어서도 쌀 이외에 보리나 고구마, 감자 등으로 다양화되고 있다.

조은술 세종 '이도'

화요 '화요17'

술샘 '미르'

안동소주 '느낌19.8'

프리미엄 증류식 소주

우리 한국인의 몸속에는 오래전부터 마셔온 소주의 기운이 뼛속 깊이 새겨져 있다. 한국의 술 소주가 한국인에게 가장 잘 어울리는 이유가 바로 여기에 있다. 다만, 소주를 마시되 소주의 노예가 되지 말아야 한다. 향기롭고 감미로운 이슬인 소주를 즐길 수 있다면, 이것이 바로 인생의 또 하나의 행복이지 않을까?

【참고문헌】

소주 이야기, 계간 〈차생활〉 2015 봄호, 도서출판 차생활

전통주 칵테일, 전재구, 농촌진흥청 국립농업과학원

한국의 술문화, 이상희, 도서출판 선

한국인의 주도, 이경찬, 자유문고

한국전통민속주, 이효지, 한양대학교출판부

“가난했을 때 우리 것은 버리고 외국 것을 따라하는데 열을 올렸다. 하지만 시대는 바뀌었다. 우리의 국력이 커짐에 따라 우리민족의 발효기술이 응축되어 있는 전통주는 우리의 자랑거리가 되었다.”

和飲
wain
潟県産
シヒカリ
十四代
吟
天使の誘惑
兼八
赤魔王
佐藤
七窪

06

사케 이야기

여 태 오

현재 스시전(청담, 대구), 사케바와인(청담점)을 운영하고 있으며, 일본의 도쿄 핫토리조리학교를 졸업하였다. 도쿄 마토이이스시, 리츠칼튼호텔에서 근무하였고, 대한민국 최초로 사케 마스터를 취득했으며, 한국외국어대학교와 세종사이버대학교의 소믈리에학과 등에서 강의하였다.

일본술의 원료

쌀(米)이란?

쌀(米)은 벼의 과실에 해당하는 부분으로 전분을 많이 포함하고 있다. 쌀은 보리, 옥수수와 같이 세계 3대 곡물 중 하나로서 현재 일본에서는 300여 종류가 재배되고 있다. 세계에는 여러 종류의 쌀이 있지만, 아시아가 중심적으로 생산·소비되고 있다.

쌀의 종류

세계에서 생산되는 쌀의 종류에는 크게 일본형(자포니카), 인도형(인디카), 자바형(자바니카) 세 가지로 분류되는데, 자바형은 인도형과 유사하므

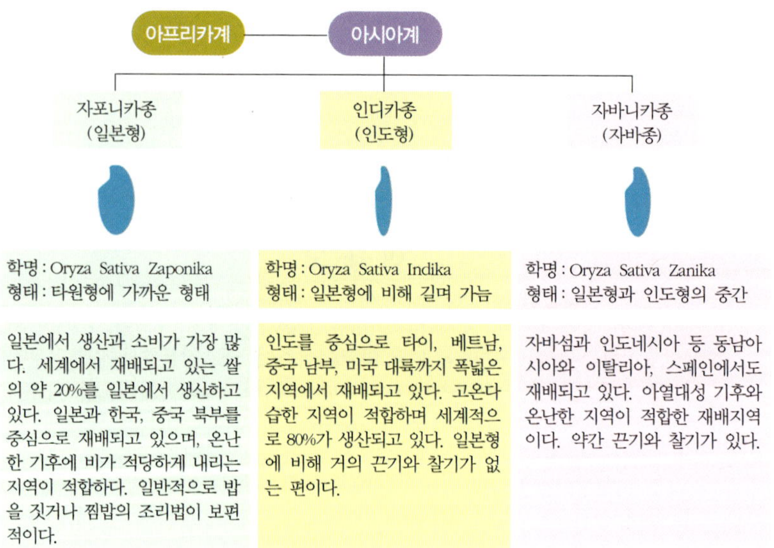

쌀의 종류

로 주로 일본형과 인도형으로 나누어진다. 일본형은 일본, 한국, 중국의 중부와 북부, 미국의 캘리포니아주, 브라질과 스페인 등지에서 생산되고, 인도형은 인도, 동남아시아, 중국 남부, 미국 남부 등지에서 생산된다. 인도형은 일본형에 비해 쌀알이 길고 밥을 지었을 때 끈기와 찰기가 없어 한국과 일본인의 식성에는 맞지 않다.

그 외 쌀의 종류

우루치마이(粳米, 맵쌀)

찰기와 끈기가 많으며 떡과 과자 등에 많이 사용된다. 그다지 끈기가 없는 전분인 아밀로우즈Amylose(전분의 성분인 다당류의 하나)가 20%, 아밀로펙틴Amylopectin(전분의 비수용성 성분)이 80%로 형성되어 있어, 찰기와 끈기는 찹쌀보다는 적으나 인도형 쌀보다는 많은 편이다. 일본술 양조에 사용되는 쌀도 이 우루치마이(粳米)가 대부분이다.

모치코메(餅米, 찹쌀)

찰기와 끈기가 많으며 떡과 과자 등에 사용된다. 전분 성분인 대부분이 끈기와 찰기의 성질인 아밀로펙틴Amylopectin(전분의 비수용성 성분)으로 형성되어 있으므로 끈기가 많은 쌀이다. 일본술에 직접적으로 사용하지는 않지만, 미림은 이 모치코메(餅米)가 주원료가 된다.

아카마이(赤米, 적미)

고대의 쌀 품종 중 하나로 폴리페놀Polyphenol(식물에 많이 포함되어 있는 유기화합물) 종류 중 탄닌계의 색소를 많이 함유하고 있다. 탄닌은 과산화지방산을 제거하여 체내의 단백질 흡수를 도와주는 역할을 한다.

카오리마이(香米,향미)

중국, 인도 자바섬, 동남아시아 등에서 인기가 있으며, 밥을 지으면 독특한 향이 난다. 보통 잡곡밥처럼 백미에 섞어 사용한다.

쌀의 기원

재배종의 근연종인 야생벼는 오리자페렌니스O.perennis이며, 남아프리카에서 인도, 인도네시아, 뉴기니, 남아프리카에 이르는 넓은 지역에 분포한다. 이 중 아시아형O.p.subsp.balurga이 널리 재배되어 1년생의 재배벼가 생겼다고 보고 있다.

벼농사의 기원에 관해서는 인도 기원설, 동남아시아 기원설, 윈난과 아샘 기원설, 중국 기원설 등이 있는데, 6500~1만년 전인 신석기 시대부터 이들 지역에서 벼농사가 시작되었고, 이들 지역에서 세계 여러 곳에 전파된 것으로 보인다. 인도 동부를 중심으로 한 지역에서는 지금으로부터 4000~5000년 전에 이미 벼가 재배되었으며, 최근의 연구에 의하면 원산지는 중국 남부의 윈난에서 인도 최동부의 아샘에 걸친 지역으로 짐작되고 있다. 한편 서아프리카의 니제르강 중류 지역에서 차드에 이르는 지역에서는 벼와 근연종인 아프리카벼O.glaberrima가 소규모나마 재배되고 있는데, 재배벼와 같은 시기이거나 그보다 훨씬 이전부터 재배된 것으로 보인다.

일본의 벼 전파

북큐슈에서 출토된 토기에서 밥을 지은 흔적이 남아 있음을 미루어, 기원전 8, 9세기경에는 완전히 벼농사가 진행되었을 것으로 추정된다. 또 오카야마현(岡山県)에서는 벼의 성분이 600년 전의 지층에서 발견되었으므로 죠몬시대(縄文時代 : 신석기 시대 약 1만2, 3천년 전 시대)부터 벼농사가 시작되었을 가능성을 두고 있다.

전파 경로는 산둥반도부터 요동반도를 경유하여 한국, 일본으로 전해졌다는 설과, 중국의 장강하류 지역에서 직접 일본에 전파되었다는 설, 서남아시아에서 전파되었다는 설 등이 있다. 어느 설이든 일본에 쌀이 전파되고 나서 단기간에 벼농사가 전국적으로 퍼져나갔다.

쌀의 재배 방법

재배 방법의 분류

벼는 본래 다년초식물이지만, 2년째 이후는 쌀이 감소하는 등의 성질이 있어 1년을 넘어 재배하지 않으며, 농작물로는 1년초로 재배된다.

- 스이토우(水稲,수도) : 논에서 재배되는 것을 수도라고 하는데, 일본에서는 대부분이 수도로 재배하고 있다.
- 리쿠토우(陸稲,육도) : 밭에서 재배되는 것을 의미한다. 농업용수가 부족한 산간 지역에서 재배하고 있다.

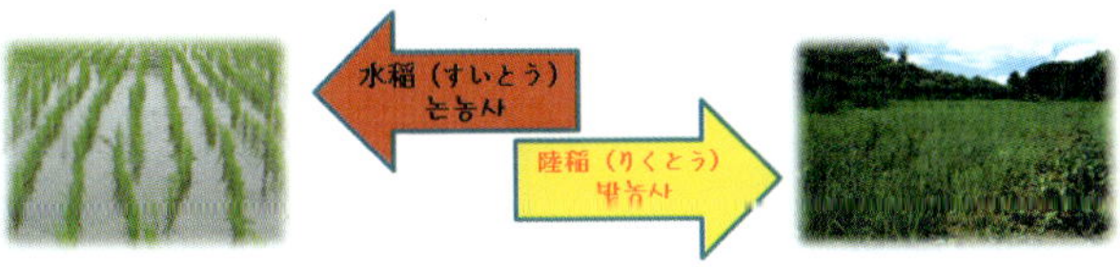

일본의 벼농사 재배 지역의 면적

일본 농산물의 중심은 쌀이다. 쌀의 생산액은 농산물 총생산 중에서 가장 많은 비중을 차지하고 있다. 일본의 논은 262만 4,000ha이며 농산물 총

재배지 면적의 54.7%에 해당한다. 실제로 벼농사를 짓고 있는 면적은 재배지 면적의 35.6%이며, 나머지 논은 쌀 파동으로 정부가 1970년부터 생산량을 조절하면서 다른 작물로 재배하기를 권하고 있다.

일본쌀의 문화

일본은 전국적으로 전해지는 벼농사에 얽힌 마쯔리(祭 : 축제제사)가 있다. 쌀은 아주 중요한 식량이며 농촌경제를 이끄는 존재이므로, 예로부터 다양한 형식의 의식이 전해지고 있다. 한 예로, 논의 신을 모시는 제사가 있다. 의식을 거행할 때 산에서 신을 맞이하고, 의식이 끝나면 다시 산에서 보내준다. 벼의 매듭을 엮어서 지방색을 충분히 나게 의식이 거행되며, 연초에는 풍년을 기원하며 농작물을 해치는 새들을 보내는 의식(鳥追い : 토리오이)이 이루어진다.

볍씨를 못자리에 뿌린 다음은 미즈쿠치마쯔리(水口祭り) 논에 물을 채워 넣고, 모내기를 할 때는 하나우에(花植え), 병, 해충을 막기 위해 무시오쿠리(虫送り)와 태풍을 피하기 위해 기원하는 카제마쯔리(風祭り), 수확 후에는 호카케(穂掛け : 벼건조) 등의 대표적인 의식이 있다. 현재 남아있는 덴가쿠(田楽)는 연초에 모내기할 때 부르는 노래로, 지금은 민요예능으로 전해지고 있다.

水口 (みなぐち)

田植え祭り

華田植え하나타우에

쌀(米)에 얽힌 일본의 풍습

일본에는 쌀에 얽힌 많은 풍습들이 있다. 예를 들면, 치카라모치(力餠)라는 것은 '쌀(餠 : 떡)을 먹으면 힘이 난다'는 뜻이다.

- 후리마이(振り米) : 우리나라에서도 상갓집을 다녀오면 잡신이 있다하여 소금을 뿌리는데, 이와 같은 의미로 일본에서는 대나무통에 쌀을 넣고 뿌리는데, 그 소리로 인해 잡신이 떠나고 원기를 회복한다는 의미로 하는 행동이다.
- 산노메시(産の飯) : 아기가 태어났을 때 갓 지은 밥을 신에게 바치며, 아기의 건강과 행복을 기원하는 행위이다.
- 쿠이하지메(食い初め) : 생후 100일에 처음으로 아기에게 밥을 먹이는 행위를 하고, 첫 돌은 떡을 아기가 밟게 하여 굶어죽거나 병에 걸리지 않기를 기원한다.
- 마이슈(米寿) : 米의 한자를 풀이하면 八+八이 되는데, 농업적 의미로 말하자면 88번의 재배 과정에 의해 쌀이 얻어진다고 해서 米를 쓰게 되었고, 장수의 의미로 일본은 88살을 마이슈라고 한다.
- 잇빠이메시(一杯飯) 마쿠라메시(枕飯) : 죽은 영혼을 달래기 위해 사용한 밥공기에 밥을 넉넉히 담아 고인이 쓰던 젓가락을 세워 꽂아준다(불운은 타인에게 나누어 주지 않는다)는 의미로 '밥 한 톨이라도 빠짐없이 수북하게 담지 않으면 안 된다'고 알려져 있다.

이처럼 일본인들은 일생을 쌀(米)과 깊은 관계를 맺고 있다.

쌀의 주요성분

탄수화물

거의 대부분이 전분으로 현미 중 70~75%를 차지한다. 누룩이 생산하는 효소 알파 아밀라제에 의해 액화되며, 글루코아 아밀라제에 의해 당화되는 당류(포도당)가 된다.

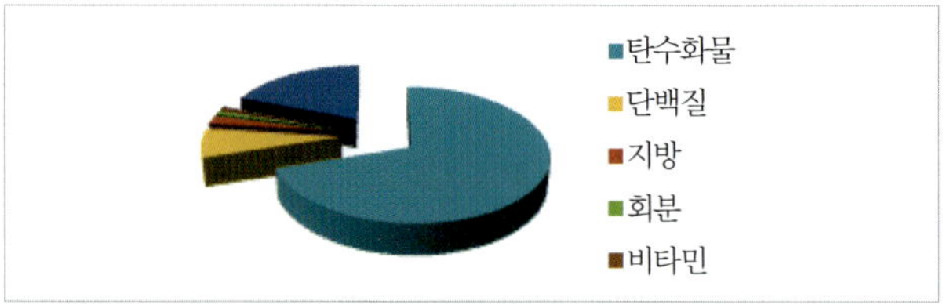

쌀의 주요 5대 성분

단백질

현미 중 7~8%정도를 차지한다. 누룩균을 생산한 산성프로테아제Protease에 의해 아미노산(감칠맛의 모토)으로 만들어진다.

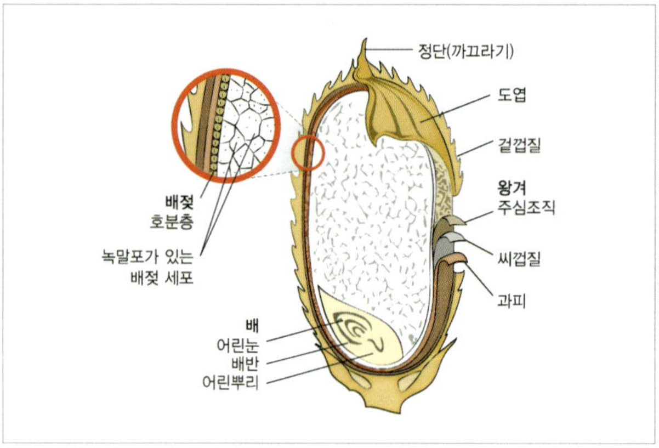

쌀의 부위별 명칭

지방

현미 중 2%정도로 왕겨, 배아 부분에 많이 포함되어 있으며, 지방을 형성하는 불포화지방산과 포화지방산을 향기성분의 생성에 영향을 준다. 정미를 함으로써 포화지방산의 비율이 높게 된다.

회분

현미의 약 1%정도이며 미생물의 성장에 필요한 4가지 성분이 있다. 이는 칼륨, 인, 마그네슘, 칼슘으로 효모의 영양원이다.

비타민

배아 부분에 많으며, 수용성비타민 B가 주로 많이 함유되어 있다.

쌀의 규격

일본에서는 쌀을 포함한 농산물을 원활하게 거래하고 품질개선을 향상시키며 농업경제의 번영과 농산물의 소비를 촉진시키기 위해 「농산물검사법」이라는 법령이 제정되었다.

주조업계에서 '주조호적미(酒造好適米)'라는 일본술 양조에 적합한 이 쌀은 「농산물검사법」의 양조용 현미에 분류되는 품종을 말한다. 그리고 쌀은 주식 확보 등의 이유로 「식량관리법」이라는 법령 규제를 받고 있었지만, 1995년에 법령은 폐지되고 다른 '주요 식량수배 및 가격안정에 관한 법령' 즉 「식량법」으로 개정시켰다. 이 법에 의해 농가가 자유롭게 쌀 등의 작물을 판매할 수 있다.

○ 일본주 양조에 용이한 쌀은 일반적으로 스이토우우루치마이(水稲粳米 :

수전에서 재배한 멥쌀)현미를 사용하고 있다.

- 스이토우우루치마이(水稲粳米)현미는 일반적으로 우리들이 먹고 있는 일반미라고도 한다.
- 스이토우우루치마이(水稲粳米)현미도 검사기준에 의해 그 품질이 정해진다.
- 양조용 쌀로 적합한 주조호적미(酒造好適米)는 일반미와 구별을 해서 양조용으로 제공된다.

일본술 양조에 적합한 쌀은 쌀알의 크기가 크고 중심부에 신파쿠(心白, 배젖 : 백색불투명한 부분)라고 하는 부분이 보이는 쌀(大粒心白米)로 특정한 검사기준이 적용된다.

쌀의 단위

- 양조용 현미는 특상, 특등, 1등부터 3등까지 품위 규격으로 등급이 붙여진다.
- 양조용 현미는 품위, 규격 적용 범위로서 검사청구에 맞은 대상미곡(対像米穀)이라고 한다.

단위	용량	일본술의 용량
一勺잇샤쿠	약 15g	18ml
一合이치고우	약 150g 一勺의 10배	180ml
一升잇쇼우	약 150g 一合의 10배	1.8L
一斗잇토	약 1.5kg 一升의 10배	18L
一俵잇뾰우	약 60kg 一斗의 4배	72L
一石잇고쿠	약 150kg 一升의 10배	180L

센류쥬(千粒重 : 쌀 천톨의 무게)

쌀알이 큰지, 작은지를 알아볼 때 사용되는 단위이다. 쌀 천톨의 쌀알의 무게를 말한다. 예를 들어, 일반미와 주조호적미(酒造好適米)를 비교해보면, 주조호적미의 대표적인 야마다니시키(山田錦)의 센류쥬(千粒重)는 아래의 표와 같이 대개 26~28g이지만, 일반미의 경우는 24g정도이다.

센류쥬기(千粒重機)

대표적 주조호적미의 센류쥬(千粒重)

품종	센류쥬(g)	품종	센류쥬(g)
五百万石	25.83(463)	日本晴	22.33(421)
山田錦	26.45(174)		21.68(263)
美山錦	24.89(247)		21.83(143)
玉栄	28.36(28)		21.69(181)
雄町	27.14(5)		20.93(70)
八反	24.20(16)		23.76(53)

신파쿠(心白 : 일명 배젖이라고 하는 쌀 중심 부위의 흰 불투명한 색 부분)

야마다니시키의心白

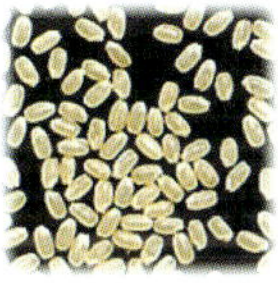

일반미의心白

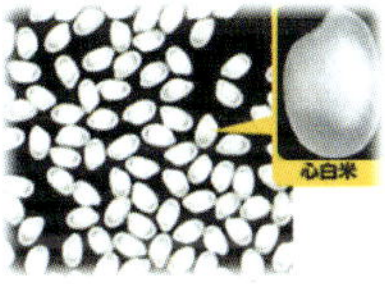

야마다니시키의心白확대

쌀 중앙에 있는 백색 불투명한 부분으로 신파쿠(心白)가 있는 쌀을 '신파쿠마이(心白米)'라고 한다. 신파쿠 부분은 전분이 적기 때문에 빛을 비추면 난반사하기 때문에 백탁(白濁)하게 보이는 것이다. 그리고 부드럽기 때문에 누룩의 균사가 중심까지 침투하기 쉽고, 강한 효소력의 누룩이 만들어져 슈보(酒母), 모로미(もろみ)에서의 당화도 잘된다.

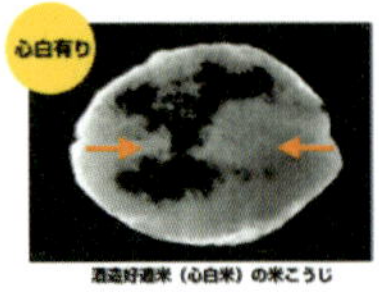

酒造好適米（心白米）の米こうじ

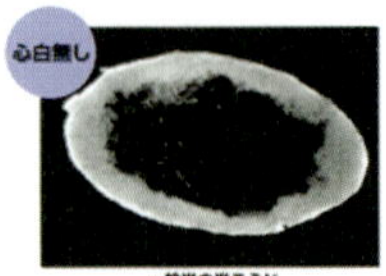

一般米の米こうじ

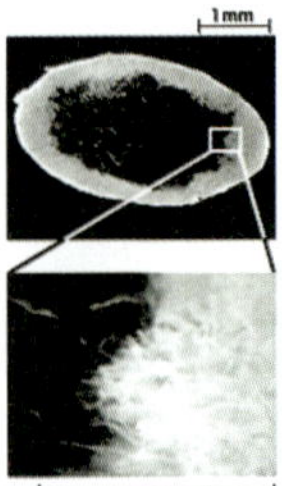

주조호적미(酒造好適米)의 조건

일본주를 양조함에 있어 가장 적합한 쌀을 주조호적미(酒造好適米)라고 한다. 주조호적미의 가장 큰 특징은 신파쿠(心白)가 있는 것이다. 주식으로 사용되는 일반미도 일본술 양조의 원료로 사용되고 있지만, 일반미는 일본술의 토대가 되는 모로미(もろみ)에 사용되는 카케마이(掛け米)로서 주로 사용되고 있다. 일반미에 비해 주조호적미는 쌀에 포함되어 있는 전분을 분해해서 발효시키기 쉽게 하는 코우지킨(麹菌 : 누룩균)을 만드는 코우지마이(麹米 : 누룩)로 주로 사용된다. 주조호적미는 특히 코우지마이(麹米)에 가장 적합하다.

▶주조호적미(酒造好適米)의 조건

1. 쌀알이 커야 한다(센류쥬 25~30g).
2. 신파쿠(心白)가 있어야 한다(백색불투명한 부분).
3. 단백질, 지방질이 적어야 한다.
4. 흡수율이 좋아야 한다.
5. 외강내유성이 풍부해야 한다.

주조호적미(酒造好適米)의 일람

주조호적미(酒造好適米)의 생산량은 적으며 상당한 고가의 쌀이다. 주조호적미 중에서도 가장 유명한 야마다니시키(山田錦)는 대표적 산지인 효고현(兵庫県)에서 총 80%가 생산되고 있으며, 야마다니시키(山田錦)의 특A지구의 특상미가 되면 생산량은 상당히 제한을 받는다. 원가상의 문제로 인해 코우지마이(麹米 : 누룩)에만 사용하고, 카케마이(掛け米)에는 다른 쌀을 사용하는 경우도 있다. 최근에는 현 단위로의 품종개량으로 인해 새로운 품종이 많이 나오고 있다. 야마가타현(山形県)의 데와산산(出羽燦々), 시마네현(島根県)의 칸노마이(神の舞), 이와테현(岩手県)의 긴긴가(吟ぎんが), 니이가타현(新潟県)의 코시탄레이(越端麗) 등이 유명하다.

한편, 옛 사카마이(酒米 : 양조용 쌀)를 부활시키는 작업도 활발하다. 그 중 유명한 것은 키요이즈미(清泉), 니이가타현(新潟県)의 카메노오(亀の尾) 덴슈(田酒), 아오모리현(青森県)의 코쇼우니시키(古城錦), 상품명은 코쇼우노니시키(古城乃錦), 마이쯔루(米鶴 : 야마가타(山形))의 킷스이(亀粋) 등이 있다.

▶**특A지구**

효고현(兵庫県)의 미키시(三木市), 카토우시(加東市) 부근에서 주로 재배되고 있으며, 재배의 논이 특A지구, A지구, B지구, C지구 등 4등급으로 분류하고 있다. 야마다니시키(山田錦)의 총생산량이 80%가 효고현(兵庫県)에서 생산되고 있다.

주조호적미(酒造好適米)의 재배조건

주조호적미(酒造好適米)는 쌀알이 크고 백색 불투명한 부분인 신파쿠(心白)가 있어야 하며, 벼의 높이가 상당히 높기 때문에 태풍에 약한 것이 단점이

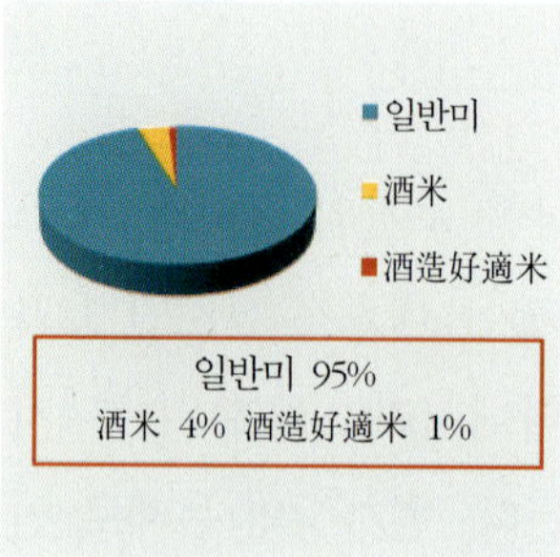

주조호적미(酒造好適米)의 생산량

다. 예를 들어, 일반미 중에서 코시히카리(コシヒカリ)와 사사니시키(ササニシキ)의 높이는 1m20~30cm정도인데 반해, 주조호적미의 대표적인 품종인 야마다니시키(山田錦)는 1m50cm에 달하는 높이에 벼이삭의 무게도 더 무거워 벼가 일반미에 비해 고개를 많이 숙여 쓰러지기가 쉽다. 이런 이유로 주조호적미의 특성을 살리기 위해서는 일반미보다 더욱 엄격한 재배조건과 재배하는 사람의 기술이 필요하다. 주조호적미로서 좋은 환경은 낮과 밤의 일교차가 커야 하며 영양분이 풍부하고 기름진 토양 등의 조건이 필요하다.

그리고 주조호적미(酒造好適米)는 일반미와 비교하여 모와 모의 간격이 더 넓어야 하며, 일광이 잘되어서 많은 영양분을 흡수할 수 있어야 한다. 물론 병충해 관리도 철저히 해야 한다. 이러한 조건을 충족시키는 토지는 대개 산간부가 많고 농기구가 들어가기 힘든 장소에 있으므로, 일부는 옛날 방식으로 재배하고 있다. 이처럼 많은 시간과 정성이 필요하기에 대량생산은 어렵다. 또 재배농가도 적어서 그 희소성의 가치가 높아 일반미보다 5배 이상 고가로 거래되고 있다.

일본의 옛말에 "酒米買うなら土地見て買え(양조용 쌀을 사려면 토지를 보고 사라)"라는 말이 있듯이, 주조호적미로서 유명한 야마다니시키(山田錦)를 전국 생산량의 80%를 생산해 내고 있는 효고현(兵庫県)에서는, 역사적으로 보면 야마다니시키(山田錦)의 재배에 아주 적합한 지역을 특A지구 등으로 지정하여 재배 지역 보전을 위해 노력을 아끼지 않고 있다. 주미(酒米)의 재배에 생산의 지형과 토양, 기후는 상당히 중요한 조건이 된다.

주조호적미의
재배조건 정리

- 일교차가 커야 함
- 영양분이 풍부한 기름진 토양
- 모와 모의 간격을 넓게 두고 일광과 통풍이 잘되어야 함
- 재배기술이 뛰어난 농가여야 함

대표적인 주조호적미(酒造好適米)의 특징

현재 100종류가 넘는 주조호적미(酒造好適米) 중에서 대표적으로 3품종의 특징을 알아보자.

○ 야마다니시키(山田錦)

-유래

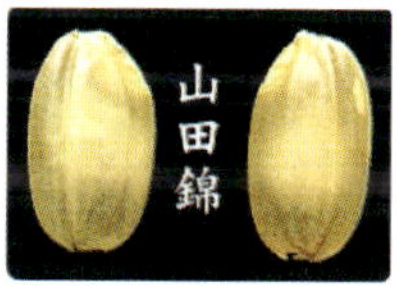

타이쇼우(大正)12년(1923)에 효고현 농업시험장에서 야마다보(山田錦) 母로 탄간와타리후네(短稈渡船)을 父로 인공배양으로 태어난 사카마이(酒米)이다. 쇼와(昭和)11년(1936)에 야마다니시키(山田錦)라고 명시되었다.

-주요산지(平成15年)

헝싱15(2003)년도 작부면적(ha)

① 효고현(兵庫県) : 4,198ha 전체의 79.98%

② 후쿠오카현(福岡県) : 261ha

③ 토쿠시마현(德島県) : 165ha

④ 오카야마현(岡山県) : 165ha

⑤ 야마구치현(山口県) : 61ha

−특징

① 평지의 논에서는 재배가 어렵고, 비전문가는 재배할 수가 없으며 상당히 복잡한 특성을 지닌 주미(酒米)이다.

② 야마다니시키(山田錦)의 재배에는 몇 가지 재배조건이 있으며, 그 조건에 성립하지 못하면 정상적으로 성장할 수 없다. 하지만 일반적인 벼의 길이보다 상당히 길기 때문에 태풍 등의 강풍에 쓰러지기가 쉽다.

③ 낮 기온은 높고 밤 기온은 낮아, 그 온도의 차이가 10도 이상의 산간 지역이 적합하다.

④ 현재 고베시(神戸市) 북부 롯코산(六甲山) 뒤편 미노우군(美嚢郡), 카토우군(加東郡), 미키시(三木市), 니시와키시(西脇市) 등의 지역이 가장 유명한 재배 지역이다.

○ 고햐쿠만고쿠(五百万石)

−유래

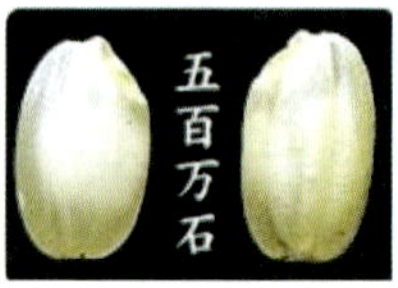

쇼와(昭和)13(1938)년에 니가타 농업시험장 나가오카혼바에서 키쿠스이(菊水)를 母로, 신200호(新200号)를 父로 인공배양을 통해 생산하기 시작했고, 쇼와(昭和)32(1957)년에 니가타현(新潟県)이 쌀 생산량을 오백만 석을 돌파한 기념으로 이런 이름이 붙여졌다.

−주요산지

평성17(2005)년도 작부면적(ha)

① 니가타현(新潟県) : 1,829ha, 총생산량 42.3%

② 도우야마현(富山県) : 827ha

③ 후쿠이현(福井縣) : 824ha

④ 이시가와현(石川県) : 221ha

⑤ 효고현(兵庫県) : 179ha

-특징

① 신파쿠(心白 : 백색불투명)가 선명하고 양질의 주조호적미이다.

② 무시마이(蒸米 : 찐밥)를 했을 경우 적당한 경축성이 생기며 기계로 코우지(麹 : 누룩)를 만들었을 때 적당하기 때문에, 술의 원료로 적합해서 많이 사용되고 있는 주조호적미이다.

③ 모는 두꺼우며 짧고 단단하고, 벼 잎은 조금 넓게 펼쳐져 있다.

④ 색은 진하며 양질의 신파쿠(心白 : 백색불투명)를 얻기 위해 벼에서 쌀알이 나고, 웃거름 기간의 잎은 색이 연해진다. 그리고 쌀의 단백질 성분 등을 억제시키기 위해 비료와 물 사용량은 일반미에 비교하여 적게 준다.

⑤ 벼의 개수는 적은 편이지만, 벼가 길고 쌀알(뉘)의 개수가 많은 것이 특징이다.

⑥ 니가타현(新潟県), 도우야마현(富山県), 후쿠이현(福井縣), 이시가와현(石川県), 효고현(兵庫県) 등 북동북 지방이 유명 생산지로 알려져 있다.

○ 미야마니시키(美山錦)

-유래

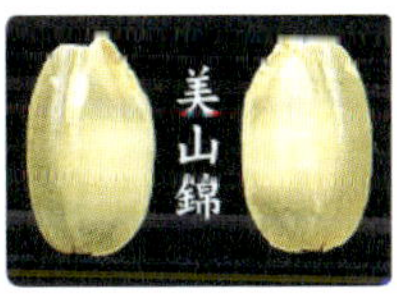

쇼와(昭和)53(1978)년에 나가노 농사시험장에서 후쿠리쿠(北陸)를 母로 토우후쿠(東北)를 父로 Y선(감마선) 투영처리를 행한 결과 돌연변이가 발생했고, 그로인해 발생한 돌연변이가 미야마니시키(美山錦)로 태어나게 되었다. 이름의 유래는 나가노현(長野県)의 아름다운 자연에서 생산되고, 아름다운 산이

정상의 눈처럼 신파쿠(心白:백색불투명)가 있는 주조호적미라는 의미로 지어졌다.

-주요산지

평성4(1992)년도 작부면적(ha)

① 나가노현(長野県) : 1,213ha

② 아키타현(秋田県) : 438ha

③ 야마가타현(山形県) : 195ha

④ 아와테현(岩手県) : 93ha

⑤ 미야기현(宮城県) : 39ha

-특징

① 현미의 쌀알은 크고 일정한 크기로 신파쿠(心白 : 백색불투명)가 풍부하게 형성되어 있는 주조호적미로서 적합한 주미(酒米)이다.

② 잎은 두껍고 색은 진하며, 쌀알의 개수에 비해 벼의 개수가 적은 것이 특징이다.

③ 줄기는 두껍지만 벼의 길이가 길어서 휘어지기 쉬운 단점이 있다.

④ 추위에 강한 품종이기 때문에 중간 산간 지역이 재배지로 적격이다.

⑤ 나가노현(長野県)에서는 평균 700m 이하의 양조용쌀 생산지대로 재배되고 있다.

水(물이 맛이 있으면, 술도 맛이 있다)

일본술 성분의 약 80%가 물이다. 말하자면 결국 물이 술의 맛을 좌우한다고 해도 과언이 아닐 정도로 중요한 존재이다. 여기서 일본술에 사용되는 물을 다양한 각도에서 점검해 보자.

사케의 양조용수

일본술과 물의 관계

일본술 성분의 약 80%는 물이다. 따라서 물과 일본술과의 관계는 아주 밀접한 관계인 것은 명확한 사실이다. "맛있는 일본술을 만들기에는 양조장의 우물물, 지하수를 끌어올린 물은 거짓이 없다."라고 하는 양조장인(토우지 : 杜氏)도 많다. 그 정도로 물이 일본술의 맛에 주는 영향은 크다.

일본술 양조를 하는 경우, 일반적으로 사용되고 있는 쌀의 총중량의 약 20~30배 정도로 대량의 물이 필요로 한다. 이것은 풍부한 수량을 가진 수자원이 있는 장소에 양조장이 모여 있는 이유이기도 하다.

일본술 양조에 사용되는 다양한 물

일본술 양조에 사용되는 물을 '주조용수'라고 한다. 이 주조용수는 용도에 따라 크게 '양조용수'와 '담기용수'로 나누어진다.

먼저 양조용수에 대해 알아보자. 양조용수는 다시 크게 3가지로 나누어진다. 먼저 쌀 씻기, 불림으로 일본어로는 센마이(洗米), 신세키(浸漬)라고 한다. 일반적으로 가정에서도 쌀을 씻는데, 쌀에 비해 상당한 양의 물을 사용하고 있다. 일본술 양조용수에서 센마이(洗米)용수와 물에 불리는 신세키(浸漬)의 양도 만만치가 않다.

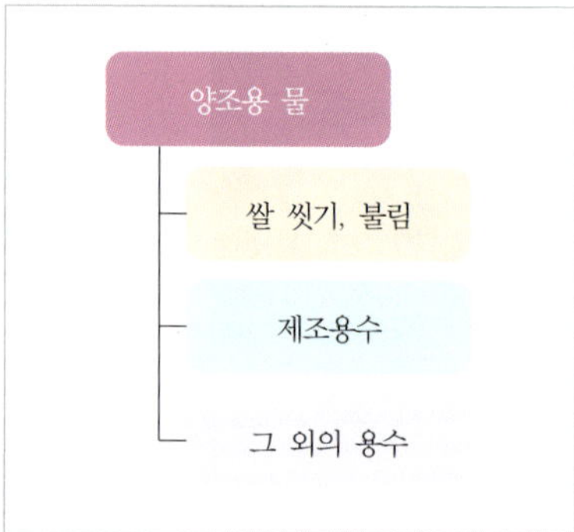

제조용수는 일본술 그 자체가 되는 용수이다. 발효부터 배합, 가수 등 일본술 병에 들어있는 직접적인 용수를 말한다.

그 외의 용수는 일본술 양조에 사용되는 도구와 기계위생을 위해 사용되는 용수를 말한다.

일본 양조장에서 1년의 시작은 청소로 시작해서 청소로 끝이 난다. 그러므로 상당한 양의 물을 필요로 한다. 요즘은 청소용 물을 수돗물로 대체해서 사용하기도 한다.

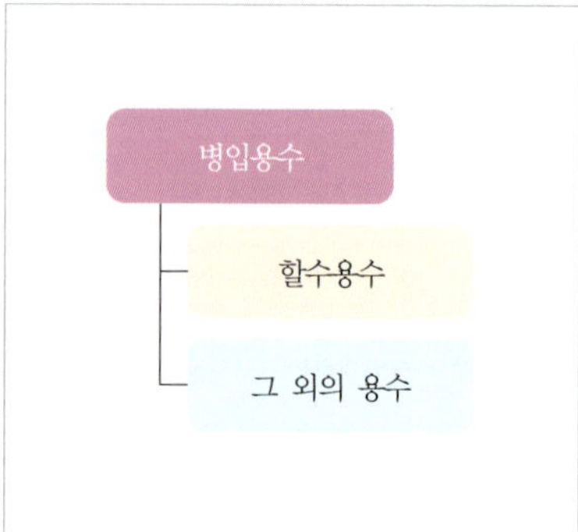

병입용수에는 사용 용도에 따라 병입용수, 할수용수, 그 외의 용수로 나누어진다. 병입용수에는 병을 씻기 위한 용수, 세제용액, 세정수 등으로 구분된다. 할수용수에서 일반적인 일본술은 할수를 하는데, 발효 후 저장이 끝나면 병입을 한다. 이때의 알코올도수는 20%에서 21%정도이며, 물을 첨가하여 일반적인 일본술 알코올도수인 15~16%정도로 조절한다.

그 외 용수에는 병입에 사용되는 용구, 도구기계, 양조장 청소용수를 말한다. 그리고 세정용수와 보일러용수 등 다양한 곳에 사용되며, 최근에는 이 용수도 수돗물로 사용하는 경우가 늘어나고 있다.

주조용수의 조건

	양조용수	수돗물
색	무색투명	
향, 맛	무취, 무향, 무미(이상이 없을 것)	
철	0.0002ppm 이하 (검출되지 않는 것이 바람직)	0.3ppm 이하
망간	0.0002ppm 이하일 것	0.05ppm 이하
아조신성질소	검출되지 않을 것	10ppm 이하일 것
pH	중성 또는 미알칼리성	5.8 이상, 8.6 이하일 것
암모니아성질소	불검출	기재 없음
세균산도	2ml 이하	기재 없음
생산성균군	불검출	기재 없음
대장균군	불검출	검출되지 않을 것

양조용수는 수돗물보다 더욱 엄격한 수질 기준이 정해져 있으며, 특정기관에 의한 수질검사를 받는 경우가 의무화되어 있다. 그 기준은 수돗물보다 엄격해서, 양조장은 일본술의 퀄리티를 지키기 위해 여과필터 등의 사용으로 일본술의 유해성분을 제거하고 있다.

특히 효모발효에 악영향을 주는 세균, 미생물, 위생면으로 문제가 되는 잡균의 유·무의 기준 등을 엄격하게 기준을 정하고 있는데, 특히 철과 망간의 성분은 일본술의 색과 향에 커다란 악영향을 미친다. 또한 병 세척용수와 병입용수 등 제품에 직접적으로 사용되는 용수에는 철과 망간의 함유량을 엄격히 규제하고 있다.

일본술 양조용수의 유해성분

철	일본술의 색을 진하게 갈색화시키고 향미를 나쁘게 하는 작용을 한다. 이런 이유로 주조용수로서의 허용량은 0.002ppm 이하로 하고 있다. 가장 많은 영향을 주는 유해성분이다.
망간	일본술은 자외선에 의해 화학변화를 일으키고 착색하는데, 망간은 그러한 현상을 촉진시킨다. 망간도 철과 같이 허용량은 0.02ppm 이하로 한다.
중금속류	주로 찐쌀을 흡착하여 불순물로 처리되지만, 일부는 제품 중에 잔류되기 때문에 허용량은 수돗물의 수준이어야 한다.
암모니아, 아초산	암모니아와 아초산 자체는 효모의 영양물이 되고, 효모에 의해 소비되는 성분이다. 하지만 이것들은 동물이나 식물의 고사체인 질소화합물이 분해 생성한 성분이기 때문에 오염된 수원의 가능성이 있다.
유기물	암모니아, 아초산의 경우와 마찬가지의 이유로 인해, 양조에는 적합하지 않다.
세균, 양생효모	유해한 미생물에 오염된 경우도 양조용에는 적합하지 않다.

칼륨
슈보(酒母), 모로미(もろみ) 등의 발효를 촉진시켜 누룩균(麹菌)을 발육시킨다.

인
미생물의 육성을 촉진시키는 미네랄, 특히 누룩균과 효모의 증식을 촉진한다.

마그네슘
누룩균의 움직임을 활성화한다. 적량이면 맛을 안정화시킬 수 있지만, 많으면 맛이 떨어진다.

일본술 양조용수의 유효성분

수원

일본의 지형은 거의 대부분이 산지이고, 연간 일정량의 강수량의 비가 내린다. 지표에 스며든 비나 눈은 직접 강에서 바다로 흘러 들어가는 경우도 있고, 일부는 지중 깊은 곳에서 스며들어 긴 세월을 거쳐 모래나 자갈의 층을 통과한다. 그러는 사이 지층에서는 자연히 필터 역할로 물은 여과되고, 지층은 이동, 잔류하는 사이에 토양에서는 다량의 미네랄 성분을 녹여낸다. 이러한 지하수는 유효성분(칼륨, 인, 마그네슘)을 포함하고 있고, 일본술 양조에는 없어서는 안 되는 존재의 물로 변화한다. 일본술은 대부분이 물이므로 대자연의 은혜로운 혜택을 받는다고 말할 수 있다.

명수(名水)가 있는 곳에는 명주(名酒)가 있다.

전국의 양조장이 수질 좋은 강이나 수원 가까운 곳에 존재하는데, 대표적인 곳은 아래와 같다.

대표적인 현 별로의 수원

이와테현(岩手県)	카네자와시미즈(金沢清水), 류센토우치테이코우(龍泉河地低湖), 마부치가와(馬淵川)
니가타현(新潟県)	시나노가와(信濃川), 아가노가와(阿賀野川), 후쿠시마카다(福島潟), 카쿠다야마레이스이(角田山映水)
시즈오카(静岡市)	텐류가와(天竜川), 오오타카와(太田), 오오이가와(大井川), 카노가와(狩野川), 후지산(富士山)의 후쿠류이스(伏流水) 등
교토후(京都府)	고코우노미야(御香水)
효고현(兵庫県)	미야미즈(宮水) : 효고현의 니시노미야시(西宮市)의 근해에 있는 지하수로 끌어올린 지하수

일본술에 있어 최상의 술이 양조되기 위한 필수요소는 다음과 같다.

- 양질의 원료를 얻을 것
- 우수한 장인과 술빚을 시기, 일정기간의 인원을 확보할 것
- 일본술 양조에 적합한 기후일 것
- 양질이고, 많은 양의 물 확보가 가능할 것

옛날부터 유명 양지로 여겨지는 곳은 이러한 조건들을 겸비하고 있었기 때문에, 맛있는 술을 양조하는 것이 가능했다. 현재는 원료의 유통시스템 발달로 인해 장소를 불문하고 구입할 수가 있고, 노동력과 기술은 우수한 인재의 고용이나 기술 제공 혹은 기계의 도입 등으로 인해 가능해졌다. 또

한 일본술에 가장 적합한 기후는 설비를 갖추는 것에 의해 인공적으로 만드는 것이 가능하고, 그것에 의해 추운 겨울에 만드는 것도 구애받지를 않고 1년을 통해서 언제든지 양조하는 것이 가능해졌다.

하지만 물만은 멀리서 운반하는 것이 불가능하다. 탱크로리로 운반하려해도 전량을 공급한다는 것은 막대한 비용이 발생한다(운반 도중에 열화할 가능성도 있다). 즉 물의 확보만은 현재도 자연에서 취수하는 방법이 가장 좋기 때문에, 일본술의 많은 양조장은 수질이 좋은 수원 가까이에 위치하고 있다.

富山県

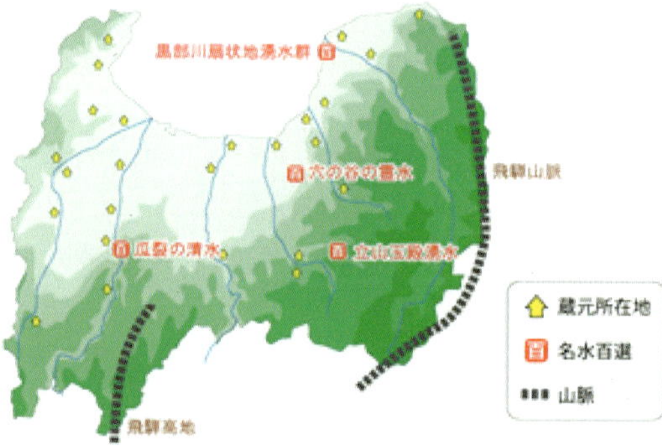

토우야마현의 수원과 양조장의 위치

pH(페어)란?

pH(페어)란, 산성과 알칼리성을 표시하는 지수로, 수치 pH7(중성)을 기준으로 해서 pH7 이상은 알칼리성, 그 이하를 산성이라 한다. 일본술 양조에는 pH6~8의 약알칼리성과 약산성의 물이 대부분 사용되고 있다. 하지만 제조용수의 단계에서는 약알칼리성의 물이 사용되었다 해도 발효의 단계에서는 산성으로 변화하기 때문에 pH4~pH6의 물 사용을 권하고 있다. 일본술은 산성으로 분류되고 있다.

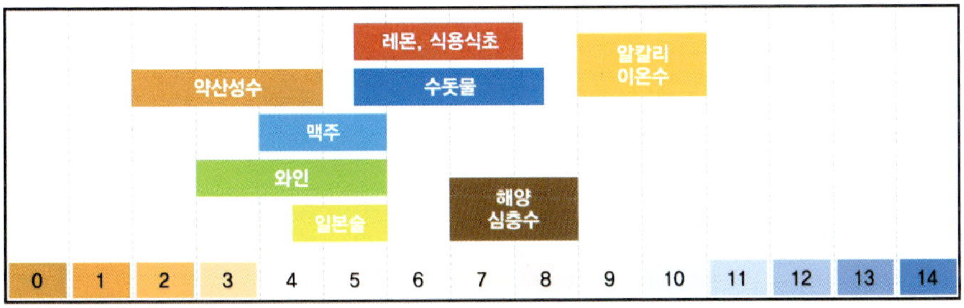

물의 경도(硬度)

현재 일본에서는 일반적으로 미국경도를 사용하고 있지만, 제2차 세계대전 전에는 독일경도가 주로 사용되었다. 양조업계에도 긴 시간동안 독일경도를 사용해 왔기 때문에, 일본술의 경도를 표현할 경우 독일경도를 사용하는 경우가 많지만, 최근에는 미국경도로 표시하는 곳도 생겨나고 있다.

독일경도

100ml의 물에 칼슘, 마그네슘이 산화칼슘(Cao)으로서 1mg 포함된 경우, 경도 1dh라고 한다.

미국경도

1,000ml의 물에 포함된 칼슘, 마그네슘을 탄산칼슘(Caco)으로서 1mg 포함하고 있는 경우, 경도 1ppm이라고 한다.

(1mg/1)
독일경도 1dh = 미국경도 17.8ppm

경도의 간이계산식 (미국경도)
칼슘 mg/1×2.5마그네슘 mg/1×4 = 경도 mg/1

연수와 경수

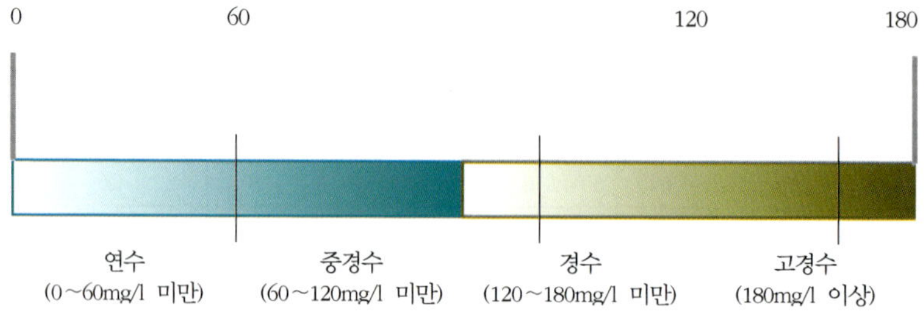

*세계보건기구(WTO) 기준(미국경도가 기준)

연수와 경수의 특징

경 수	연 수
〈특징〉 특유의 냄새를 제거할 수 있다. 미네랄을 섭취한다.	〈특징〉 특유의 냄새가 없어 재료 본연의 향과 맛을 끌어내는 효과가 높다.
〈용도〉 육류의 냄새제거 효과가 높기 때문에, 육류에는 경도가 최적이다. 그리고 수분과 함께 미네랄도 섭취할 수 있으므로, 경도가 높은 경수는 운동 시에 섭취하면 좋다.	〈용도〉 커피, 오차, 술 등 향을 즐기는 기호식품에는 연수가 좋다. 일본요리 다시의 가쯔오와 다시마를 육수로 할 경우 연구가 최적이다.

나다(灘) 일본술은 남주(男酒), 후시미(伏見) 일본술은 여주(女酒)

물의 경도는 일본술의 맛에 크게 영향을 미친다. 일반적으로 연수로 양조하면 가볍고 깨끗한 맛이 된다고 알려져 있고, 경수로 양조하면 산이 강해져서 드라이한 타입의 술이 된다고 알려져 있다.

연수로 양조한 대표적인 술은, 교토후시미(京都伏見)의 술로 부드러운 단맛이 특징으로 '여주(女酒)'라 불리고 있고, 경수 나다(灘)의 야미즈(宮水)로 양조한 술은 강력한 맛이 특징으로 '남주(男酒)'라 불려진다.

물을 대량으로 사용하는 것은 일본술 뿐일까? 맥주의 경우는 거의 대부분이 물이라고 할 정도로 대량으로 사용된다. 그 사용량은 일본술 그 이상이다. 반대로, 물을 사용하지 않는 술로는 와인이 있다. 그 때문에 양조에 적합하지 않은 물이 있는 지역일수록 와인 양조가 잘 보급되어 있다.

일본술 양조에 관계있는 미생물 이야기

어떠한 주류도 미생물의 활동을 이용하여 술을 양조한다. 물론 일본술도 보이지 않는 균을 상대로 하기 때문에 미생물 관리가 상당히 중요하다. 일본술의 맛과 향에 영향을 미치는 균은 상당히 많다. 그 중 일본술을 양조하는데 영향을 미치는 대표적인 균은 어떤 것들이 있는지, 이 미생물들이 어떻게 움직이는지에 대해 알아보자.

일본술 양조의 주요 미생물

누룩곰팡이(麹菌)	쌀의 전분을 당화시키는 역할
효모(酵母)	누룩곰팡이가 당화시킨 당분을 알코올로 바꾸는 역할
유산균, 초산환원균	키모토케이(生系) 효모의 안에서 활동하는 균

누룩곰팡이(麹菌)

누룩곰팡이(麹菌)는 쌀의 전분 당화를 촉진시키는 세균이다. 곰팡이의 일종으로, 사상균이라고도 불린다. 균사체가 가늘게 자라면서 영양분을 표면에서 내부로 침투하면서 섭취하게 된다. 그래서 일부는 공기 중에 분기하고 포자무늬라고 하는 기관이 발육하여 그 끝에 포자가 생긴다. 균사는 어떤 곰팡이도 하얗게 보이지만, 포자의 색에는 특징이 있으므로 그 색깔에 따라 구별된다.

누룩곰팡이(麴菌)의 종류

누룩곰팡이(麴菌)는 아스페르길루스Aspergillus라고 한다. 여기서 소개되는 것 이외에도 여러 가지 종류의 누룩곰팡이가 개발되고 있지만, 대표적인 3가지 누룩곰팡이에 대해 알아보자.

○ 황색누룩곰팡이(黃麴 : 키코우지)

아스페르길루스 오리제라고 불리며, 선단(끝)에 생기는 포자의 색이 노란색 혹은 연노란색이다. 청주에 사용되는 것으로 당화력이 강하고, 간장, 된장에 사용되는 것은 단백질을 분해하는 특성이 있다. 대표적인 생산품은 청주, 간장, 된장 등이다.

○ 검은누룩곰팡이(黑麴 : 쿠로코우지)

아스페르길루스니거로 불리며 포자의 색이 검은색을 띄고 있다. 특징은 노란누룩곰팡이와 마찬가지로 당화력이 강하며, 구연산을 많이 생성하는 것도 큰 특징 중의 하나이다. 대표적인 생산품은 아와모리(泡盛 : 일본 오키나와의 전통소주)의 술이다.

○ 흰누룩곰팡이(白麴 : 시로코우지)

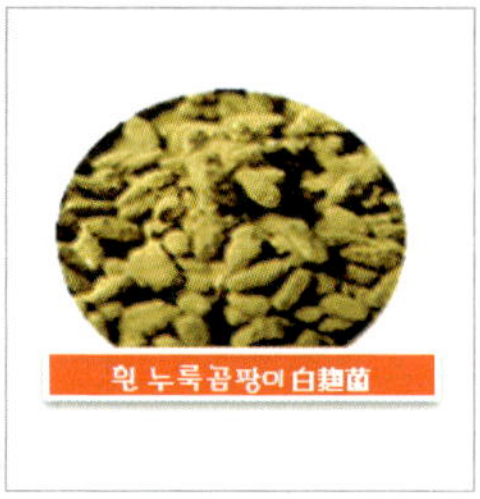

아스페르길루스 가쿠치로 불리며, 검은누룩곰팡이의 변이균으로 포자가 하얀색이다. 특징은 검은누룩곰팡이의 특징과 같다. 색이 검지 않아 벽 등이 더러워지지 않는다. 대표적인 생산품은 일본소주이다.

누룩곰팡이의 역할

누룩곰팡이는 균사체가 번식하는 중에 많은 효소를 생산하게 된다. 아래의 내용은 술을 제조하는데 있어 대표적인 효소와 그 역할이다.

- 아밀라아제 : 동물의 소화액에 있어 녹말을 당화시킨다.
- 글루코아밀라아제 : 녹말, 글라코겐 등의 글루코오스 사슬을 끝에서부터 차례로 가수분해하여 글루코오스를 유리시키는 효소이다.
- 산성프로티아제 : 단백질을 분해하여 2~20개가 연결된 페푸치도라고 불리는 아미노산으로 만든다.
- 산성카루보키시페푸치다제 : 페푸치도를 더욱 분해하여 아미노산으로 만든다.

효모

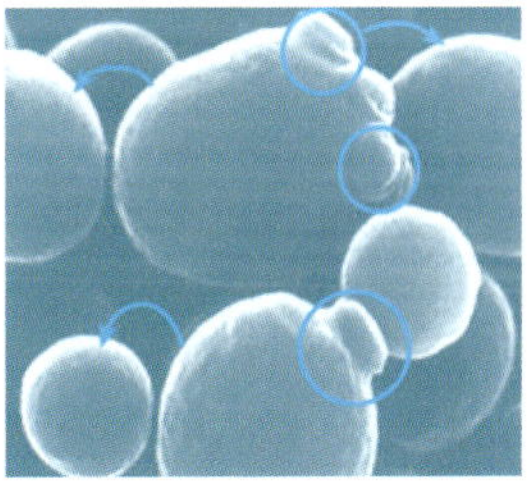

효모는 자연에서 넓게 생육하고 있으며, 많은 균이 존재하기 때문에 다양한 특징을 가지고 있다. 맥주에는 맥주효모, 와인에는 와인효모, 빵에서는 빵효모와 같이 목적에 따라 최적의 균을 예로부터 구분하여 사용했다. 일본술의 효모도 긴 역사 속에서 선택된 일본술 효모이다. 분류상으로는 삿카로 마이에스종에 속하는 삿카로 마이세스 세레비시에로 분류된다. 일본술 효모의 선택 기준은 아래와 같다.

- 발효가 잘될까?

- 산은 어느 정도 배출할까?
- 향기는 좋을까?
- 발효의 온도는 어떨까?
- 모로미(거르지 않은 술) 안에서 활발하게 활동할 수 있을까?

위와 같은 기준으로 선택된 효모가 현재 전국의 주조메이커에서 사용되고 있다. 그리고 현대의 바이오테크놀로지의 기술(유전자 조합은 배제)도 사용하면서 계속하여 진보하고 있다. 양조협회의 중앙기관만이 아니라, 각 현의 기술연구기관 등에서도 활발히 효모의 개발이 이루어지고 있고, 매년 그러한 종류가 증가하고 있다.

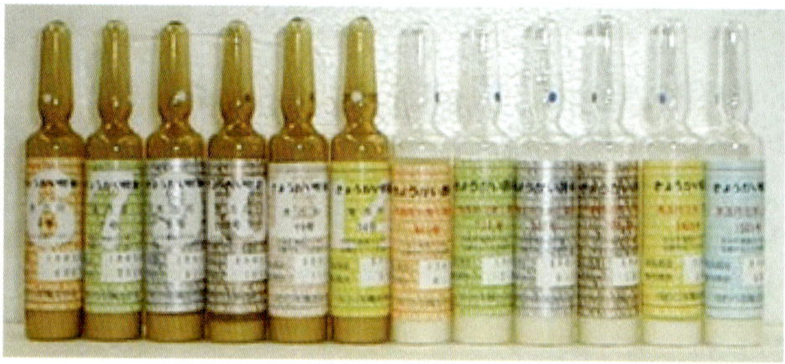

협회의 효모

일본술에서 효모의 역할

효모의 역할은 알코올 생성을 위해서다. 물론 맛을 구성하는 산이나 아미노산 이외에도 향기성분을 만들어내는 것이 효모의 큰 역할이다. 당분으로부터 알코올로 변화하는 화학식은 간단하지만, 효모가 만들어내는 알코올은 복잡한 과정을 거쳐 알코올 이외에도 여러 가지 성분을 만들어내고 있다. 일반적으로 타원형에서 수시로 원형으로 변하고, 크기는 4~6×5~10μm(마이크로미터)정도이다. 증식은 모체가 되는 효모에서 싹이 나와 번식한다.

효모의 발육조건

효모는 효소가 있는 상태에서 생육하며 당분을 탄산가스와 물로 분해한다. 이러한 상태를 '발효'라고 한다. 효모의 최적인 생육온도는 20~30℃이지만, 청주용의 효모는 저온에서도 충분히 발효된다. 예를 들면, 긴죠슈(吟醸酒) 등은 발효온도가 10℃ 근처이지만 충분한 발효력을 가지고 있다. pH 4~6정도에서 최적의 발효성을 가진다.

유산균

키모토케이 슈보(生もと系酒母)에서 활약하는 균으로, 당분을 발효하여 다량의 유산을 생성하는 세균을 '유산균'이라고 총칭한다. 유산균도 효모와 마찬가지로 자연계에 많은 종류가 서식하고 있으며, 술에 유용한 유산균도 있으나 부패를 촉진시키는 유산균도 있다.

일본술의 용어

あ행

아카이사케(赤い酒,あかいさけ)

선명한 다홍색이다. 통상적으로 일본술에서 아카이사케(赤い酒)는 누룩의 일부에 다홍색의 색소를 가진 다홍누룩(베니코우지 : 紅麹)에 의해 붉은색이 용해된 것이 아카이사케(赤い酒)이다. 니이가타현(新潟県) 양주시험장에서 개발되었다.

아카마이슈(赤米酒, あかまいしゅ)

고대미주(古代米酒)이다. 건강지향의 봄에 의해 주목받고 있는 새로운 장르적미, 고대미로 붉은색, 보라색의 색조가 특징이다. 적미가폴리페놀, 과실과 같은 느낌을 갖는다. 건강에 대한 붐에 의해 주목을 받고 있는 술이다.

아마자케(甘酒, あまざけ)

쌀을 사용한 달콤한 음료이다. 아마자케(甘酒)는 헤이안시대(平安時代)부터 받아왔지만, 에도시대(江戸時代)부터 에도말기(여름이 되면 아마자케(甘酒)의 판매가 급증했다)로 기록되어 있고, 오늘날에도 여름의 계절상품으로 인식 받고 있는 아마자케(甘酒)에는, 누룩이 활동하여 만든 포도당과 아미노산 등의 성분을 균형 있게 포함하고 있기 때문에 영양보충 음료로서 최근까지도 주목받고 있다.

아라바시리(あらばしり), 핫츠토리(初取, はつとり)

죠소우(上槽 : 짜내기)를 할 때 처음으로 나온 액체이다. 죠소우(上槽)를 할 때 최초로 나오는 액체를 아라바시리(あらばしり)라고 한다. 압착을 하지 않고, 술주머니의 무게 원리를 사용하여 자연적으로 나오는 부분이다. 향기성분이 높고 소량이기 때문에 고가인 것이 많다.

액화제조(우마이제조 : 融米造り, 히메이이제조 : 姫飯造り)

백미를 액화하여 제조하는 근대 기술이다. 통상적으로 증미(蒸米)는 고체의 상태에서 제조하지만, 백미를 액화하여 제조하는 방법을 액화제조라고 한다. 제조용수와 백미를 섞어 잘게 부순 다음 끈끈하게 액체화하여 만드

는 방법이다. 액화제조의 특징은 효소제를 첨가하고(누룩을 사용하지 않는 일본술) 가온, 휘젓기, 파쇄를 실시한다. 비용이 저렴하게 드는 것이 장점이다. 우마이제조(融米造り), 히메이이제조(姫飯造り)라고도 한다.

에프와이(F.Y)

회계년도의 호칭(Fiscal Year의 약칭)이다. 공익기관(중앙정부, 지방정부, 지방자치제)의 수입 및 지출을 정비, 분류하여 그 상태를 명확하게 하기 위해 제정한 일정한 기간(연도의 종류)이다. 단순히 연도라고 호칭되는 경우도 있다. 2008년 4월부터 적용되어 주조업계에서도 사용한다.

오리가라미(滓からみ), 오리자케(滓酒)

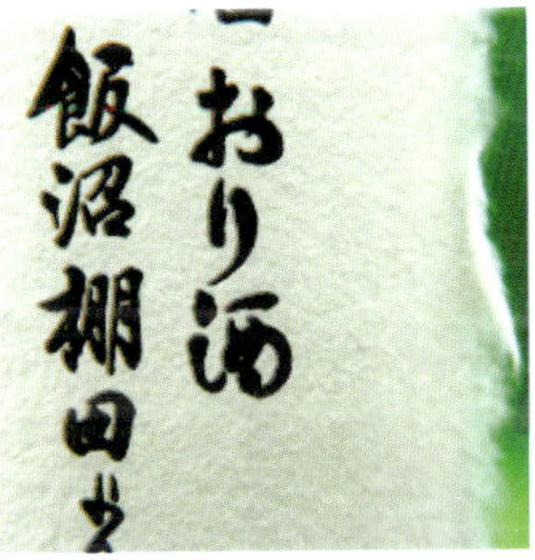

감칠맛이 보강된 술로, 와인으로 말하면 쉬르리(Surlie, 찌꺼기)라 할 수 있다. 탱크의 밑에 침전되어 있는 오리(滓)의 부분을 상품화한 것을 오리카라미(滓からみ), 카스미사케(かすみ酒), 오리자케(滓酒)라고 한다. 오리(滓)란 주로 효모의 잔해 등의 감칠맛(아미노산)이 나오기 때문에 주로 일본술보다 감칠맛의 성분이 많은 타입이다. 아주 조금의 오리(滓)로 만든 것과, 탱크 밑에 많이 남아있는 오리(滓)로 만든 타입이 있다. 희소가치가 높은 상품이라 할 수 있다.

か행

활성청주(活性清酒,かっせいせいしゅ)

일본수의 이미지를 일신하는 발포주이다. 발포성(탄산가스)이 있는 일본

술을 활성청주 혹은 발포성알코올 발효 중에 생기는 탄산가스를 가두어 병내 2차 발효를 시킨 타입과, 촘촘한 천으로 걸러 살아있는 효모로부터 발생하는 가스를 가두어 둔 타입 등 여러 가지의 상품이 개발되고 있다. 저알코올, 약간의 단맛, 탁한 성분을 조금 포함한 타입이 여성에게 인기를 얻고 있고, 식전주(食前酒)로서도 활용되고 있다.

카타하쿠(片白,かたはく)

고대부터 행해진 누룩에만 현미를 사용하는 제조 방법이다. 헤이안시대(平安時代)부터 에도시대(江戸時代)에 걸쳐 주류였던 쌀의 사용방법으로서 카케마이(掛け米)에는 정미한 쌀을 사용하고, 누룩에는 정미하지 않은 현미를 사용한 방법이다. 한쪽만 정미한다는 의미로 이름이 붙여졌다. 카타하쿠(片白)와 반대로, 카케마이(掛け米)의 누룩에도 정미한 쌀을 사용하는 방법을 모로하쿠(諸白)라고 한다.

카케마이(掛け米,かけまい)

양조하는 쌀의 약 80%를 차지한다. 카케마이(掛け米)는 누룩쌀과 반대의 개념을 가진 언어로써, 슈보(酒母)와 모로미(醪) 제조에 사용되는 원료 쌀이다. 전체의 약 80%를 차지하는 양이다(누룩쌀은 전체의 20%를 차지).

키잇뽄(生一本)

단일의 양조장에서 양조한 술의 호칭이다. 에도(江戸)시대 초기 명성이 높았던 이타미자케(伊丹酒), 나다사케(灘酒)의 위조품을 막기 위한 표기로써, 나다(灘)의 키잇뽄(生一本)의 각인을 받음으로서 타 지역의 술이 아니라는 것을 증명했다. 그것이 키잇뽄(生一本)의 표기이다(일본 최초의 원산지 증명서라고 알려져 있다). 현재 사용하고 있는 키잇뽄(生一本)은 순수한 것을 의미하고, 단일의 양조장에서 양조한 준마이슈만이 표기가 가능하다.

키오케(木桶仕込み, きおけじこみ)

복잡한 맛을 양조하는 전통의 주조기구이다. 쇼와(昭和) 초기에 호로탱크가 개발되기 전까지는 일본술의 탱크에서 양조가 이루어졌다. 나무의 색이 착색되기 쉽고, 공기에 접촉되기 쉬우며, 액체가 새어나갈 위험성이 크기 때문에 현재는 거의 대부분의 곳에서 사용하지 않지만, 독특한 향기가 있으며 개성을 살리기 위해 키오케(木桶仕)를 부활시키는 양조장도 늘고 있다.

키죠슈(貴醸酒, きじょうしゅ)

제조용수로 물 대신에 일부 일본술을 사용한 것을 키죠슈라고 한다. 일반적으로 3단 제조의 최종단계인 토메조에(留添え)를 작업할 때 물 대신에 일본술을 넣어 만든다. 농후한 감미와 호박색의 색조가 특징이다. 디저트에 맞춘 일본술로 제공하는 경우도 있다.

키모토(生酛, きもと)

가장 전통적인 일본술이다. 자연계의 유산균의 힘으로 잡균을 제거하고, 효모를 육성한 옛날부터의 슈보(酒母)제조의 방법이며, 야마오로시(山卸し), 보모스리(酛摺り)라고 하는 쌀을 잘게

찧는 작업을 한 타입이다. 메이지(明治)시대 이전은 거의 대부분의 슈보(酒母)제조에서 행해진 공정이었지만, 지금은 1%정도만 존재하고 있다. 상당히 깊은 맛으로 데운 술 등에 맞는 타입으로 부활하고 있다.

원주(原酒,げんしゅ)

일본술에 물을 더해 향미 그리고 알코올 도수를 조절하지만, 일절 물을 더하지 않은 것을 원주(原酒)라고 한다. 알코올 도수는 20% 전 · 후이고, 힘 있고 깊은 맛이 특징이다. 언더락의 음용을 권장한다.

고온당화모토(高温糖化酛,こうおんとうかもと)

고온에서 제조한 것으로 비용을 절감한 최신기술로, 고온에서 필요가 없는 미생물을 제거하여 효모를 첨가하는 방법이다. 시간을 단축하는 것이 가능하고 안전하게 양조를 하는 것이 가능하기 때문에, 비교적 온난한 지방에서 실시하고 있다.

합성청주(合成清酒,ごうせいせいしゅ)

쌀 소동으로부터 탄생한 일본술 풍미의 리큐어이다. 알코올, 소주, 청주에 당류, 유기산류, 아미노산류, 식염, 글리센, 색소 등 여러 가지의 물질을 혼합하여 제조한 일본술과 리큐어이다. 대정(大正)7년의 쌀 소동에 의해 쌀의 가격이 폭등했을 때 개발된 상품이다. 청주라고 하는 단어가 사용되고 있다하더라도 양조법의 일본술과는 전혀 별개의 카테고리에 속한다.

코슈(古酒, こしゅ)

숙성시킴으로써 발휘되는 일본술의 진가를 발휘한다. 제조업계에는 금년도에 만든 일본술을 신주라고 하는 것에 비해, 전년도에 제조된 술을 코슈(古酒 : 장기숙성주)라고 한다. 코슈(古酒) 표시에는 명확한 기준이 없고 3년, 5년, 혹은 10년, 15년 장기에 걸친 숙성주가 주목을 받고 있다. 긴 숙성을 거친 타입은 호박색의 색조와 복잡한 숙성향이 특징이다.

코우지마이(麹米)

전체의 20%를 차지하고 가장 고품질의 쌀을 사용한다. 누룩쌀(麹米)은 카케마이(掛け米) 반대의 개념을 가진 단어로서, 문자 그대로 누룩 제조에 사용되는 원료이다. 전체의 약 20%를 차지한다(카케마이가 80%를 차지한다). 카케마이(掛け米)는 통상의 쌀을 사용하더라도, 양조장의 품질을 지키기 위해 누룩쌀만은 주조호적미(酒造好適米)를 사용한다.

さ행

산바이죠조우슈(3倍増醸酒, さんばいぞうじょうしゅ)

전쟁 후의 쌀 부족에 의해 탄생한 것으로 술의 양을 늘리기 위한 방법이다. 쌀과 쌀누룩으로 제조한 모로미(醪)에 일본술과 같은 농도로 물로 희석하여 양조 알코올을 넣고 맛이 엷어진 만큼, 당류(포도당, 물엿), 산미료(유산, 호박산 등) 글루타민산, 소다산 등을 첨가하여 만든다. 이렇게 하여 만들어진 술은 약 3배로 양이 늘어나기 때문에 '3배증양주'라고 한다. 3배증양주는 그대로의 상태로 출하하는 것이 아니라, 알코올을 첨가한 일본술 등과 블랜딩하여 제품화한다. 현재는 거의 볼 수가 없지만, 전쟁의 영향에 의해 탄생된 방법이라는 것을 기억해야 한다.

신슈(新酒, しぼりたて)

막 걸러낸 일본술(와인의 Nouveau)을 '신슈(신주)'라고 한다. 참고로 일본술 제조는 일반적으로 늦가을부터 시작한다. 신슈(新酒)만의 신선한 풍미가 있다. 제조업계에서는 7월부터 다음해의 8월로 구분되는 제조년도(B.Y = Brewer Year) 내에 출시된 것을 신슈(新酒)라고 부른다.

세이마이부아이(精米歩合, せいまいぶあい)

정미 후 남은 쌀의 비율이다. 쌀을 정미한 후 남은 %를 말한다. 반대로, 갈아 낸 부분을 정백율(精白率)이라고 부른다. 정미보합(精米歩合) 40%와 정백률(精白率) 60%는 같은 의미다.

젠코쿠신슈칸뾰카이(全国新酒鑑評会, ぜんこくしんしゅかんぴょうかい)

전국신주감평회에서 금상, 은상, 입상. 기술향상을 위해 개최된 일본술 콘테스트 라벨에 금상 수상 등이 표시되어 있는 경우가 있다. 이것은 독립 행정법인 주류총합연구소가 주최하는 전국신주감평회의 심사로서 우수한 성적을 거둔 출품주에 부여되는 상이다. 이것은 독립 행정법인 주류총합연구소의 전신인 국립양조시험소가 기원이다. 당시에는 일본술의 품질 향상을 위해 전국 각지의 양조장이 각각의 품질을 겨루는 것이 목적이었다.

이 감평회에서 우수한 성적을 거둔 양조장으로부터 효모를 수집하고, 그것을 배양하여 협회효모로 만들었고, 긴죠슈의 탄생에 큰 영향을 기여했다.

현재도 매년 4~5월에 개최하고, 평성(平成)19년에는 255개의 술이 금상으로 선정되었다.

쇼쿠죠모토(速造酛, そくぞうもと)

현대적인 방법으로 만들어진 일본술로, 깔끔한 타입이 특징이다. 양조용의 유산을 첨가하여, 효모를 육성하는 슈보(酒母)의 육성 방법이다. 메이지 43년에 국립양조시험소에 의해 개발된 방법으로서 현재 약 90%의 슈보(酒母) 육성 방법이 소쿠죠모토(速醸酛)이다.

た행

타루자케(樽酒, たるざけ)

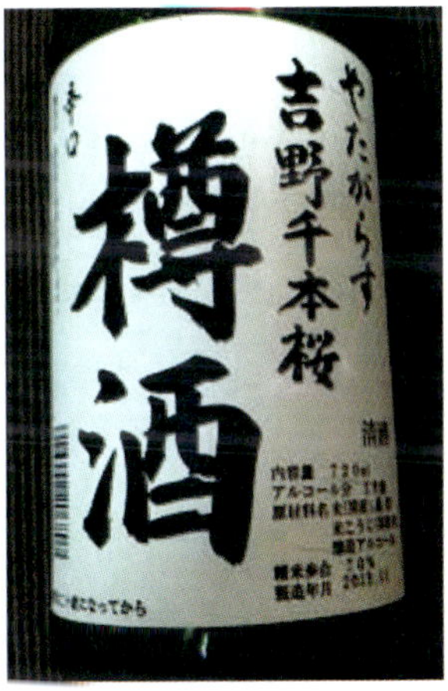

삼나무통에 저장한 청량한 향기의 술이다. 주로 삼나무통에 저장시키고 삼나무의 향이 나는 타입의 일본술이다. 나라(奈良)시대의 쇼시노스기(吉野杉)지방의 요시노(吉野) 지역의 삼나무에 저장된 것이 특히 유명하다. 현재에는 저장 중의 술에 전혀 영향을 미치지 않는 호로탱크 타입이 사용되지만, 쇼와(昭和) 초기까지는 삼나무의 통에서 저상시키는 것이 일반적이었다(모든 술은 타루자케(樽酒)였다).

테-아루코루 사케(低アルコール酒)

알코올 도수가 낮은 일본술이다. 일본술의 알코올 도수는 양조주 중에서도 가장 높고, 원주(原酒)의 상태에서 18~20% 가까운 술도 있지만, 현대인의 알코올 내성의 저하에 의해 알코올 도수가 낮은 타입이 요구되고 있다. 저알코올 술의 카테고리에 속하는 것은 알코올 도수가 12% 이하의 것이 많고, 최근에 미발포성 혹은 와인 같은 맛 등이 개발되고 있다.

도부로쿠(どぶろく)

신에게 바치는 신성한 술의 의미에서부터 자가양조하는 가정용 술의 의미까지 있는 도부로쿠는 '탁주'라고도 한다. 따라서 니고리슈(にごり酒 : 니고리는 일본어로 '탁하다'는 의미)를 도부로쿠라고 부르는 경우도 있다. 도부로쿠의 기원은 일본술 발상의 시기까지 올라간다. 풍작을 신에게 기원할 때 쌀로 만든 귀중한 술을 신에게 바치는 것이 일본 음주의 시작이었고, 음주의 의미였다. 이와 같이 신에게 드리는 제사에 빠질 수 없는 것이 도부로쿠였지만, 시대가 흘러가면서 전국의 각 가정에서도 만들게 되었고, '자가양조주'라고 하는 다른 하나의 의미를 가지게 된다. 하지만, 메이지32년에 정부에 의해 술이 막대한 세금대상이 되었고, 그로 인해 자가양조가 완전히 금지되었으며, 도부로쿠 문화는 사라지게 되었다. 현재는 풍작을 기원하는 제사의 일환으로 전국의 사원에서 행해지는 도부로쿠 축제에서 그 단면을 볼 수 있다.

토빙카코이(斗瓶囲い, とびんかこい)

후쿠로츠리(袋吊り), 시즈쿠사케(雫酒) 화려한 향기를 뽐내는 감평회를 위한 특별품이다. 일본술의 짜내기 방법의 하나로서 토빙(斗瓶)이라고 하는 18리터의 특수한 병에 담은 일본술이다. 후쿠로츠리(袋吊り), 시즈쿠사케(雫酒)와 동의어로서 사용되고, 특별한 짜내기 방법을 한 최고급품으로 분류되는 타입이다. 화려한

향기가 큰 특징이며, 전국신주감평회에서 금상, 은상 등의 출품작을 보면 거의 대부분이 이 방법을 사용한다. 화려한 향기를 추구하는 긴죠슈 타입의 극한이라고도 말할 수 있다.

토우지(杜氏, とうじ)

술 제조 전체를 지휘하는 총책임자로, 술양조장 장인을 토우지(杜氏)라고 한다. 난부토우지(南部杜氏), 에치고토우지(越後杜氏), 타지마토우지(但馬杜氏) 등 출신지에 의한 집단의 이름이 있다. 각각의 파에 의해 '술 제조 방법이 조금씩 다르고, 토우지가 바뀌면 맛도 변한다'라고 하는 어록이 있을 정도이다. 현재의 장인의 평균연령은 약 65세이고, 후계자의 육성이 업계 전체의 문제라고 볼 수 있다.

な행

나카토리(中取り), 나카구미(中組み), 나카다레(中垂れ)

향미의 균형이 잡힌 수집 장소이다. 짜내기 작업을 할 때 가장 먼저 수집

나마자케(生酒) 나마쵸소슈(生貯蔵酒) 니미츠메(生詰め酒)

의미가 전혀 다른 3종류의 라벨

되는 액체를 아라바시리(あらばしり)라고 하고, 그 다음에 수집되는 부분을 나카토리 나카구미, 나카다레라고 한다. 마지막에 나오는 부분은 세메(せめ)라고 한다.

통상적으로 일본술은 품질을 안정시키기 위해 열처리(저온가열살균)를 2회 실시한다. 이러한 열처리를 전혀 하지 않은 것을 나마자케(生酒)라고 한다. 병 내에 효소와 미생물이 살아있기 때문에 유통이나 보관에 세심한 주의를 기울여야 하고, 옛날에는 양조장에 가지 않으면 마실 수 없는 술이었다.

이것에 비해 2회의 열처리 중 2번째의 열처리만을 행한 것이 나마초조(生貯蔵酒)이다. 신선한 타입이 가장 큰 특징이다. 반대로, 1번째의 열처리만을 행한 것이 나마츠메슈(生詰め酒)라고 한다. 나마츠메슈(生詰め酒)는 열처리를 행하고 반년 정도 숙성을 하여 출하하는 경우도 있는데, 이것을 히야오로시(ひやおろし), 아키아가리(秋あがり)라고 한다.

니고리슈(にごり酒)

쌀의 감촉이 살아있는 백탁한 일본술이다. 백탁한 일본술을 니고리슈(にごり酒)라고 한다. 짜내기 작업을 할 때 촘촘하지 않은 천으로 걸렀기 때문에 고체 부분이 남는다. 「주세법」상에서는 반드시 거르지 않으면 일본술(청주)이라고 부를 수 없지만, 청주 표시의 니고리슈(にごり酒)는 약간이지만 반드시 거르는 작업을 하기 때문에 청주로 표기하는 것이 가능하다. 최근에는 약간의 고체 부분을 남긴 우스니고리슈(うすにごり酒) 타입이 인기가 있고, 외관상의 인상으로부터 카스미자케(霞酒)라고도 한다.

は행

바이쇼쯔쿠리(倍少造り, ばいしょつくり)

순산직인 열풍에 의해 쌀을 가열하는 근대기술이다. 원료미를 290℃의 열풍으로 45초 정도에서 가열처리하는 방법을 바이쇼쯔쿠리(倍少造り)라고 한다. 순간적으로 가열하기 때문에, 쌀 안의 아미노산, 지방량을 최저화시키고, 깨끗한 맛있는 일본술을 만드는 것이 가능하다. 근대기술로 만든 일본술 중의 하나이다.

하시라소주(柱焼酎)

에도(江戸)시대에 시작된 알코올 첨가의 원형이다. 눈에 보이지 않는 미생물을 경험과 감에 의해 만든 일본술 제조 방법이다. 악성의 미생물이 발효 중에 들어가 모로미(醪)가 부패하여, 양조장 내의 술이 전부 부패되는 경우도 많았다. 이러한 대응책으로서 에도(江戸)시대에 알코올 도수가 높은 소주를 첨가하면 모로미(醪)가 부패하지 않은 것을 발견했고, 이것을 하시라소주(柱焼酎)라 했다. 현재로 말하면 알코올 첨가의 부분에 해당한다(알코올 첨가의 원래의 목적은 부패방지이다).

히야오로시(ひやおろし), 아키아가리(秋あがり)

숙성된 순한 맛의 가을의 풍물이다. 이른 봄에 완성된 일본술을 열처리한 후 여름까지 숙성시킨 후 일본술의 온도와 실외의 온도가 같은 정도인 9월경에 열처리를 하지 않고 출하하는 것이 히야오로시(ひやおろし)이다. '히야(冷 : 냉) = 생(生), 오로시(おろし) = 출하한다'라는 뜻의 말로, 별칭으로는 아키아가리(秋あがり)라고도 하며 숙성된 깊은 향기가 특징이다. 옛날의

일본술은 대부분 이와 같이 반년 정도 숙성시키고 초가을에 출하하는 것이 일반적이었다. 현재는 9월 말부터 10월에 출하되는 계절한정 상품으로서 판매되고 있다.

B.Y(Brewery Year)

제조년도라고 불리는 일본술이다. 독자의 기간을 구분한다. 7월 1일부터 다음해의 6월 30일까지를 B.Y(제조년도)라고 한다. 15BY는 헤이세이(平成)15년도 양조, 18BY는 헤이세이(平成)18년도 양조라는 뜻이다. 헤이세이(平成)19년도에 출시된 일본술은 헤이세이(平成)18년도에 제조된 경우가 많기 때문에, 언제 만들었는지의 기준이 된다. 또 라벨에 기재되어 있는 날짜와 출하 날짜는 다른 경우가 많기 때문에 주의가 필요하다.

홋코슈(復古酒,ふっここしゅ), 후쿠겐슈(復元酒,ふくげんしゅ)

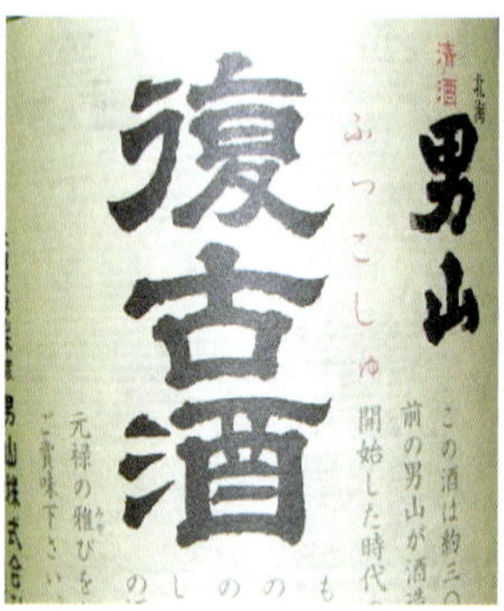

옛날의 제조 방법으로 고대의 술을 재현했다. 각 지역에 전해지는 옛날 제조 방법이나 문헌 등에 기재되어 있는 방법으로 재현한 술을 말한다. 이즈모(出雲)지역의 고이슈(御井酒), 지덴슈(地伝酒), 카고시마현(鹿児島県)의 지슈(地酒) 등이 대표적이다. 시마네현(島根県)의 아고노야키(あご野焼き : 요리명), 카고시마현(鹿児島県)의 츠케아게(つけ揚げ : 요리명) 등 목회(초목을 태운 재)의 알칼리성을 늘 이용하여 산을 중화시킨 방법으로 아쿠모치슈(灰持酒)라고도 한다.

ま행

미즈모토(水酛,みずもと)

보다이모토(菩提酛)를 기본으로 하여 진화시킨 에도(江戸)시대의 슈보(酒母) 제조법이다. 에도(江戸)시대의 '도우모우슈조우키(童蒙酒造記)' 죠쿄우(1687)에 기록된 고법으로, 유산균의 생산 작용을 응용한 온난한 계절에 적합한 슈보(酒母) 제조법이다. 그 경로는 무로마치(室町)시대의 '고슈노닛키(御酒之日記)'에 기재되어있는 보다이센(菩提泉), 보다이모토(菩提酛)이다. 그 효과와 사용 목적, 양조법 등은 기본적으로 보다이센(菩提泉)과 다르지 않다.

무로카(無濾過,むろか)

본래의 풍미와 색조를 남긴 일본술이다. 여과의 주요 목적은 맑고 깨끗하기 위한 목적이다. 필요 이상의 성분제거는 본래의 향미마저 없어지는(無個性化 : 무개성화) 요인으로서 여과를 하지 않는 또는 여과를 약간만 하는 타입이 개발되었다. 특히 활성탄소를 이용하면 성분의 거의 대부분이 제거되는 것뿐만이 아니라, 활성탄소의 냄새가 술에 배어드는 단점이 있기 때문에 활성탄소 여과를 행하지 않는 타입이 개발되었고, 이것을 무로카(無濾過)라고 한다. 활성탄소도 여과기도 사용하지 않는 경우는 완전무여과, 활성탄소는 사용하지 않고 여과기에 의해 여과만을 행한 것은 스로카(素濾過)라고 하고, 이것은 주로 제조업계에서 사용되는 용어이다. 무여과를 한 것은 황금색이나 초록색의 일본술 본래의 색조가 남아있다.

모토(酛,もと), 슈보(酒母,しゅぼ)

일본술 제조 중에서 효모를 배양하는 공정을 모토(酛)제조이다, 혹은 슈보(酒母)제조라고 한다. 여러 가지의 미생물이 관여하는 공정으로, 유산균으로부터 육성하는 방법, 우산을 첨가하는 방법 등으로 분류된다. 소쿠죠모토(速造酛), 키모토(生酛), 야마하이모토(山廃酛), 보다이모토(菩提酛), 미즈모토(水酛), 코우온토우카모토(高温糖化酛) 등 여러 가지 방법이 존재한다.

모다이모토(菩提酛)

술 그 자체이고, 슈보(酒母)이기도 한 나라(奈良)시대의 명주이다. 나라 쿄우후쿠지(興福地) 대승원의 말사, 보다이센 쇼랴쿠지(菩提酛正暦寺)라는 사원에서 1440년에 만들어졌다고 문헌에 기록된 보다이센(菩提泉 : 나라시대에 만들어진 고급술)은 양질의 술로서 알려져 있다. 보다이센(菩提泉)는 한 번 양조하기 때문에(이치단 카케호우 : 一段掛法), 슈보(酒母)제조 그 자체가 양조라고 할 수 있다. 보다에센(菩提泉)은 '먼저 처음에 유산 발효시키고, 유산 산성에서 잡균의 번식을 억누르면서 효모를 증식시킴으로서 더욱 알코올 발효를 촉진시킨 이 방법은 미생물학에서도 인정받고 있는 합리적인 방법'이라고 현대에서도 평가를 받고 있다. 구체적으로는 사용하는 쌀의 10%를 밥으로 짓고, 그것을 침지 중의 나머지 90%의 쌀에 채워 넣는다. 이러한 작업으로부터 용해된 영양분에 의하여 유산균이 증식하고, 유산균에 의해 발생한 유산산성수(쿠사레모토라고 불린다)를 제조용수로서 사용하는 것에 의해 잡균의 번식을 억누르는 원리이다. 이것은 천연의 유산균만이 아니라, 천연의 효모균도 거두어들이는 자연양조법이다. 이렇게 옛날방식으로 양조하는 양조장이 현재에도 전국에 2~3곳이 존재하고 있다.

모로하쿠(諸白, もろはく)

일본술 제조의 기본이 되는 방법이다. 현재의 일본술 제조의 원형으로서, 누룩쌀과 카케마이(掛米)에 정백미를 사용하는 방법이다. 그 기원은 16세기경 헤이안(平安)시대 나라 쿄우후쿠지(興福寺)에서 제조되었다는 설이 유력하다. 모로하쿠는 현미로 제조된 갈색의 일본술로부터 정백미로 제조된 하얀 일본술, 그리고 여과하여 깨끗해진 청주로 진화하게 된 중요한 요인이 된다고 평가받는다. 당시 난토(南都) '나라(奈良)'의 옛 지명 모로하쿠(諸白)로서 높은 평가를 받았다.

や행

야마하이(山廃, やまはい)

자연계의 유산균으로부터 육성하는 농후한 맛으로, 키모토(生酛)와 다른 점은 야마오로시(山卸し) 작업을 실시하지 않는 것이다. 기모토(生酛) 제조에서 실시하는 야마오로시(山卸し), 모토스리(酛摺り)의 작업은 상당한 노동력을 필요로 하는 작업이다. 이것을 해소하기 위해 연구가 진행되었고, 명치(明治)42(1909)년에 국립양조시험소의 실험에서 야마오로시(山卸し), 모토스리(酛摺り) 작업을 한 슈보(酒母)와, 작업을 실시하지 않는 슈보(酒母)의 성분적인 차이가 발견되지 않은 것으로부터 야마오로시(山卸し), 모토스리(酛摺り)의 작업은 필요가 없다고 하는 하난의 추론이 발표되었다. 그로 인해 "야마오로시(山卸し), 모토스리(酛摺り) 작업을 폐지한다."라고 하는 인식이 널리 퍼졌고, 이것을 생략하여 야마하이(山廃)라고 명시되었다. 이후 "카이(櫂)로 찧지 말고 누룩으로 해라."라는 말이 탄생했고, 누룩이 가지고 있는 당화효소의 힘이 주목받기 시작했다. 그리고 키노토케

이슈보(生酛系酒母) 중 90%가 야마하이모토(山廃酛)로 변화하게 되었다.

わ행

YK-35

금상수상을 위한 징크스. Y = 야마다니시키(山田錦), K = 쿠마모토9호 슈보(熊本酒母), 35 = 정미율 35%를 뜻하는 약칭이다. 금상, 은상 등 전국신주평가회에 입상하기 위한 기준이다. 화려한 향기의 긴죠슈를 만들어 내는 것이 목적인 방법이다.

【참고문헌】

소주 이야기, 계간 〈차생활〉 2015 봄호, 도서출판 차생활
전통주 칵테일, 전재구, 농촌진흥청 국립농업과학원
한국의 술문화, 이상희, 도서출판 선
한국인의 주도, 이경찬, 자유문고
한국전통민속주, 이효지, 한양대학교출판부

"시대의 변화에 맞춰 향과 산미, 밸런스 등 젊은 고객의 취향에 맞춰 일식뿐만 아니라 한식, 양식 등 다양한 요리와 와인글라스와 같은 용기에 어울리는 유형의 사케를 생산하므로 인해 전 세계적으로 수요가 급속도로 늘어나고 있다. 현재 사케는 인간이 미생물을 컨트롤 하여 매년 맛과 향을 일정 수준 유지할 수 있는 경지에 와있다."

07

커피 이야기

최 성 일

한국커피로스터연합의 협회장과 경희사이버대학교에서 겸임교수, 그리고 Choi Coffee Company의 대표로 23년간 넘게 커피산업과 교육발전을 위해 노력하고 있다.

커피시장 살펴보기

커피는 이제 더 이상 외국의 음료가 아니다. 1980년대까지만 해도 커피 한 잔이 제국주의의 산물이라 마시면 안 된다는 시기도 있었다. 그러나 이제 커피는 우리 주변 어디에서도 쉽게 접할 수 있게 되었고, 한국인이 가장 사랑하는 음료로 자리 잡았다.

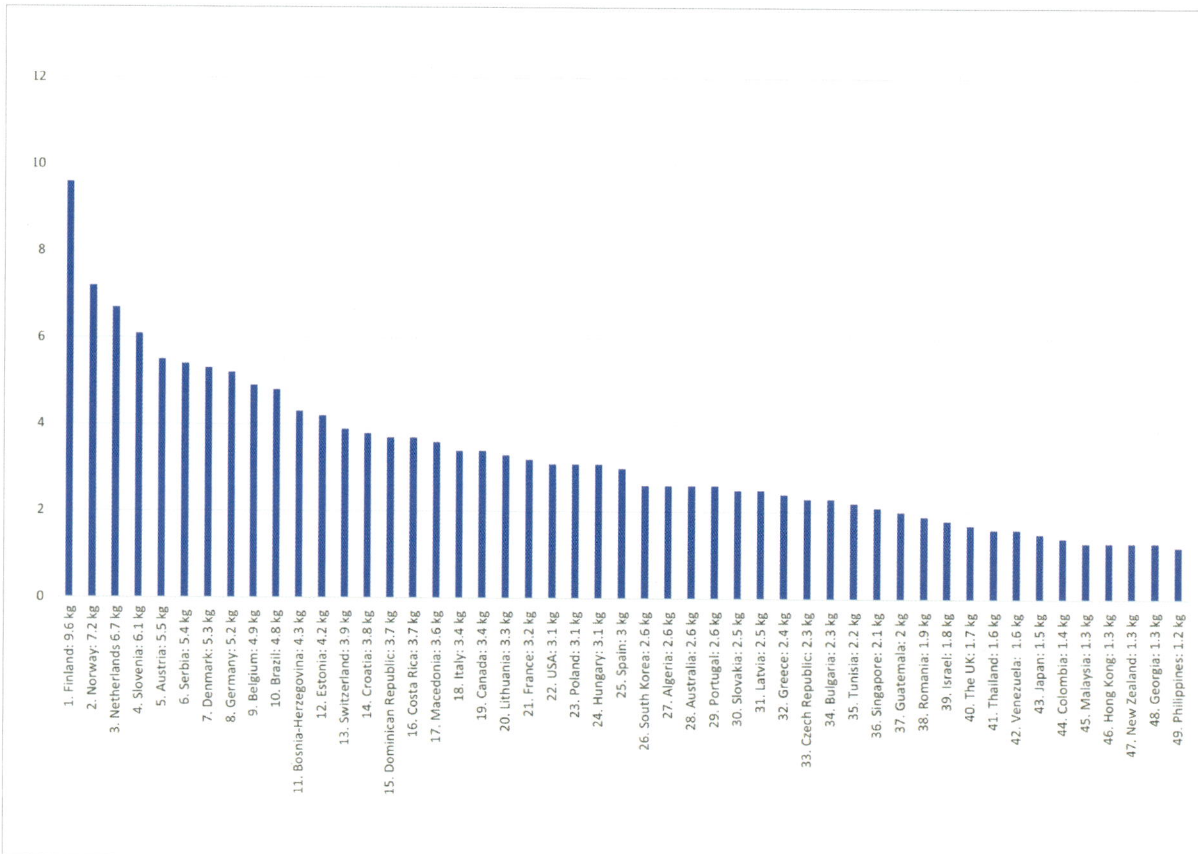

유로모니터의 국가별 1인당 커피소비량[1]

유로모니터Eeuromonitor.com 2016년에 따르면, 한국은 국민 1인당 2.6kg[2]로 세계 26위의 소비 국가이다. 하지만 우리가 소비하는 인스턴트커피나 병 커피음료 등으로 환산하면 잔 수로는 500잔 가까이 이른다. 커피전문점에서 제공하는 커피량보다, 이들이 제공하는 커피의 양이 적기 때문이다. 만약 우리가 마시는 커피가 모두 원두커피라면 한국은 단숨에 8위권으로 진입하는 나라가 된다. 이 점은 앞으로 한국에서 커피 산업이 더욱 성장할 수 있는 기초적인 자료가 되고 있다.

기호식품의 소비성향은 경제상황과 밀접하게 반응한다. 만약 경제상황이 좋아진다면 커피시장은 선진국형의 소비 형태로 발전할 것이다.

커피의 역사

커피의 역사를 정확히 알아내는 것은 쉽지가 않다. 그만큼 긴 역사를 가졌기 때문이다. 기록이라는 유산이 인류에게 생기기 이전부터 커피는 인류를 깨우는 식물로서 그리고 약으로 또한 음료로서 존재해왔고 지금도 존재하고 있다.

전설처럼 내려오는 이야기는 염소가 커피를 따 먹고 흥분한 것을 본 목동 칼디의 전설과, 천사 가브리엘이 마호메트에게 전해 주었다는 전설에서 시작하며 이때부터 카베Kahvch 또는 카와K'hawah라는 이름으로 전설로서의 커피가 존재했다고 할 만큼 긴 역사를 가지고 있다. 아마도 커피 광고에서나 익숙한 이름이겠지만, 이렇게 전설에서 따온 것이라는 점을 알 수 있을 것이다.

이후 커피는 역사적으로 수도승의 새벽기도를 위한 보조음료로, 또 약으로 처방되면서 홍해를 넘고 유럽으로 진출했다. 약으로도 쓰인 이 커피는 약 천 년 전에 '아비세나'라는 이름의 의사가 커피를 에티오피아의 명칭인 붕크Bunc로 사용했다고 알려져 있다. 이후 오백 년의 시간이 흘러 1517년 이집트의 총독인 카이르 베이 총리가 메카에 커피를 금지시키는 포고를 내리고, 이에 반대한 중동사람들이 커피를 집중적으로 음용하면서 일부 상류층이 마시는 음료에서 모든 사람이 마시는 음료로 자리 잡게 되었다.

커피가 중동을 넘어 유럽으로 확산된 것은 1683년 투르크가 오스트리아 빈 전투에서 패전하고 남기고 간 커피가 유래되면서부터다. 아이러니하게도 오늘날 유럽인이 아침을 깨우는 초승달 모양의 크로와상과 커피는 투르크와의 전쟁을 잊지 않기 위해 오스트리아인들이 투르크의 상징인 초승달과 커피를 기억하기 위해 만든 하나의 작은 문화가 전 유럽으로 퍼져나간 것이다.

커피와 크로와상[3]

커피의 품종

커피의 원산지는 아프리카이다. 아라비카Arabica 품종은 에티오피아, 그리고 로브스타Robusta 품종은 콩고가 원산지이다. 이 두 개의 품종은 오늘날 커피의 역사를 장식하는 거대한 이름이 된다. 또 하나의 품종은 리베리카 Liberica종이 있다.

이 3종은 오늘날 인간에 의해 또 지연 상태에서 교배되어 100개 이상의 품종으로 세분화되어 각 국가의 기후와 토양에 맞게 번성하고 있다. 하지만 20세기 후반과 21세기에 들어 이들의 재배량은 큰 차이를 보이게 되는데, 질병에 강한지 그리고 맛과 향이 좋은지의 여부에 의해 운명이 갈라지고 있다. 즉 질병에 강하지만 맛과 향은 떨어지는 로브스타 품종은 나름 20%정도의 생산량을 기록하게 되었고, 질병에 약하고 맛과 향이 떨어지는 리베리카 품종은 필리핀과 인도네시아의 동부 등 극소수의 지역에서만 재배되는 종이 되고 말았다. 반면, 질병에는 약하지만 맛과 향이 뛰어난 아라비카 품종은 적극적인 품종개량과 보호를 통해 약 80%의 생산량을 기록하는 품종으로 성장하게 되었다.

로브스타, 아라비카, 리베리카 품종[4]

커피시장의 미래

커피시장도 4차 산업혁명을 피해갈 수는 없다. 벌써 외식업에서는 대면 주문(對面注文)이 사라지고, 소비자가 모니터 앞에서 카드를 통해 제품을 주문한다. 치솟는 인건비는 시간당 10달러 시대가 도래되었고, 한국인들은 스마트기기에 친숙해졌다. 당연히 한국의 소비시장을 변화시킬 것이며, 앞으로 독립점포와 프랜차이즈는 이러한 차이를 극명하게 보여주는 시장으로 발전해 나갈 것이다.

프랜차이즈는 입지와 가격 그리고 스마트 시설IoT로 무장할 것이고, 독립점포 역시 일정부분 스마트시설을 받아들이겠지만, 아날로그 감성을 통해 소비자의 감성을 자극하는 방향을 발전 모델로 잡을 것이다. 주문 시스템의 변화에서 시작된 스마트화는 에스프레소 추출 그리고 밀크스티밍 그리고 라떼아트에 이르기까지 계속 발전하게 될 것이다.

당연한 소리겠지만 시간의 문제일 뿐이다. 커피 로스팅 역시 현재에도 상당한 자동화와 센서기술의 발전으로 대형 회사의 경우에는 이미 어느 정도 스마트화가 이루어졌다. 따라서 앞으로 바리스타가 직업으로 생존하기 위해서는 농업으로부터 변화된 커피 품종에 따라 로스팅 프로파일을 잡고 블랜딩 비율을 찾아내고 커피추출 프로파일로 연결하는 부분에 집중을 해야 한다. 물론 새로운 메뉴를 만들어 내는 것도 사람의 영역임에는 아직도 사실이다.

가정용 커피머신과 그라인더[5]

커피 소비장소 역시 변화의 바람을 타고 있다. 커피는 커피전문점이나 슈퍼마켓으로 불리는 편의점에서 소비하는 제품이거나 인스턴트를 통해 사무실과 가정에서 소비되던 양상이었다. 그러나 최근에는 가정과 사무실에도 커피 소비패턴이 급격한 변화를 보이고 있다. 커피를 추출할 수 있는 머신이나 기자재는 매장의 전유물이었고, 소비를 위해서는 매장에 방문해야만 했다. 하지만 인스턴트보다 순수커피를 선호하는 층이 증가하고 사무실이나 가정에서 에스프레소를 만들 수 있는 머신이 보급되면서 캡슐이나 파드Pod 커피보다 순수하게 커피를 즐길 수 있는 환경이 만들어지고 있다. 물론 전통적으로 가정에서 손수 커피를 갈고 필터를 이용하여 커피를 즐기는 마니아층도 많아지면서, 사무실과 가정에서 소비되는 순수커피의 양이 많아지면서 선진국형 소비 형태로 전환되고 있다.

커피는 신선식품

보통 신선식품은 짧은 유통기간과 부패 등으로 인해 시간이 지나면 음용이나 식용이 불가능한 식품을 말한다. 그래서 커피를 흔히 생각할 때 캔이나 병에 담긴 음료로 생각하기가 쉽다. 또 봉투에 담겨 생산한 날로부터 1년 동안 추출해 마실 수 있는 음료라고 생각하기도 쉽다. 그것이 일반적이다. 하지만 커피를 즐긴다는 의미에서 보면 커피는 의외로 수명이 짧다. 생산한 날로부터 10여일이 지나면 신선도가 떨어지고 맛과 향의 품질도 떨어지게 된다.

커피의 부풀림

보통 우리가 커피를 추출할 때 생겨나는 부풀림 현상을 커피의 신선도를 측정하는 시각적인 방법으로 이용하고 있다.

이는 커피 안에 담겨있는 이산화탄소와 향기 성분이 추출 시 밖으로 빠져 나오면서 생겨나는 현상이다. 즉 신선한 커피라는 증거인 셈이다.

커피를 직업으로 하는 사람이라면 모두 커피의 신선도를 지키기 위해 갖은 노력을 쏟아낸다. 냉장고를 이용하거나, 커피를 밀폐시켜 보관하는 등의 노력들을 기울인다. 특히 커피를 가장 빠르게 산패시키는 요인은 분쇄이다. 보통 10일인 커피의 신선도는 분쇄하면 겨우 18분 정도만이 유지되기 때문이다. 따라서 커피를 즐긴다는 모든 관점에서 보면 커피를 추출하는 머신이나 도구보다, 갖추고 있어야 할 도구가 커피를 분쇄하는 그라인더이다.

아래의 표는 커피 상태에 따른 신선도를 설명한 것이다.

커피 상태에 따른 신선도의 유지기간

생두	로스팅	봉투 개봉	분쇄	추출
2년	10일	3일	18분	3분

커피는 건강식품

신선한 커피가 인간의 신체에 미치는 영향은 다양한 논문과 실험을 통해 검증되었다. 정리하면 빅데이터를 사용한 내용에서 출발한다.

북유럽의 2형 당뇨병의 발명률이 낮다는 점에 착안하여 북유럽의 식생활 조사를 통해 커피의 음용이 높다는 점을 발견하고 연구[7]하여 발표한 논문에 따르면, 커피의 카페스톨Cafestol 성분이 2형 당뇨병 예방에 도움을 준다고 밝혀졌으며, 필터를 이용하는 경우에는 카페스톨이 대부분 필터에 달라붙기 때문에 또 다른 커피 성분이 2형 당뇨병의 발병을 낮추는 것일 수도 있다고 밝혔다.[8] 아래 표는 커피와 건강에 관한 연구 자료를 정리한 것이다.

한편 항상 커피와 건강에 대한 의견을 제시할 때 가장 문제가 되었던 부분이 뼈 건강을 해친다는 내용이었다. 하지만 2016년 2월 서울대 가정의학과에서 뼈 건강에 커피가 좋다는 내용으로 연구결과를 발표했으며, 내용의 결론은 하루에 커피를 1잔 미만 마시면 21%, 1잔 마시면 33%, 2잔 마시면 36% 수준으로 골다공증 위험이 감소했다는 내용이다.[9]

커피와 관련한 건강 관련 연구자료

효 능	연구자료
위암 예방효과	커피를 매일 3잔 마시는 습관이 있는 사람은 마시지 않는 사람보다 위험에 걸릴 확률이 절반 정도 밖에 안 된다(일본 아이치현 암센터 연구진의 11년간 역학조사).
간암 예방효과	커피를 종종 마시는 사람은 마시지 않는 사람보다 30% 낮고, 매일 마시는 사람은 60%나 사망률이 낮다(일본 산교 의과대학 연구진의 8년간 역학조사).
대장암 예방효과	하루에 커피를 4잔 또는 그 이상 마시는 사람은 전혀 마시지 않거나 거의 마시지 않는 사람보다 대장암에 걸릴 위험이 24% 더 낮다(Harvard School of Public Heath, Boston, Massachusetts).
방광암 예방효과	특히 흡연자들에 대해서 흡연을 해독시킴으로써 방광암을 예방한다(영국의 의학 전문지 Journal of Epidemiology and Community).
구강암 예방효과	커피의 크로로겐산과 카페산이 혀 등에 발생하는 구강암을 억제하는 작용이 있다(일본 기후대학 의학부 모리교수의 동물실험).
암세포 증식 및 전이효과 억제	커피는 이미 발생한 암을 억제하는 성분이 포함되어 있다(일본 도쿄농공대학 농학부 아가사키 교수팀).
심장병 예방효과	커피를 많이 마시는 사람일수록 심장병에 걸릴 위험이 낮다(영국 스코틀랜드 던디대학 슈터스톨 피도 교수팀의 7년 반 동안의 역학조사).
담석 예방효과	하루에 커피를 2~3잔 마시는 사람은 커피를 전혀 안 마시는 사람에 비해 담석이 생길 확률이 40%, 4잔 이상 마시는 사람은 45%정도 낮다(미국 하버드대학 보건대학의 마이클 라이츠만 박사의 10년 조사분석 결과 / 미국의약협회).
파킨슨병 예방효과	커피를 많이 마시는 사람일수록 퇴행성 신경질환인 파킨슨병에 걸릴 위험이 현저히 낮다(Ross 박사의 30년 연구 결과 / Department of Veterans Affaires On Honoulul, Hawaii).
알레르기 예방효과	커피를 진하게 마시면 알레르기성 염증을 막을 수 있을 뿐 아니라 알레르기성 쇼크로 인한 사망도 예방할 수 있다(원광대 약대 한약학과 김형민 교수 / 영국의 국제 면역약리학회지).
치매 예방효과	커피를 마시면 신경세포의 재생이 촉진될 가능성이 크다(일본 도야마의과대학 하쓰토리 교수 / 일본의 커피사이언스 세미나).

효 능	연구자료
긴장성 두통완화	카페인이 소염 해열제인 이부프로펜과 함께 복용할 경우 머리와 목을 둘러싸고 있는 근육수축으로 생기는 '긴장성 두통' 완화에 큰 효과가 있다(미국 일리노이주 시카고 다이아몬드 두통 클리닉세이모 다이아몬드 박사 / 임상약리학과 치료법 9월호).
비만 예방효과	커피의 주성분인 클로로겐산은 갈색 지방세포(체내에 남아도는 지방을 연소하여 열로 바꾸는 작용을 함)를 성장시켜 체내지방을 줄임으로써 효율적으로 남아도는 지방을 열로 바꾸는 효과가 있다(일본 사가미 중앙화학연구소의 쓰지 박사 연구진).
	식사 전 · 후의 커피는 에너지 대사량을 증가시키고 체내의 저장지방 분해를 증대하여 다이어트 촉진효과가 있다(스위스 아티손 박사 연구진).

2015년 하버드대학 연구팀은 30년 동안 20만 명을 추적 조사한 결과, 하루 3잔에서 5잔의 커피를 마시면 마시지 않은 사람보다 3년에서 7년 정도 더 오래 산다는 연구결과를 발표했다. 또한 이 연구의 후속연구로 2017년 스탠포드대학 연구팀은 커피가 수명 연장에 기여할 수 있는 하나의 잠재적 이유를 찾아낸 것으로 커피가 신체에 직접적 효과를 낼 수 있다는 점이 놀랍다고 밝히면서, 이는 만성염증이 암, 치매, 심혈관계 질환, 관절염, 심지어 우울증까지 비전염성 노인질환의 90% 이상에 관련되어 있다는 내용을 밝히면서 커피가 예방효과에 뛰어난 능력을 가졌다는 점을 발표했다.[10]

커피를 부르는 이름

커피를 부르는 이름은 여러 가지 상태와 가공법에 따라 다르게 부른다. 만약 이 단어를 모두 알지 못하면 커피를 정확히 이해하는 데에 많은 어려움에 직면하게 된다.

- 커피체리Coffee Cherry : 열매상태의 커피를 말한다.
- 블랜디드 커피Blended Coffee : 여러 산지의 커피를 배합한 커피를 말한다.

밸런스를 맞추기 위해 사용하는 것이 일반적이다.

- 싱글오리진 커피Single Origin Coffee : 동일 국가의 커피를 배합한 커피를 말한다. 보통 말하는 커피생산 국가를 말한다.
- 에스테이츠 커피Estate Coffee : 광역의 넓은 지역에서 생산한 커피를 말한다. 우리가 알고 있는 안티구아, 나리뇨, 따라쥬 등이 이에 해당한다.
- 마이크로 랏 커피Micro Lot Coffee : 한 단위의 농장에서 생산한 커피 또는 바로 인접한 재배 지역에서 생산한 커피를 말한다. 보통 품종이 동일하고 동일시즌에 생산한 커피를 말한다.
- 파치먼트 커피Parchment Coffee : 내과피 상태의 커피로 보통 산지에서 보관하고 있는 커피 상태를 말한다.
- 그린 커피Green Coffee : 수출 전에 내과피를 제거한 상태의 커피이며 수입국에 도착한 상태를 말한다. 콩을 닮았다는 이유로 그린 빈Green Bean이라고 부르기도 한다.
- 로스티드 커피(원두)Roasted Coffee : 커피를 볶은 상태의 커피를 말한다. 보통 원두라고 부른다.
- 분쇄 커피Ground Coffee : 그라인더를 이용해 갈아놓은 상태의 커피이다.
- 홀빈Whole Bean : 갈지 않은 상태의 커피를 말한다. 즉 로스티드 커피이다.
- 체리드라이 커피Cherry Dried Coffee : 열매 상태로 그대로 말린 커피를 말한다. 내추럴Natural 커피라고 부르기도 한다.
- 워시드 커피Washed Coffee : 점액질을 제거하는 방법으로 박테리아를 이용하고 이를 제거하는 방법으로 물을 많이 사용한 커피라는 뜻이다.
- 세미워시드 커피Semi Washed Coffee : 워시드 커피의 씻겨진 박테리아가 환경오염을 유발하게 됨에 따라 점액질을 제거하는 방법을, 기계를 통해 닦아내는 방식으로 가공된 커피를 말한다.
- 허니 커피Honey Coffee : 체리, 즉 과육을 세서하고 점액질 상태로 말린 커

피를 말한다. 펄프드 내추럴Pulped Natural이라 부르기도 한다.

- 블랙 허니 커피Black Honey Coffee : 허니 커피를 천천히 말린 커피를 말한다.
- 레드 허니 커피Red Honey Coffee : 허니 커피를 빠르게 말린 커피를 말한다.
- 옐로우 허니 커피Yellow Honey Coffee : 점액질을 20~50% 정도 제거한 상태로 건조한 허니 커피를 말한다.
- 화이트 허니 커피White Honey Coffee : 점액질을 90% 이상 제거한 상태로 건조한 허니 커피를 말한다.
- 더치 커피Dutch Coffee : 보통 차가운 물로 천천히 추출한 커피를 말한다. 콜드 브루Cold Brew 커피라고도 한다.

보조적으로 다음의 용어도 알아두어야 한다.

- 아프리칸 시즈 베드African Seed Bed : 한국의 평상과 비슷한 곳에서 커피를 건조하는 법을 말한다.
- 온실 건조Green House Dry : 비닐하우스에서 커피를 건조하는 방법으로, 커피가 새벽의 이슬이나 비를 피할 수 있게 되어 품질향상 효과를 얻는다.
- 드라이어 건조Dryer Dry : 전기, 가스, 화목 등으로부터 열량을 얻어 커피를 건조하는 방법을 말한다.
- 햇볕 건조Sun Dry : 드라이어 건조의 반대 개념으로 햇볕을 통해 커피를 건조한다는 개념이다.

커피의 테이스팅(Tasting = Cupping) 용어

- Cupper : 커핑을 통해 커피의 품질을 평가하는 사람을 말한다.
- Business Cupping : 커피 품질과 고객의 기호 그리고 가격을 고려하여

구매 결정을 위한 컵 테스트Cup Taste를 말한다.

- Defect Coffee(Bean) : 생두가 성장, 가공, 운송, 보관 중에 품질과 형상에 이상이 생겨 맛과 향에 부정적인 영향을 주는 생두이다.
- Quaker : 로스트 후 결함으로 분류되는 문제점으로 생두 수확 시 실수로 생기는 문제이다. 체리가 70%정도 성숙한 정도에서 수확이 이루어진 경우 체리는 워시드 과정과 무게소트 등을 통과하게 되어 문제가 없는 것처럼 분류되지만, 결국 로스트를 통해 미성숙한 원두가 수확된 것으로 확인되는 것이다. 로스트 원두 중 1개(100g)도 발견되지 않으면 스페셜티로, 3개까지 발견되면 프리미엄으로 분류되는데 이 과정이 등급을 분류하는 데에 중요한 역할을 한다.
- 수분율 : 생두의 무게 중 수분이 차지하는 비율을 말하는 것으로, 생두의 신선도와 보관 상태를 알 수 있는 척도이다.
- 생두 크기의 편차 : 생두의 사이즈 편차가 없을수록 좋다는 뜻이다. 로스팅 시 각각의 생두에 열을 전달하는 속도에 영향을 주게 되므로 결과물의 일정성에 영향을 주게 된다.
- Odor : '생두의 향'을 말하는 것으로 매운 향이 난다. 운송 또는 보관 중에 다른 향과 접촉되지 않아야 한다는 뜻이다.
- Cupping Score : 커퍼Cupper들의 점수의 평균값을 말한다. 보통 통계적으로 유효한 결과를 얻기 위해 30명 이상의 커퍼가 참여해야 하고, 최고점과 최하점을 제외한 평균값을 말한다.
- Fragrance : 볶아진 커피의 분쇄 전 또는 분쇄 상태의 향기를 말하며 드라이 아로마Dry Aroma라고도 한다.
- Wet Aroma : 분쇄된 커피에 물을 부은 후 발생하는 향기로 보통 아로마Aroma라고 한다.
- Break Aroma : 떠오른 커피가루를 밀어내면서 액체에서 발생하는 향을

말한다.

- Bouquet : 커피향의 총칭이다.
- Quality Scale : 인지한 커피의 맛과 향에 대한 평가척도이다.
- Roast Level : Cupping 기준에 따른 로스팅 정도를 말하며 보통 Agtron 55를 말한다.
- Flavor : 커피를 입 안으로 빨아들였을 때 느껴지는 맛과 향이다.
- Aftertaste : 커피를 마신 후 느껴지는 맛과 향이다.
- Acidity : 커피의 신맛 중 긍정적인 신맛이다.
- Sour : 커피의 신맛 중 부정적인 신맛이다.
- Body : 주로 측정 가능한 커피의 농도를 말하는 것으로, 일정량의 커피와 물을 일정온도에서 일정 시간동안 추출한 농도를 말한다. 보통 Mouthfeel과 함께 복합개념으로 사용하기도 한다.
- Mouthfeel : 커피의 지용성 성분 중 휘발되지 않고 입 안에 남아 피부에 매끄러운 감촉의 영향을 준다. 이때 바디Body와 복합한 개념으로 사용되기도 하는데, 이는 수용성인 단맛이 매끄럽기 때문이다.
- Balance : 커피의 신맛, 단맛, 쓴맛, Enzymatic, Sugar Brown, Dry Distillation 향기의 풍부함, 그리고 Mouthfeel이 고르게 분포된 개념이다.
- Uniformity : SCA에서 한 종류의 원두를 5잔(5번) 측정한다는 개념으로, 5잔이 모두 비슷한지의 의미이다.
- Clean Cup : 테스트하는 5잔 중 한 잔이라도 부정적인 결함 원두의 맛이나 향 등이 느껴지는지를 평가하는 항목이다.
- Overall : 전체적인 판단으로 해석할 수 있다. 커핑을 통해 여러 항목을 객관적으로 측정하고 자신의 취향을 반영하여 점수를 부여할 수 있다. 하지만 앞의 6개 항목의 한 항목보다 점수가 높거나 낮을 수 없다.
- Taint = 2 : 커피에서 부정적인 평가내용Defects이 발견되었으나, 커피의

다른 맛과 향도 느껴지는 경우에 부여하는 단어이다.

- Fault = 4 : Taint와 같이 부정적인 요소가 발견되었고, 이 때문에 커피의 다른 맛과 향을 느낄 수 없을 때 부여하는 단어로 상대적으로 아주 강한 평가내용을 말한다. 즉 Category 1에 해당하는 평가가 많다.
- Total Score : Fragrance, Flavor, Aftertaste, Acidity, Body, Balance, Uniformity, Clean Cup, Sweetness, Overall의 10가지 평가항목의 합계를 말한다.
- Final Score = Total Score-defects를 말한다. 깨끗한 컵에서 감점이 있는 경우에는 반드시 추가감점을 해야만 한다.
- Sweetness : 커피의 단맛이라고 해석할 수 있다. 하지만 커핑을 통해 직접적으로 단맛을 확인하기는 매우 어려우므로, 신맛과 쓴맛의 품질을 바탕으로 평가하는 항목이다.
- Intensity : 신맛의 물리적인 강약(ph값)을 말하는 것으로, 산도계를 통해 측정이 가능하다. 하지만 단맛과 쓴맛에 의해 강하게 또는 약하게 느껴지기도 한다. High, Meddle, Low로 표현한다.
- #Cups : 5개의 컵 중 몇 개에서 평가내용이 느껴지는지를 묻는 것이다.
- Level : Body 항목에서 그 강도를 묻는 것으로 Heavy, Medium High, Medium, Medium -Low, Thin으로 답할 수 있다.

스페셜티 커피

- Cupping Score가 80점 이상의 커피를 말한다.
- 생두Odor가 오염되지 않아야 한다. 즉 생두향기 외의 향은 안 된다.
- Defects Score가 3등급 이내여야 한다. Category1에서 점수가 발생한 경우 스페셜티 등급에서 제외된다.
- 생두 수분율은 Natural Process 커피는 10~13%, Washed Process 커피는 9~12%를 말한다.

- Quaker가 100g당 1개 이하여야 한다.
- 생두의 크기 편차가 95%가 같은 사이즈여야 한다는 뜻이다.

이상의 6가지 조건을 모두 통과해야 한다.

COE 커피와 내셔널 위너[11]

COE 커피는 Cupping Score 86점 이상의 생두를 말하며, 이는 오염, 수분율, Quaker, Defects는 맛과 향을 통해 감지되는 것임으로 오로지 품질만을 등급으로 인정하자는 뜻이다.

미국 민간단체인 ACE가 이끌고 있는 스페셜티 커피 선발대회의 대표적인 단체이다. 또한 COE 커피의 점수인 86점에 이르지 못하고, 85점대의 커피를 내셔널 위너National Winner라고 부른다. 이는 과거 COE가 85점부터 COE 커피로 인정하다가 점수를 올려 86점으로 변경했기 때문에 생긴 이름이다. 하지만 내셔널 위너라고 하더라도 소비 지역에 따라 상당히 좋은 반응을 보인다.

커피의 품질결정 요인은 무엇일까?

최근 유럽이나 미국, 일본의 커피가 고품질이라는 인식은 깨지고 있다. 한국이 양적으로 커피소비량이 증가하면서 질적인 커피에 대한 소비량도 증가하고 있기 때문이다. 단순한 논리이지만, 선진국에서 소비하는 모든 커피가 고품질이라면 그렇게 많은 커피가 품질이 어떻게 생산된다는 것은 불가능하다는 뜻이다. 즉 품질은 상대적인 개념이다. 따라서 한 해 생산되는 커피의 양 중 80~100% 이상의 것만 고품질의 커피(스페셜티) 그리고 70~

79%를 프리미엄 커피로 보는 것이 맞다.

2016년 한국은 고품질의 대명사로 불리는 Cup of Excellence로 불리는 커피를 전 세계에서 가장 많이 낙찰 받은 국가가 되었다. 그만큼 한국에 고품질의 커피가 팔리기 시작하는 시점이 된 것이다.

그렇다면 고품질의 커피가 되기 위해서는 어떠한 조건을 갖추어야 할까? 우리가 산지라고 말하는 농장을 둘러쌓고 있는 환경이 가장 중요한 요인이다. 먼저 건기와 우기가 구별되어야 하고 연간 1,500~2,000ml의 비가 적당하다. 그러나 커피나무가 자라는 지역의 토양은 배수가 잘되어야 한다. 따라서 토양에 화산재가 많이 섞인 지역이 좋다. 또한 커피나무가 심어진 곳의 일교차가 중요하다.

이러한 이유로 고산지일수록 커피의 품질이 우수할 확률이 높다. 좋은 커피를 구별할 때 재배고도를 묻는 이유도 여기에 있고, 중미국가의 경우에는 국가별로 재배고도에 따라 등급을 책정해 두고 있다. 즉 커피는 일교차는 크고 연중기온은 비슷해야 품질 좋은 커피가 생산되는 조건이다. 다음의 표는 중미국가들의 등급 분류를 위한 재배고도를 정리한 것이다.

중미국가들의 해발 고도에 따른 표기[12]

국 가	등급 이름	해발 기준
Guatemala	Strictly hard bean(SHB) hard bean(HB)	1,450m 이상 1,300~1,450m
Costa Rica	Strictly hard bean(SHB) hard bean(HB)	1,250m 이상 1,100~1,250m
Mexico	Strictly high grown(Extremadamente altura) high grown(altura)	1,700m 이상 1,000~1,700m
Honduras	Strictly high grown(SHG) high grown(HG)	1,500m 이상 1,000~1,500m
Nicaragua	Strictly high grown(SHG) high grown(HG)	1,500m 이상 1,300~1,500m

재배고도와 함께 커피 품질의 기준이 되는 또 하나는 커피의 크기이다. 커피의 크기가 크면 좋은 품질로 나누는 것을 말한다. 보통 크기에 의해 생두의 등급을 나눈다고 표현하는 것이 이에 해당한다. 기후환경과 함께 커피가 심어지는 곳의 토양 또한 커피의 품질을 결정하는 중요요인이다. 토양에 함유된 성분에 따라 커피나무가 열매를 만드는데 필요한 성분이 쌓이기 때문이다. 아래의 표는 크기에 따른 각 국가의 등급표기를 말한다.

더불어 자메이카는 1953년부터 블루마운틴과 Jamaica High Mountain Supreme 지역으로 나누어 판매하고 있으며, 블루마운틴 지역에서 생산한 커피에만 이름을 붙여 사용한다. 또한 품종 역시 Typica 종으로 한정하고 있다. 따라서 블루마운틴은 지역, 품종, 불량률, 크기를 모두 함께 적용함으

크기에 따른 국가별 등급표기[13]

<table>
<tr><th>국 가</th><th colspan="3">등급이름</th><th colspan="5">기 준</th></tr>
<tr><td>Colombia
(2002년부터 적용)</td><td colspan="3">Premium
Supremo
Extra
European
UGQ
Peaberry</td><td colspan="2">Screen 18
Screen 17
Screen 16
Screen 15
Screen 14
Screen 14</td><td colspan="3">추가적으로
'생산 지역'별 구별
'인증커피' 구별
'선별 방식'에 따른 구별을
함께 적용하고 있다.</td></tr>
<tr><td>Kenya</td><td colspan="3">AA
AB
C</td><td colspan="5">Screen 17~18
Screen 15~16
Screen 14~15</td></tr>
<tr><td>Tanzania</td><td colspan="3">AA
A</td><td colspan="5">Screen 18
Screen 17</td></tr>
<tr><td>Hawaii</td><td colspan="3">Extra Fancy
Fancy
Prime</td><td colspan="5">Screen 19 and Defects 10 이내
Screen 18 and Defects 16 이내
Screen 무관 and Defects 25 이내</td></tr>
<tr><td>Jamaica
(블루마운틴 지역에 한함)</td><td colspan="3">Blue Mountain no1
Blue Mountain no2
Blue Mountain no3
Blue Mountain Peaberry</td><td colspan="2">Screen 17–18
Screen 16
Screen 15
Screen 10</td><td>불량률
2% 이내</td><td colspan="2">크기오차 4% 이내</td></tr>
<tr><td>Screen No</td><td>20</td><td>19</td><td>18</td><td>17</td><td>16</td><td>15</td><td>14</td><td>13</td></tr>
<tr><td>크기(mm)</td><td>8</td><td>7.5</td><td>7</td><td>6.75</td><td>6.5</td><td>6</td><td>5.5</td><td>5</td></tr>
</table>

로써 고품질은 물론 브랜드로 양성하는 시스템을 가지고 있다.

커피는 가공법에 따라 맛과 향이 다르다

'커피를 가공한다'는 것의 의미는 기후 환경에 따라 가공법을 적용시킨다는 의미를 가지고 있었다. 커피체리도 과육임으로 최초에는 그대로 건조하는 내추럴Natural 방식이 널리 사용되었다. 에티오피아와 브라질이 대표적인 국가들이다.

그러나 어떤 국가의 경우에는 체리상태의 커피를 수확했으나 습기가 많고 고온인 날씨가 계속되는 지역은 체리가 쉽게 부패했다. 그래서 체리의 과육을 제거하고 잘 제거되지 않는 점액질Mucilage이 부패되지 않도록 발효를 시켜 이를 제거하고 또 발효 후에는 신속히 박테리아를 물로 깨끗이 씻어낸 후 건조해야 품질을 유지할 수 있는 콜롬비아와 같은 지역은 워시드Washed 가공법으로 발전했다. 품질적으로 이 두 가공법은 차이를 보이게 되는데, 불량률은 내추럴 가공법이 높았고 대신 꽃향이나 과일향도 높았다. 하지만 건조법이 발전하기 전에는 이러한 불량률이 높아 커피의 맛과 향을 떨어뜨리는 결점이 있었다. 반면, 워시드 가공법은 물의 부력으로 당도가 낮거나 상한 커피는 물에 떠올라 쉽게 이를 제거할 수 있게 되어 상대적으로 맛과 향이 우수한 커피를 얻을 수 있었다. 결과적으로 워시드 가공법은 우수한 커피를, 내추럴 가공커피는 저가의 커피로 인식되었다.

하지만 최근 들어 건조법이 발전하면서 이러한 고정관념은 사라지고 있다. 비닐하우스Green House가 보급되고 한국의 평상과 비슷한 건조대African Seed Bed가 보급되면서 습기로부터 자유로워지면서 체리를 그대로 건조하여 맛과 향이 과일향이나 꽃향이 강한 우수한 커피가 생산되기 시작했다.

워시드 커피, 허니 커피, 체리드라이 커피의 건조 모습

이름도 저가의 내추럴을 버리고, 체리드라이 커피Cherry Dried Coffee라는 이름을 붙이면서 새롭게 탄생하고 있다. 따라서 가공법에 따라 품질을 나누던 형식이 깨지고 있다.

워시드와 체리드라이의 중간 형태인 펄프드 내추럴Pulped Natural(브라질에서 부르는 이름)이 있다. 이 방식은 체리 과육만 제거하고 점액질 상태에서 건조하는 방식으로, 브라질에서 개발되어 현재는 세계적으로 애용되는 가공법이 되었다. 이 방식은 허니Honey(브라질을 제외한 국가) 커피로 이름을 붙여 판매되고 있으며, 건조방식이 발전하면서 널리 보급된 가공법이다. 즉 습도가 높은 지역에서도 이 방식으로 건조하는 커피가 생산되고 있다는 뜻이다.

현재 허니 가공은 건조속도와 점액질 제거비율에 따라 명칭을 바꾸고 있다. 블랙허니Black Honey는 건조시간을 길게 한 커피를, 레드허니Red Honey는 빠르게 건조한 커피, 그리고 옐로우허니Yellow Honey는 20~50%의 점액질을 제거한 커피, 화이트허니White Honey는 90% 이상 점액질을 제거한 커피에 붙여 사용함으로써 커피를 업으로 하는 사람 간의 소통의 단어로 통일화되고 있다.

그렇다면 가공법을 중요하게 나누어 이야기하는 이유는 무엇일까? 당연히 커피의 맛과 향이 다르기 때문에 중요해지는 것이다. 보통 워시드 커피는 발효Fermentation 과정을 거치면서 약하지만 다양한 향기를 품게 되고, 체리드라이 커피는 과육 자체에서 발효와 건조과정을 거쳐 꽃향과 과일향이 강하게 나타난다.

생두(Green Coffee)의 포장도 중요하다

커피백Coffee Bag 하면 일반적으로 생각하는 것은 가마니Jute Bag일 것이다. 커피를 로스팅하는 매장이나 공장에서 인테리어 소품으로 사용하기도 한다. 그러나 최근 들어 주트백Jute Bag이 공기와 접촉으로 인해 습기와 온도에 영향을 많이 받아 맛과 향이 변질되는 것을 방지하기 위해 주트백Jute Bag 안에 폴리비닐백Polyvinyl Bag을 넣어 공기와의 접촉을 막거나 아예 두꺼운 폴리비닐백만을 이용해 포장을 하기도 한다.

폴리백, 주트백, 종이백, 진공백

스페셜티 커피Specialty Coffee의 경우에는 포장 단위를 15kg로 하면서 은박으로 코팅된 폴리백을 이용하여 햇빛을 차단하고 온도와 습도의 변화를 최대한 방어하고 있고, 진공포장으로 공기를 최소화하여 생두의 맛과 향의 변질을 최대한 막고 있다. 또 종이를 겉면에 폴리비닐을 안쪽에 배치한 백도 등장했으며, 생두의 포장단위도 과거 60kg 정도로 포장하던 것을 30kg 또는 20kg, 15kg로 소량으로 포장하여 운송과 적재가 쉽고 구매도 쉽도록 하고 있다.

더불어 보관하는 방법도 설명하는 것이 좋다. 생두의 수분율이 12% 정도라면 최고의 상태를 유지한다고 할 수 있다. 하지만 수입 운송도중 수분손실이 생겨나게 되므로, 이보다는 낮은 상태를 가지게 된다. 일반적으로 생두수분율의 최하지점은 9%를 뜻한다. 신선한 생두의 최하지점이라고 할 수 있으며 수분율이 12%에 가까울수록 신선한 생두라고 정의할 수 있다.

따라서 이를 유지하기 위해 로스팅 회사들은 항온항습 장치와 같은 시설을 통해 수분을 유지하려고 노력을 한다. 하지만 수분율이 낮아지는 것을 늦출 수는 있지만 12%를 유지할 수는 없다. 12%의 수분율을 유지하기 위해서는 공기 중의 상대습도를 70% 이상으로 유지해야 하는데, 만약 70%를 유지한다면 모든 생두와 창고에 곰팡이가 생기게 되는 습도이기 때문이다. 따라서 대부분의 생두창고에서는 습도를 55% 정도에 맞추어 두고 있다. 즉 생두는 천천히 수분을 잃어갈 수밖에 없다.

커피, 로스팅을 통해 다시 태어난다

생두Green Coffee 상태의 커피는 원두Roasted Coffee가 가진 맛과 향을 전혀 가지고 있지 않고 순수하게 농작물로서 존재하는 상태이다. 로스팅이라는 볶음과정을 통해 커피 특유의 향과 맛을 가진 음료의 재료가 된다. 볶음이라는 과정은 수많은 조리방법 중 하나로, 열을 전달하는 매개체가 물이나 기름이 아닌 복사열과 접촉열, 그리고 열풍을 이용하여 조리하는 과정이다. 드물게 직화를 이용하는 경우도 있다. 대부분의 커피로스터 머신은 이 4가지의 열원 중 어떤 열원으로부터 얼마만큼의 열량을 사용하느냐에 따라 로스팅 프로파일Roasting Profile이 만들어지고, 이에 따라 맛과 향을 표현하는 컵 프로파일Cup Profile이 만들어진다.

로스팅 머신은 열원에 따라 구별하는데 보통 가스, 전기, 참나무 등을 사용하며 순서에 따라 가스 로스터, 전기 로스터, 직화 로스터로 부른다. 하지만 일반적으로 열량이 생두에 어떻게 전달되느냐에 따라 구별하기도 하는데, 로스터 머신의 드럼 표면에 구멍이 있어 열량이 직접 생두에 전달되는 로스터 머신을 직화형 로스터라고 부르며, 드럼 표면에 구멍이 없고 드럼 철판을 데운 뜨거운 공기가 드럼의 옆면의 구멍을 통해 생두에 전달되는 방식을 반열풍식 로스터라고 부른다. 또한 뜨거워진 공기를 생두에게 보내 볶음과정을 진행하는 로스터를 열풍식 로스터라고 부른다. 각각의 로스터 머신은 장·단점을 가지고 있으며, 로스터(사람)가 자신의 커피스타일에 따라 로스터 머신을 선정해 사용하면서 다양한 맛과 향을 가진 커피를 만들어 낸다.

보통 로스팅 단계를 통해 볶음정도를 설명하게 되는데, 이 원리는 볶아진 원두에 빛을 쏘아 돌아오는 양이 많으면 약 로스팅, 돌아오는 양이 적으면 강 로스팅으로 분류한다. 보통 미국식 색차계 애그트론Agtron을 이용하여 그 값을 설명한다.

애그트론(Agtron) 수치에 따른 호칭

애그트론	95	85	75	65	55	45	35	25
영어식 표 현	Very-Light	Light	Moderately Light	Medium-Light	Medium	Moderately -Dark	Dark	Very-Dark
일본식 표 현	Light	Cinnamon	Medium	High	City	Full City	French	Italian

커피, 분쇄가 품질을 결정한다

커피 마니아들의 집에 방문하면, 아주 그럴싸한 커피추출 도구를 많이들 갖추고 있다. 핸드드립 도구, 자동 에스프레소 머신 등 갖가지 추출 도구들은 저자까지도 놀라게 하는 경우가 많다. 하지만 아니다. 커피는 분쇄시점이 가장 중요하다. 따라서 커피 마니아라고 한다면 제일 먼저 갖추어야 할 도구가 분쇄기, 즉 그라인더Grinder이다.

커피를 분쇄하는 것은 커피를 추출하기 위한 가장 기본적인 과정이며 분쇄하는 시점에 급격하게 신선도는 하락하게 된다. 분쇄 자체가 공기와 접촉하는 표면적을 넓게 만들기 때문이다. 따라서 분쇄 상태로 커피를 구입하는 것은 어쩔 수 없는 상황에 선택하는 차선책일 뿐 훌륭한 방법은 아니다. 보통 분쇄하는 시점에서 15~18분 정도 후 추출하는 커피부터는 맛과 향의 하락이 감지된다. 따라서 커피는 추출 직전에 분쇄하는 것이 중요하며, 또 추출 방법에 따라 분쇄하는 입자의 크기 또한 다르다.

아래의 표는 ICO에서 제공하는 자료로써 입자의 크기에 따라 신맛의 종류와 강도를 다르다고 설명하고 있다.

분쇄 크기에 따른 산의 함량

산의 종류	Course(mg)	Fine(mg)	Extra Fine(mg)
Lactic	109.67	194.50	308.33
Acetic	242.67	225.67	209.00
Citric	325.00	461.00	440.00
Malic	119.33	137.00	163.67
Phosphoric	68.33	77.33	82.00
Quinic	435.33	495.00	510.00
Chlorogenic	700.00	1,064.67	1,177.00
Palmitic	5.03	5.90	3.63
Linoleic	6.27	5.97	4.50

커피, 추출로 완성된다

커피를 수입하고, 로스팅(생산)하고, 추출해서 판매하는 필자에게 사람들이 묻는다. “로스팅이 더 중요한가요?, 바리스타가 더 중요한가요?” 둘 중 하나를 선택하라는 질문처럼 들린다.

답변은 생두가 제일 중요하다. 생두의 품질이 우수한 것이 아니면 아무리 로스팅을 잘해도, 추출을 잘해도 맛과 향은 한계에 부딪히게 된다. 따라서 생두에서 시작하여 로스팅 그리고 추출로 이어져야 한 잔의 커피로 태어난다. 그렇지만 생두를 제외하고 로스팅과 추출을 비교한다면 로스팅은 로스팅이라는 하나의 과정으로 끝나지 못한다. 추출이라고 하는 과정을 통해 로스팅이 완성된다는 의미이다. 즉 로스팅만으로 로스팅이 잘되었다고 이야기할 수 없다는 점이다. 그 완성은 추출에 있다는 뜻이며, 따라서 로스팅은 추출 방법을 기준으로 프로파일을 잡아야 하고, 추출은 로스팅이라는 과정을 완성하는 작업으로 이해해야 한다.

애석하게도 로스팅을 하는 사람과 커피를 추출하는 사람을 별개로 보는 시선이 많다. 아마도 해외에서 수입하는 원두를 판매했던 것에서 시작된 시각이 아직까지 남아있기 때문으로 보인다. 하지만 이제 한국에서도 생두를 충분히 수입하고 있고 로스터머신을 직접 생산하는 국가라는 점을 감안한다면, 로스터(커피를 볶는 사람)와 바리스타(커피를 추출하는 사람)를 하나의 직업으로, 그리고 한 명의 사람이 구현하는 서비스로 바라보는 것이 바리스타를 한국적인 직업으로 발전시키는 넓고 높은 안목일 것 같다.

계속 추출에 대한 이야기를 해보면, 커피의 추출방법은 우려Steeping내느냐 투과Filtering시키느냐로 나눌 수가 있다. 커피뿐만 아니라 다른 음료를 추출할 때도 사용하는 공통의 방법이다. 여기에는,

- 물을 커피에 침투Percolate시키고,
- 흡수된 물이 커피 성분을 용해溶解=Dissolve시키고,
- 농도가 진해진 물이 농도가 약한 물 쪽으로 확산Diffusion되는 과정

을 거쳐 추출되는 3가지 원리가 순차적으로 작용함으로써 추출이라는 과정을 완성하게 된다.

눈에 보이지도 않는 과정을 이렇게 설명하는 이유는, 이 세 가지의 원리를 이용하는 방법에 따라 커피에서 추출해내는 성분이 달라지기 때문이다. 즉 물의 경도Hardness와 온도Temperature 그리고 물과 커피가 접촉하는 시간Time에 따라 커피에서 추출하는 성분과 그 양이 결정되고 이를 통해 맛과 향이라는 결과를 낳게 된다. 이때 입자의 크기는 물과 커피가 접촉하는 시간에 영향을 주는 요인이 된다.

황금비율의 커피추출

커피를 판매하고 교육하다보면 가장 많은 질문 중 하나가 "얼마만큼 커피를 넣어야 하나요?"이다. 물론 교양 과정을 말한다.

커피파우더의 양과 추출수의 비율은 가장 기본적인 추출 변수이다. 얼마의 커피량에 얼마만큼의 물을 넣을 것인가? 일반적인 비율을 이야기하면 8g의 커피에 150g의 물을 넣어 추출하는 것이 가장 좋다. 물론 비율Brewing Ratio을 이야기하는 것이므로 추출하려는 커핏잔 수에 따라 유기적으로 비율을 정하면 된다.

다음은 일반적인 커피 추출을 위한 순서와 변수를 커피 추출 순서에 따라 정리한 내용이다. 프랜치프레스를 이용한 방법으로, 추출하는 사람의 기

술에 영향을 받지 않고 커피를 테이스트Taste할 때 가장 많이 사용하는 방식이다.

- 신선한 원두 1인당 8g
- 뜨거운 물은 1인당 150ml를 준비
- 끓었다가 식힐 때의 온도 92℃의 물
- 분쇄사이즈는 0.8mm(흰설탕보다 약간 크게)
- 커피파우더를 넣고, 물을 붓고
- 프레스를 내렸다가 바로 올려서 전체 커피가 회오리 돌도록 하고
- 3분 후 프레스를 천천히 내려
- 따뜻한 잔에 따라 마신다. 62℃에서 가장 만족도가 높다.

요즘은 가정이나 사무실에 에스프레소 머신을 사용하면서 커피를 즐길 수 있는 상황이 많아지고 있고, 렌탈이나 저렴한 에스프레소 머신을 구입하여 사용하는 경우도 많다. 물론 가정과 사무실의 특성상 전자동머신을 통해 버튼만 누르면 분쇄와 추출을 할 수가 있어 편리한 이용이 가능하다. 또한 파드Pod나 캡슐Capsule 형태로 커피를 제공할 수 있어 에스프레소를 쉽게 즐기기도 한다.

하지만 저자의 입장에서는 이와 같은 방법이 커피를 즐기는 방법이 있다는 것일 뿐이고, 수동으로 커피를 추출하는 방법을 통해 좋은 커피를 접하고 한 잔 한 잔에 의미를 두는 삶을 살아가는 방법을 택하기를 권한다.

다음으로 소개하는 방법은 소형 에스프레소머신을 통해 커피를 추출하는 방법이다.

에스프레소 추출 동작순서

구 분	동 작	설 명
1	포터필터 뽑기	• 몸쪽에서 왼쪽으로 45도 정도 돌리면 그룹헤드에서 분리된다. • 필터홀더의 무게가 600g 정도로 무겁다. 떨어지지 않도록 유의한다.
2	물 흘려버리기	• 과열된 물을 흘려버리는 것이다. • 그룹헤드 부위에 묻어있을 수 있는 찌꺼기를 버리는 것이다. • 2~3초 정도면 충분하다. • 흘려보내는 물에 필터 바스켓을 청소하지 않는다.
3	필터바스켓 닦기	• 마른행주를 이용하여 닦는다. • 물기나 찌꺼기의 유무에 관계없이 습관적으로 닦는다. • 두껍게 잡으면 코너가 닦이지 않으므로, 얇게 잡고 닦는다. • 찌꺼기가 주위에 떨어지지 않도록 반드시 덤프박스 위에서 닦는다.
4	거치대에 올리기	• 4, 5는 연속동작이다.
5	그라인더 작동시키기	• 6은 자동그라인더 사용 시에는 회전시키며 고르게 담기를 한다.
6	레버 당겨 담기	• 레버를 규칙적으로 당겨 바스켓에 커피 파우더가 담기게 한다. • 너무 빠르거나 느리지 않도록 한다. • 레버를 당긴 다음 놓지 않고 손이 따라간다. • 레버는 끝에서 끝까지 당겨야 격자가 작동된다. • 포터필터를 회전시키면 고르게 담는다.
7	고르기	• 그라인더를 정지시킨다. • 포터필더에 평평하게 파우더가 담기도록 한다. • 태핑을 할 때는 파우더가 부족한 방향을 친다. • 바스켓의 가장자리와 파우더 높이가 같으면 양이 맞는 것이다. • 스파웃이 덤프박스 안으로 들어가지 않도록 한다.
8	누르기	• 스파웃에 이물질이 묻지 않도록 한다. • 3kg 정도의 압력으로 1차 탬핑을 한다. • 탬퍼가 수평이 되도록 노력한다. • 13~15kg 정도의 압력이 가해지도록 한다. • 균형 잡힌 자세가 되도록 한다. • 탬퍼가 구르지 않도록 한다.
9	가장자리 털어내기	• 가스켓과 접촉하는 면을 쓸어서 청소한다. • 덤프박스 위에서 청소한다. • 스파웃이 오염되지 않도록 한다. • 수평 여부를 확인한다.
10	장착하기	• 45도에서 몸 쪽으로 90도가 되도록 돌린다. • 장착 시 헤드 주변과 충돌이 되지 않도록 한다. • 너무 약하거나 힘껏 돌리지 않는다. • 한 손으로 장착하는 것이 더 쉽다. • 뒤쪽을 접촉시킨 후 앞쪽을 밀어 올리면 쉽다.
11	추출버튼 누르기	• 버튼을 누르고 잔을 내리는 것은 첫 번째 잔을 준비해 두면 가능하다.

구 분	동 작	설 명
12	잔 내려받기	• 고열에 파우더가 노출되지 않도록 버튼을 누르고 잔을 내린다. • 잔의 가장자리에 비스듬하게 떨어지도록 한다. • 낙차가 크지 않도록 해야 크레마가 잘 보존된다.
13	포터필터 뽑기	• 커피서브가 끝난 후 첫 동작과 같게 뽑는다. • 떨어뜨리지 않도록 주의한다. • 바스켓 내부의 쿠키 상태를 점검한다. 물이 흥건하거나 홀이 생겼다면 투입량이 적거나 고르기가 잘못된 경우이다.
14	물 흘려버리기	• 물 흘려버리기를 통해 스크린 등에 묻어 있는 찌꺼기를 제거한다. • 공기와 접촉하면서 쉽게 경화되어 다음 커피에 영향을 줄 수 있다.
15	쿠키 버리기	• 주변으로 커피의 물이 떨어지지 않도록 한다. • 덤프박스에 '쿵' 하고 부딪혀 털어낸다. • 쿠키가 갈라지거나 물이 튀면 투입이나 고르기가 잘못된 경우일 수 있다.
16	포터필터 닦기	• 필터홀더 내 · 외부에 찌꺼기가 많다. 얇게 잡고 닦아내면 된다. • 심하게 오염된 경우에는 뜨거운 물로 청소한다.
17	포터필터 채워두기	• 10번 동작과 같게 필터홀더를 채워둔다. • 포터필터를 그룹헤드에 장착시켜 온도가 유지되도록 한다. • 강하게 장착해 버리면 팽창력 때문에 꽉 끼이게 된다.

아직도 크레마이다

에스프레소 이야기를 하면서 크레마Crema 이야기를 빼놓을 수 없다. 에스프레소가 추출을 상징한다면, 크레마는 에스프레소를 상징하는 단어이다. 크레마는 원료적인 측면에서 신선한 커피를 사용하고 기술적인 측면에서 완벽한 추출이 이루어졌을 때에 형성된다.

에스프레소는 다른 추출법에 비해 모터와 펌프의 압력에 의한다. 그래서 '가압추출'이라고 부른다. 에스프레소의 추출시간은 다른 어떤 커피추출법에 비해 25초 정도로 짧다. 짧은 시간에 추출하기 위해서는 흡수, 용해, 확산의 시간이 짧아야 한다. 그래서 분쇄입자를 0.3mm 정도로 만들어 흡수, 용해, 확산이 쉽도록 만든다. 추출의 수 역시 보일러에 항상 대기 상태이다.

따라서 뜨거운 물이 10㎠(9bar)의 압력을 동반하게 된다. 그 결과 뜨거운 물에 의해 액체 상태에 이른 커피의 기름성분이 압력에 의해 밀려나오게 된다. 기본의 흡수, 용해, 확산에 액화된 기름이 압력과 온도를 가진 물에 의해 밀려나오면 에멀전Emulsion 상태로 추출되면서 잔에 떨어지고, 이때 밀도에 의해 밀도가 높은 수용성분은 아래로, 지용성분(기름)은 위로 형성되면서 크레마가 만들어진다.

골든 커피 어워드Golden Coffee Award[14]에서는 크레마를 시각적 평가에서 3가지의 컬러인 헤즐넛Hazelnut, 브라운Brown, 레디쉬Reddish 컬러와 문양Pattern 그리고 반짝거림Shiny이 한 잔에 형성되는 것을 가장 훌륭하다고 평가한다. 또 크레마의 물리적 평가를 위해 잔을 기울여 중력의 힘에 의해 크레마가 흘러내리는 모습을 통해 크레마의 두께와 밀도를 측정하여 점수를 부여한다. 이는 크레마가 단순히 '있다' 또는 '없다'의 의미가 아니라, 사용하는 원두의 상태와 추출하는 기술의 복합적인 개념으로 완성된 이미지라는 뜻이며, 모든 에스프레소 애호가에게는 하나의 즐거움 자체가 되었다.

에스프레소를 즐기는 방법은 그리 다양하지가 않다. 전통적으로는 설탕을 한 스푼 뿌리고 젓지 않은 상태로 2~3번에 마시고 가라앉은 설탕을 스푼으로 찍어 입 안에 넣음으로써 후미Aftertaste까지 즐기는 방법, 에스프레소(30ml)와 그 잔(데미타세, 90ml)에 데운 우유를 넣어 마시는 마끼아또, 우유 대신 생크림을 올려 마시는 콘파나 정도이다. 물로 희석해 마시는 아메리카노는 한국에서 가장 유명한 메뉴이고, 차Tea를 마시던 문화권에서는 에스프레소가 진하다는 인식이 강해 한국과 비슷한 농도로 즐기는 것이 일반적이다. 그럼에도 불구하고 바리스타는 크레마를 마끼아또, 콘파나 심지어 아메리카노와 카푸치노Cappuccino까지 그대로 유지시키려고 노력한다. 그만큼 중요도와 시연Important and Performance에서 특별한 의미를 가졌다는 것이다. 결론적으로 에스프레소를 베이스로 한 음료를 마실 때에는 다음의 그림과 같이 크레마가 명확히 나타나 있는지를 확인하고 마시는 것이 좋다.

이렇게 이탈리아의 에스프레소를 즐기는 방법은 어느 정도 잘 알려져 있다. 하지만 그들보다 더 오래된 지역에서는 어떻게 커피를 즐길까? 먼저 생각나는 곳은 '이브릭'으로 커피를 추출하는 그리스와 터키일 것이다. 커피 추출법으로 보일링Boiling을 이용하는 문화권이다. 터키처럼 유목민 문화로 만들어진 문화권은 계속되는 이동의 편의를 위해 가능한 작고 튼튼하게 물건을 변형해서 사용한다. 커피를 추출하는 도구(이브릭 또는 체즈베) 역시 그들이 영향을 받은 에티오피아의 추출 도구에 비해 작지만, 보일링을 하는 것과 입자를 아주 가늘게 하는 것은 같다.

아라비카종의 원산지인 에티오피아는 지금도 훌륭한 커피를 생산하는 커피산지이면서 커피의 역사에서도 빼놓지 않고 등장하는 나라이며 문화권이다. 다른 유목민족과는 다르게 기후환경이 우수했던 에티오피아에서는 유목을 근거리에서 발달할 수 있었기 때문에 그들이 사용하는 커피추출 도구는 유목민에게는 다소 크면서 무엇보다도 깨지기 쉬웠던 제베나Jebena에 커피를 보일링으로 추출했다.

에스프레소 크레마

콘파나, 마끼아또, 아메리카노15

하지만 커피를 보일링으로 추출하는 곳은 비단, 에티오피아나 터키, 그리스뿐만 아니라 동남아시아와 중국의 커피산지에서도 커피를 보일링해 추출하고 여기에 연유를 넣어 마시는 것이 일반적이었다. 즉 커피를 고급스러운 추출 도구가 아닌, 투박하더라도 시대경제적 상황에 맞는 방법으로 각 지역문화권에 따라 추출했다고 할 수 있다.

반면, 차(茶)를 위주로 문화가 발달했던 극동아시아인 한국, 일본, 중국의 대도시에서는 차를 우린 후 따라서 마시는 방법에 익숙했기 때문에, 따르는 행위와 유사한 핸드드립을 이용한 투과식 커피추출이 더 큰 성공을 이루었다고 할 수 있다. 무엇보다도 차와 같이 맑은 농도와 찌꺼기가 거의 없는 부분도 투과식 커피가 극동아시아에서 성공한 이유라고도 말할 수 있다.

제베나와 체즈베[16]

에스프레소의 성장은 산업혁명에서 기인했다

스팀의 압력을 이용한 증기기관이 공장을 가동하고 배와 기차를 달리게 하는 것에 영향을 받아 커피추출을 증기의 압력으로 추출해보려는 의도에서 시작된 것이다. 이러한 시도를 통해 1843년 에스프레소 방식이 도입되었고, 도입 후 약 100여년이 지난 1946년에야 적정한 압력(9bar)과 온도가 크레마를 만들어낸다는 것을 알게 되었다.

한국에서 커피 접해보기

무슨 말일까 싶다! 하지만 커피를 잘 만날 수 있는 방법이 무엇인지 고려해보자는 뜻이다. 먼저 전시회를 소개한다. 모든 전시회가 그렇듯, 커피전시회도 커피와 관련된 전통적인 제품에서부터 신제품이 소개되는 장이며 최신 트렌드를 읽을 수 있는 곳이다.

한국의 커피 전시회

시 기	전 시 명	지 역	장 소	웹
3월	커피앤라이프인제주	서귀포	제주국제컨벤션센터	jejucafeshow.com
3월	부산커피앤디저트쇼	부산	벡스코	busancafeshow.co.kr
4월	커피엑스포	서울	코엑스	coffeexpo.co.kr
9월	인천카페쇼	인천	인천송도컨벤시아	incheoncafeshow.com
3월 / 10월	카페앤베이커리페어	서울 / 일산	세텍 / 킨텍스	cafenbakeryfair.com
10월	강릉커피축제	강릉	강릉전역	coffeefestival.net
10월	커피앤티페어	서울	에이티센터	cofa.kr
11월	서울카페쇼	서울	코엑스	cafeshow.co.kr
12월	대구커피&카페박람회	대구	엑스코	coffeefair.co.kr

커피를 접해보는 것은 커피숍을 방문하는 것이 기본이라면, 다음에는 위의 〈표〉 전시회를 방문해 보고, 그 다음은 커피를 배워보는 것이다. 한국에

서는 커피에 대한 교육을 시키는 곳은 일반적으로 학원이다. 또 전문학교나 대학의 학과도 존재하기 때문에, 전문 학위가 필요하다면 2년제 대학을 권장한다.

일반적으로 커피교육 과목은 바리스타Barista, 라떼아트Latte Art, 핸드드립Hand Drip, 로스팅Roasting, 커핑Cupping, 커피머신Coffee Machine, 창업Coffee Shop 과정으로 나누어 진행한다. 물론 교육수준과 난이도에 따라 수준을 나누어 교육하는 프로그램도 많다.

한국에서는 고용노동부에서 지원하는 'NCS 커피교육프로그램'이 정착단계에 있으며 시설과 강사, 프로그램 수준을 고려하여 노동부에서 지정한 교육기관이 선정되어 있다. 국가에서 지원을 받아 커피교육을 받기를 원한다면 '에이치알디넷hrd.go.kr'에서 지역과 교육프로그램을 쉽게 찾을 수 있고, 자신이 지원을 받을 수 있는 상황인지도 알아볼 수 있다.

정부지원 프로그램은 현재 고용상태가 아닌 개인뿐만 아니라 사업주 그리고 현재의 종사자, 졸업 예정자에게도 지원하는 프로그램이 폭넓게 만들어져 있다. 따라서 자신이 전문성을 강화하기를 원하는 분야와 관심을 가는 미래의 직업군에 대한 정보를 수집하고 이직을 준비하는 과정에서 정부지원 프로그램을 통해 간접적인 체험을 함으로써 자신의 생각이나 적성에 적합한 직업인지를 파악할 수 있는 장점이 있다.

또한 산업인력공단에서 운영하는 '큐넷q-net.or.kr'에서는 커피 관련 자격증에 대한 운영기관 및 정보를 살펴볼 수가 있다. 이는 국가에서 관리하는 국가자격, 국가공인 민간자격, 국가등록 민간자격 정보를 공개함으로써 자격을 취득하려는 사람들에게 올바른 정보를 제공하려는 데에 목적을 두고 있다. 따라서 국가의 지원을 받은 프로그램을 통해 커피에 대한 교육을 받고 자격정보를 수집해 자격을 취득하는 것이 전문 커피인으로 성장하는데 도움이 되는 길이 될 것이다.

【참고문헌】

ciboj.org

coffeeinstitute.org

crak.or.kr

euromonitor.com

federaciondecafeteros.org

hrd.go.kr

ico.org

q-net.or.kr

sca.coffee

서울대학교 가정의학과 박상민 교수

월간 〈커피앤티〉

커피가 수명연장, KBS뉴스, 2017.1.18

커피트레이닝, 바리스타 땅에 쓰신 글씨 최성일

하인리히 야콥, 커피의 역사, 자연과 생태

【미주】

1. 자료 euromonitor.com, 자료편집 : 최성일
2. 독자의 경우, 이미 알고 있는 한국 내의 발표에 비해 양이 작아 오래된 자료로 착각하기 쉽지만, 커피의 소비량을 계산하는 방식은 전 세계적으로 본문의 방법을 채택하고 있다.
3. 사진 : 최성일. 주) 크로와상은 원래 형태는 초승달 모양이지만, 오늘날 한국에서는 약간 둥근 모양으로 만든다고 한다.
4. 사진 : 최성일
5. 사진 : 최성일
6. 사진 : 최성일 / 시연 정은경
7. Http://Pubs.Acs.Org/Doi/Abs/10.1021/Acs.Jnatprod.5B00481
8. https://www.acs.org/content/acs/en/pressroom/presspacs/2016/acs-presspac-january-13-2016/coffee-and-diabetes.html
9. http://news.chosun.com/site/data/html_dir/2016/02/23/2016022301455.html
10. https://www.google.co.kr/url?sa=t&rct=j&q=&esrc=s&source=web&cd=1&cad=rja&uact=8&ved=0ahUKEwiq_v7ih9DRAhVNQLwKHY3hDtIQFggeMAA&url=http%3A%2F%2Fnews.kbs.co.kr%2Fnews%2Fview.do%3Fncd%3D3413695&usg=AFQjCNFqjVREPJvnZbifWHyvVPmJwWqZdA&sig2=hQ5KTRpXaA__jD4Q1ovZtg
11. Cupofexcellence.Org
12. 저자 주
13. 저자 주
14. GCA는 한국커피로스터연합(Crak)에서 매년 At센터에서 개최하는 대회로, 우수한 커피 평가법을 통해 커피를 선발하는 대회이다.
15. 사진 : 최성일
16. 사진 : 최성일

"커피에 대한 핵심적인 내용을 살펴보고 이해하도록 하였다. 많은 자료와 경험을 바탕으로 준비했으나, 독자가 커피를 새롭게 보는 시각을 갖는 것이 가능할지는 잘 모르겠다. 그러나 이 글을 읽고 커피전문점에서 산지별 커피나 아메리카노를 주문한다면, 독자의 건강에 가장 좋은 메뉴를 선택했다는 것으로 위안을 삼는다."

430м
BAIKAL
Baikal

0 8

물 이야기

김 하 늘

경희대학교 외식경영학과를 졸업하였고, 제4회 한국 국가대표 워터소믈리에 경기대회(2014)에서 우승하였다. (사)한국국제소믈리에협회 이사, 한국음식평론가협회 이사이며, 국내 먹는샘물 품평회와 국제 워터테이스팅에서 심사위원으로 활동하고 있으며, ㈜더좋은물 부사장을 역임하고 있다.

워터와의 만남, 그리고 워터소믈리에가 된 계기

나의 첫 에비앙

'프리미엄 워터'하면 어떤 물이 떠오를까? 많은 사람이 '에비앙Evian'을 떠올릴 것이다. 에비앙은 세계 최초로 병입물을 상품화했다. 그 전에도 유명한 온천에선 간혹 물을 병에 담아 판매도 했었지만, 에비앙은 물을 판매하기 위해 설립한 최초의 회사다. 좋은 물을 직접 가지 않아도 가정에서 마실 수 있다는 장점에 미네랄워터는 절정의 인기를 구가했지만, 19세기 말 등장한 콜라의 인기로 물은 음료로서의 시장성을 잃었다.

1950년대에 들어서야 에비앙은 '수유 중인 산모와 유아에 필요한 미네랄이 풍부하다'는 광고문구로 전 세계 생수시장에서 다시 선두자리를 차지하게 되었고, 오늘날 프리미엄 워터시장에 큰 영향을 끼쳤다.

에비앙

학창시절에 한 친구가 옆 반에 전학을 왔다. 전국에서도 굉장히 유명한 자립형 사립고에서 입시에 필요한 내신경쟁을 하기 위해 지역의 평범한 공립학교로 전학을 온 것이다. 그 친구는 오자마자 본 시험에서 전교 1등을 했다. 여기저기서 자존심이 깨지는 소리가 들렸고, 금방 모두의 경계·시기의 대상이 되었다. 일부는 '이 친구의 공부법이 무엇일까' 관찰하고 또 관찰을 했다.

1959년도 에비앙 광고 포스터

철저히 명문고에서의 경쟁 환경에 익숙한 그는 친절한 편도 아니었다. 그에게 다가가면 자리를 웬만해선 피했고, 어쩌다 모르는 문제를 물어보면 모른다고 답했다. 또 열람실엔 각자 개인들의 자리가 있어서 그만의 공부법을 파악하기는 더욱 어려웠다. 그래도 그에겐 쉽게 파악할 수 있는 독특한 습관이 있었는데, 바로 생수병을 들고 다니는 습관이었다.

당시에 우리들은 갈증 해소에 학교 정수기와 수돗가가 익숙한 터였다. 그때만 해도 지역의 고등학생들에겐 물을 사 마시는 문화가 익숙하지 않았을 때, 텀블러에 정수기의 물을 받아서 다니는 것도 귀찮은 일이라고 생각했다. 그런데 이 친구는 기숙사 방에서 생수를 박스채로 사 마시다니! 당시에는 그에게 물리적 접근도 쉽지 않을 때였는데, 분홍색 라벨을 한 생수병이 한때 초미의 관심사였다. 시간이 얼마 지나지 않아 대화를 나누며 그 생수에 관해 물어볼 기회가 있었는데, 필자가 물에 관심을 두자 그 친구가 한 병을 주었다. 나의 첫 '에비앙'이었다.

대학 진학 후엔 학교 수업시간이나 학생 자치활동 중에 에비앙을 접할 기회가 자주 있었는데(외식경영을 전공), 간혹 후배 중에 에비앙은 물맛이 다르다고 얘기하면, 맞장구를 치는 선배도 있었다. 나는 의식하지 않은 척 하곤 계속 마셔봤지만, 끝내 뭐가 다른지를 깨닫지 못했다. 하지만 나중에 소믈리에 스터디를 하면서 여러 가지 물들을 각각의 잔에 따라서 비교했었는데, 모두 워터 테이스팅의 기본이라는 '삼다수'와 '에비앙'의 차이점 습득에 열을 올렸다. 그 전까진 삼다수, 평창수, 석수, 아이시스 등 다양한 물을 마셔보긴 했지만, 한자리에서 비교하며 마셔보기는 처음이었다.

그때 삼다수와 에비앙의 차이점을 발견했던 나는 '혹시 세계적 미각 재능을 가지고 있지 않을까' 하는 착각 속에 그렇게 워터 세계에 발을 들였다.

워터 냉장고

필자가 워터 소믈리에계에 발을 들이게 된 두 가지 에피소드가 더 있다. 필자는 외국여행을 가면 꼭 슈퍼마켓을 들른다. 여행 다니는 사람들 모두가 슈퍼를 들르겠지만, 내 목적은 조금 다르다. 그 나라에서 유통되는 상품군을 파악하기 위해서다. 박물관에서 작품을 보듯, 나는 슈퍼에 가면 상품들을 관찰한다. 2시간이 넘는 견학 이후엔 빈손으로 나오기가 뻘쭘하여 음료 하나를 집어서 나온다.

왼쪽부터 한국, 중국, 캐나다의 슈퍼마켓에 진열된 물들

2013년 봄, 캐나다 밴쿠버에 간 적이 있었는데, 북미의 유명 체인 드러그스토어인 런던 드러그London Drugs에 방문을 했다. 필자가 방문했던 그곳의 매장 크기는 작은 규모의 대형마트 한 층의 규모 정도였다. 그때도 구경만 하기 위해 1시간이 넘도록 견학을 즐기고 있는데, 처음 보는 흥미로운 광경을 목격했다.

하나의 냉장고엔 하나의 생수 브랜드만 채워져 있고, 한쪽 벽면 전체가 물 냉장고로만 가득했다. 그 브랜드 워터는 코카콜라의 다사니Dasani와 펩시코의 아쿠아피나Aquafina 등 대형 유통채널을 가진 브랜드 외에도, 아이스 에이지Ice Age 등 캐나다 로컬 브랜드와 게롤슈타이너Gerolsteiner 등 국제 브랜드들이 쭉 진열되어 있었다.

캐나다는 우리나라보다 수돗물이 발달하여 수돗물 음용률 또한 높았다. 또한 독일 휴대용 필터정수기인 브리타Brita도 이미 보급률이 높아 가정에서 브리타 사용률이 높았는데, 여러 가지로 우리나라보다 마시는 물에 관련해서는 훨씬 더 발전했던 캐나다에서 이런 생수의 광경을 보니 흥분이 되었다. 나는 이때부터 생수산업의 미래에 대해 확신을 하게 되었다.

이래서 유럽 사람들은 물을 골라 마시는구나!

2013년 가을의 학부 시절, 와인을 좋아했던 필자는 산학협력으로 프랑스 남부 지역의 유명한 와이너리인 '샤토 몽투스Chateau Montus'에 가서 직접 포도도 수확하고 양조 과정도 배우는 프로그램에 참여를 했다. 그땐 이미 워터소믈리에가 되기로 마음을 먹었고, 그 해 있었던 워터소믈리에 경기대회에 출전도 했다. 하지만 본선에서 탈락을 했다. 예선에서는 전체 2등으로 나름 자신만만하게 올라갔는데, 100% 테이스팅으로 합격 여부가 갈리는 준결승에선 순위 안에 들지 못했던 것이다. 나는 크게 실망을 했고, 슬럼프에

빠진 상태에서 프랑스로 향했다.

와인을 배우러 가서도 물에 대한 미련을 버리지 못하고, 프랑스의 물들을 사서 사진도 찍고 테이스팅 노트도 작성했다. 2~3일에 한 번씩 까르푸Carrefour를 들렀는데, 그때마다 그곳에 있는 모든 종류의 물을 사왔다. 20여 종씩 사도 20유로도 안 됐으니까. 저렴한 물은 500mL 3~4개에 1유로 정도였고, 비싼 물은 1L짜리 한 병에 3유로도 지불했다. 까르푸의 거대 유통매장인데도 유명한 브랜드는 비텔Vittel 정도뿐이었고, 국내에서도 유명한 에비앙Evian이나 볼빅Volvic은 찾아보기가 어려웠다. 대부분이 로컬 브랜드였는데, 크기부터 모양까지 다양했다.

마트 견학도 잠시, 다시 프랑스에서의 프로그램에 돌아와 종일 뙤약볕에서 허리를 숙여 포도를 수확했고, 호텔에 들어와 저녁을 먹고 나니 9시쯤 되어 컵라면 생각이 절실했다. 여행을 좋아하는 난 외국 음식에 어렵지 않게 적응할 것으로 생각했지만, 호텔 음식들의 약한 간에 항상 김치나 짜고 매운 것들이 간절했다.

이때 함께 갔던 일행 중 한 명이 컵라면을 가져와 풀었고, 마침 막내였던 나는 일행들의 컵라면을 조리했다. 호텔 식당에 있던 커피포트에 한국에서 하던 대로 수돗물을 끓여서 가져왔다. 팔팔 끓은 물을 컵라면에 붓고 익기만을 기다렸다. 학수고대한 우리는 드디어 컵라면을 맛보는데, 면발을 씹으면서 자동으로 양치질을 한 느낌이었다. '내가 저녁을 먹고 양치질을 했던가?' 모두가 인상이 구겨지는데, 일행 중 한 명이 "혹시 수돗물로 끓였니? 아, 여행 초보도 아니고 외국 나와서 수돗물로 끓이면 어떡해!" 범인은 나였다. 다시 말하면 수돗물의 불소가 원인이었다. 피레네 산맥의 정기를 받은 그 지방에선 불소함량이 많은 수돗물을 가지고 있었음을 뒤늦게야 깨달았다.

'아, 그래서 유럽 사람들은 물을 사 마시는구나!'

돈이 많아서 사 마신 게 아니라, 사 마실 수밖에 없었던 것이다. 수돗물의 책임을 졌던 나는, 방에 있던 내 프랑스 생수들(테이스팅을 위해 고이 모셔놨던)을 내놓을 수밖에 없었다.

컵라면 끓이기 재도전! 문제가 해결되었다는 생각에 마음껏 수다도 떨었다. 컵라면을 먹으면서도 깨달음이 있었다는 것에 큰 만족을 느끼며 익기를 기다렸다. 과연 두 번째 컵라면의 맛은? '좀전의 여운이 가시질 않았나?' 분명 수돗물이 아닌 내 생수를 사용했는데, 입이 다 안 헹구어졌다고 느껴졌다. 하지만 일행 모두가 컵라면에 집중하지 못하고 서로의 눈치를 살폈다. 순간 텔레파시가 통한 듯 일행들은 필자가 가져온 생수의 라벨을 살폈다. 그리고 불소 함량을 확인한 그들은 "불소가 범인이란 것을 알았으면서도 또다시 실수를……." 하지만 난 하나의 깨달음을 더 얻었다.

'아, 그래서 유럽 사람들은 물을 골라 마시는구나!'

결국, 며칠이 지나서야 제대로 된 컵라면을 먹을 수가 있었다. 그때 먹었던 컵라면의 맛을 영원히 잊을 수가 없다.

생수의 종류

우리나라는 예로부터 금수강산으로, 산과 물이 많은 나라이다. 여름에 비도 많이 오고, 겨울에는 눈도 내린다. 또한 백두대간이 길게 펼쳐져 있는데, 이렇게 큰 산일수록 빗물을 많이 머금을 수가 있다. 그 물은 지하에 스며들어 여러 지층의 영향을 받아 미네랄을 함유한다. 지층에 고인 물은 바위의 틈 사이로 새어 나와 시냇물이 되고, 상류에서 하류로 흐르면서 하천이 되고 강이 된다.

옛날에는 하천의 물을 길어와 생활용수로 쓰기나 음용을 하기도 했지만,

지금은 산업화로 인해 수질오염이 발생하고, 이로 인해 여과공정과 살균화학 처리를 통해 안전한 상수도 수돗물로 만들어져야만 음용이 가능하다. 최근에는 생수 제조회사에 의해 병입된 먹는샘물을 많이 음용하는데, 우리나라에서는 1994년 「먹는물관리법」이 제정되고서부터 먹는샘물 판매가 허용되었다. 생수 역사가 짧은데도 불구하고 30년도 안 된 사이에 먹는샘물 시장 규모가 1조(2019, 유로모니터)를 넘어섰다.

전 세계에서 생산되는 생수의 종류는 1만 가지가 넘는다. 세계에서 가장 많은 생수 브랜드를 가진 나라는 이탈리아인데 600여 종류(2012년 기준), 그다음은 멕시코, 독일 순이다. 우리나라도 브랜드의 개수(200여 종류)로 따지면 세계 생수시장에서도 주목할 만한 생수강국이라고 볼 수 있다.

그럼 도대체 1만 가지가 넘는 생수들은 어떻게 구분을 할까?

원수원에 따른 구분

우리가 마시는 생수의 종류는 지역별, 성분별로 구분하기도 하는데, 여기서는 샘물, 자분정, 우물, 해양심층수, 용암해수, 빙하수 등 원수원으로 설명하고자 한다.

샘물(용천수)

우리나라에서는 보통 '지하수', '암반수' 이러한 용어들을 사용하는데, 사실 다 똑같은 말이다. 지하수는 지층의 암석(암반) 등에 둘러싸여 대수층을 이루기 때문이다. 그 대수층에서 파이프나 시추 등의 인공적인 힘없이 자연적으로 수압과 중력 등에 의해 바위틈으로 흘러나오는 물을 '샘물' 혹은 '용천수'라 한다. 보통 강이 되기 전 산에서 살짝 흘러나오는 시냇물이나 약수터의 물들이 샘물이다.

영어로는 스프링 워터Spring Water라고 하는데, 이유는 겨울에 바위틈의 물들이 꽁꽁 얼어 있다가, 봄이 되어 바위틈 사이의 얼음이 녹으면서 벌어진 틈 사이로 물이 흘러나오기 때문이다.

샘물은 대수층 주변 지질의 영향을 받는다. 그 지질에 따라 미네랄 구성요소가 크게 달라진다. 그래서 수원지가 가까운 지역은 지질의 구성도 비슷하여 비슷한 미네랄 구성을 가지고 있다. 외국의 일부 물 전문가들은 30km 이내의 수원지는 결국은 하나로 봐야한다고 주장한다.

물중에선 유럽권 알프스산맥 쪽의 먹는 샘물이 미네랄 함량이 높은 편이며, 우리나라나 일본 등 아시아 지역의 물 등은 미네랄 함량이 적은 편이다.

미네랄이 들어 있는 물은 '미네랄 워터', '광천수'라고 부르는데, 용천수와 개념이 비슷하여 처음 워터를 공부하게 되면 헷갈려한다. 광천수는 '광물질을 담은 물'이란 뜻으로, 물이 지질의 영향을 받아 무기질을 함유하면 모두 광천수이다. 광천수는 땅에서 나는 용천수, 지하수, 암반수, 우물, 자분정 등을 모두 포함한다. 광천수가 아닌 물은 빗물이나 해양심층수, 빙하수 등이 있다.

자연적으로 분출되는 샘물은 대수층을 감싸고 있는 암석들의 압력과 고유의 수압이 있기 때문에 지표면의 오염물질을 밀어내면서 나온다. 그렇기

샘물, 용천수

때문에 대수층의 오염을 막을 수가 있다. 하지만 인공적으로 구멍을 뚫어 나오게 한 샘물은 기존의 수압이 부족하기 때문에 물이 오염될 가능성이 매우 높다.

국내에서는 자연의 샘물을 병입할 때 여과 과정을 거치면 내추럴 미네랄 워터Natural Mineral Water를 표기할 수 있는데, 오존처리를 거치면 '내추럴'이란 말을 쓸 수가 없고 '미네랄 워터Mineral Water'로 표기해야 한다. 오존처리를 하게 되면, 확실하게 미생물 등을 살균할 수 있지만, 발암물질인 브롬산염이 나올 가능성이 있다. 하지만 본래 좋은 샘물은 살균을 할 필요도 없다. 그래서 '내추럴 미네랄 워터'가 더 귀한 물이고, '미네랄 워터'는 오존처리 등 추가 과정을 거침에도 가격이 더 낮다.

하지만 이런 표기법은 국내에 국한되므로 수입 생수는 별도로 라벨에서 확인해야 한다. 외국의 유명한 수입 생수는 현지에선 '내추럴 미네랄 워터'일지 몰라도, 국내 수입용은 오존처리를 해서 들어오기도 한다. 이 경우 라벨의 한글표시 사항에 '오존처리'라고 표기하는데, 병의 앞 라벨엔 '내추럴 미네랄 워터'가 그대로 표시되어 있다. 관련 부처가 국민들의 혼란을 방지하기 위해 신경을 써야 할 부분이다.

온천수는 '뜨거운 물'을 말한다. 지열과 지온에 의해 물의 온도가 상승하고, 지표면에 올라왔을 때 물의 온도가 우리나라 기준 25℃ 이상이면 온천이라고 부른다. 일본도 25℃가 기준이며, 독일은 20℃이고, 세계적으로도 22℃ 이상이면 온천이라고 부른다.

자분정

자분정! 생소한 단어다. 샘물, 해양심층수, 빙하수 등은 단어만 들어도 어떤 물인지 바로 떠오르는데, 자분정은 어딘가 모르게 전문가의 냄새가 난다. 영어로는 아테시안Artesian Water이라고 하는데, 1126년 프랑스 아르투아

자분정(自噴井)

Artois 지역의 한 수도사가 자분정을 발견하면서, 그 지역의 이름에서 유래되었다. 한자로는 스스로 자(自), 뿜을 분(噴), 우물 정(井), 한자 풀이대로는 '스스로 물을 뿜는 우물'이다.

보통 우물은 땅을 파놓으면 어느 정도 수위를 유지하고, 두레박을 이용하여 물을 길어야 한다. 자분정은 약간 과장해서 만화 같은 곳에서나 가끔 나오는데, 우물을 파다가 역으로 땅에서 물을 뿜어 사람을 들어 올리는 장면을 생각하면 된다.

'스스로 뿜는 우물'이라고 하는 것은 약간 분수 모양을 떠올려도 괜찮은데, 인공의 힘으로 분출되는 것이 아니라, 자기 스스로의 압력으로 분출되는 분수라고 생각하면 쉽다. 대수층 속의 물이 주변의 암석 등으로부터 피압되면서 수압이 올라간다. 수압이 높아진 대수층의 물은 빠져나갈 공간을 찾는다. 보통 용천수와 비슷한데, 자분정이 수압이 더 강하기 때문에 분수처럼 올라온다.

용천수는 최초의 구멍이 뚫렸을 때 순간적인 압력으로 잠깐 분수 형태를 만들 수 있지만, 자분정은 그 분수가 어느 정도 일정한 높이를 유지한다. 간혹 구멍이 많이 뚫리거나 대수층에 흡수되는 물의 양보다 물이 많이 빠져나오면 압력이 줄어드는데, 그땐 용천수의 형태를 가지기도 한다. 외국에선 간혹 생수 라벨에 'Artesian Spring Water'라고 표기되어 있는 것도 있는데, 이는 압력이 약해져 물이 분출하기보다는 흐르는 모습의 형태를 가진 수원지일 것이라 추측할 수 있다.

대부분의 자분정은 주변 지질의 압력 영향을 많이 받기 때문에 미네랄의 함량이 높은 편이다. 지질층이 다양할수록 다양한 미네랄을 함유하게 되는데, 간혹 이산화탄소를 포함한 천연가스를 담게 되면 그 자분정은 천연탄산수가 된다. 자분정은 물의 압력이 강해서 대수층에서 표면의 방향으로 압력이 전달되기 때문에, 오염물질을 밖으로 밀어내어 대수층의 오염을 막아낼 수 있다는 특징이 있다.

자분정은 주로 미국 하와이, 뉴질랜드, 피지에 수원지가 많이 있으며, 이 외에도 유럽의 이탈리아, 독일, 노르웨이, 마케도니아 등에도 자분정이 있다.

우물

우물

생수 판매가 허용되기 전 그리고 판매가 허용된 이후에도 얼마 동안은 우리에게 생수는 익숙한 식수가 아니었다. 필자가 기억하는 1990년대에는 아버지와 함께 플라스틱 물통을 들고 뒷산에 올라 약수터에서 물을 떠왔었다. 혹은 수돗물에 보리차나 산에서 캐온 식물, 나무껍질 등을 끓여 마셨던 기억이 어렴풋하다.

가끔 시골에 가면 펌프를 통해 지하수의 물을 이용했고, 어렸을 적 나는 꼭지 위 펌프를 눌렀다 뺐다 하면서 물을 틀었던 기억이 있다. 우리집 마당에는 아직도 물 펌프가 있는데, 우리집에서는 그곳을 '우물'이라고 불렀다. 우리가 흔히 떠올리는 '돌을 쌓은 원통형 공간에 도르래를 이용한 물 길음'

형태의 모습은 아니었지만, 펌프를 이용하여 쉽게 물을 푸던 방법도 우물에 속한다.

한자를 모르던 어렸을 적에 전화기에서 번호를 누르고 '우물 정(井)'자를 누르라는 지시에 우물쭈물했던 기억이 있다. 우물 정(井)자를 배우진 않았지만, 그때부터 자연스럽게 우물 정(井)자를 익혔다. 이런 기억 때문에 더 익숙했을 수도 있지만, 시간을 훨씬 더 거슬러 올라가면 동네마다, 혹은 몇 집마다 하나씩 있었던 게 우물이다. 이처럼 우물은 우리에게 익숙한 수자원이었다.

우물이 오염되면 온 마을 사람들이 병에 걸렸고, 우물물이 좋으면 온 마을 사람들이 장수하고, 그 우물은 소문이 나 전국에서 사람들이 물을 떠갔다. 이처럼 우물은 우리가 살아가는데 있어서 무척 중요한 역할을 했다.

우물은 지하수를 끌어 올린 물이다. 지하수는 지표로 나오는 과정 혹은 형태에 따라 구분되는데, 바위의 틈으로 용출되는 물을 용천수 혹은 샘물이라 하고, 수압이 강해 분수처럼 오르는 피압 지하수를 '자분정'이라고 한다. 샘물과 자분정을 제외하고선 자연적으로 지표로 나오기가 어렵다. 그렇기 때문에 지하에 있는 물을 이용하기 위해선 인공적으로 밖으로 끌어올려야 한다. 그런 물을 '우물'이라고 한다.

기계적 펌프의 힘으로 퍼 올리기 위해서는 취수공을 수직으로 파놓고, 관을 세로방향으로 꽂아야 한다. 가끔 주변의 산이 높은 골짜기 형태에선 산 방향으로 수평으로 꽂아 산 내부 깊은 곳의 지하수에서 물을 얻기도 한다. 취수공을 파고 난 이후 물이 자연적으로 용출한다면 그 물도 샘물로 인정받기도 한다. 하지만 보통의 우물은 취수공이 있어도 피압이 그 정도로 높지 않기 때문에, 인공적인 힘이 아니라면 자연적으로 용출할 수가 없다. 피압이 낮은 우물은 오염물질이 들어와도 내뿜을 힘이 약하다. 그래서 오염에 굉장히 취약하다.

국내 먹는 샘물 중엔 용천수는 없으며, 전부 우물로 볼 수 있다. 생수 제조회사에서는 오염에 취약한 우물의 이미지가 좋지 않다고 생각하기 때문에, 라벨에 정확한 원천을 알리지 않고 있다. 현재는 많은 우물들이 자취를 감췄지만, 전 세계적으로 우물은 인류가 많이 의존했던 형태임엔 틀림이 없다.

해양심층수

해양심층수가 열풍이다. 많은 매체에서 많은 스타들이 자신의 건강을 위해 해양심층수를 마신다는 보도가 심심찮게 들린다. 또한 '해양심층수의 미네랄 밸런스와 체액의 미네랄 밸런스가 유사하여 몸의 수분 흡수가 빠르다'고 알려져 있다.

해양심층수는 태양광이 도달하지 않는 수심 200미터 이상의 깊은 곳에서 수온이 항상 2℃ 이하를 유지하는 물이다. 필수적인 미네랄과 영양염류가 풍부할 뿐만 아니라, 유기물이나 병원균 등이 거의 없는 청정한 해수자원을 말한다. 그렇다고 수심 200미터 이상의 모든 바닷물이 해양심층수는 아니다. 해양심층수는 생성원리가 다르고 정해진 순환벨트를 따라 지구를 순환한다.

수천 년 전에 그린란드 근처의 빙산이 녹기 시작했다. 녹은 빙산물은 바닷물의 온도와 염분에 의한 밀도 차이로 바닥으로 가라앉아 해양심층수를 이루고, 북태평양 순환류를 타고 지구를 돈다. 심해로 내려온 해수는 약 2천 년간 순환벨트를 따라 돈다. 특별한 루트를 따라 돌기 때문에 전 세계에서 우리나라를 포함해 미국, 일본, 대만, 호주 등 소수의 국가만이 해양심층수를 생산하고 있다. 우리나라의 경우엔 러시아 연해주 빙산수가 녹아 가라앉은 물이 동해를 따라 순환한다. 약 400년 정도의 빈티지(물의 수명)를 가지고 있다. 동해 심층수는 연간 3조 톤 이상을 생산할 수 있는 무한한

자원성으로 미래의 안전한 마실거리로 주목을 받고 있다.

우리나라는 2008년 처음으로 강릉 정동진, 동해 추암, 속초 외옹치, 울릉 저동 이상 4개 지역을 해양심층수 취수해역으로 지정했으며, 2013년 2월에는 고성 오호, 양양 원포, 울릉 내하, 울릉 현포 등 4개 해역을 추가해 총 8곳에서 해양심층수를 생산한다.

보통 해양심층수는 탈염과정Desalinated을 거친다. 일반 해수에는 35퍼밀 정도의 많은 미네랄을 함유하고 있기 때문에, 음용수로 만들기 위해 20배 이상을 희석한다고 알려져 있다.

하지만 해양심층수의 희석 과정은 생각보다 복잡하다. 먼저 수백 미터의 파이프라인을 통해 취수한 해양심층수를 육지에서 저장한 후, 역삼투압 장치로 탈염수와 농축수를 분리한다. 농축수는 증발 농축기로 미네랄과 수분을 따로 분리하고 그 미네랄 중에서 소금 성분을 따로 분리한다. 소금 성분을 제외한 미네랄 성분을 앞서 분리한 탈염수와 배합하여 병입한다. 이때 배합 비율과 농도를 조절할 수 있는데, 국내의 많은 해양심층수 회사에선 유통회사의 요구에 맞게 경도를 조절한 상품을 출시한다거나, 경도별로 다른 버전의 해양심층수를 내놓기도 한다.

글로벌 심층수의 딥스는 최근 '그린', '블루', '골드' 버전을 출시했으며, 그린은 100, 블루는 150, 골드는 200의 경도를 가지고 있고, 강원 심층수의 천년동안은 경도 80의 '천년동안'과 경도 140의 '키즈워터', 경도 160의 '천년동안 베이비워터', 경도 240의 '천년동안 240'을 생산하고 있다.

용암해수

용암해수는 암반해수로도 알려져 있으며, 육지에서 취수할 수 있는 바닷물을 말한다. 바닷물이 육지와 맞닿으면서 화산 암반층에 일부 투과가 된다. 투과된 바닷물은 암석층에 자연 여과되어 육지의 지하로 스며든다. 암석의 여과 과정을 통해 유해성분이 없어 수원지가 안전하고, 그 공간엔 계속해서 바닷물이 들어와 순환자원으로서 지속적으로 이용이 가능하다.

해양심층수는 바다 방향으로 수 킬로미터(km)의 파이프를 내려놓고 심층수를 퍼 올리지만, 용암해수는 바닷물이 육지 방향으로 투과하여 육지 아래로 파이프를 내려 용암해수를 퍼 올린다. 제조공장에서 그 물을 받아 해양심층수처럼 탈염 과정을 거친 후 추가 배합하여 제품을 생산한다. 제조 과정은 해양심층수와 거의 동일하다.

용암해수는 우리나라 제주 동부 지역과 경북 울진 지역에서 취수할 수 있는 희귀 자원이며, 해외에서는 하와이에 용암해수가 매장되어 있다.

호수심층수

바이칼 호수의 풍경

호수는 보통 수돗물의 원천으로 사용된다. 다른 수자원들과는 다르게 호수는 정체되어 있고 물 순환이 잘 되질 않는다. 대부분의 호수 수심은 200미터 안쪽이고, 햇빛을 받아 광합성이 가능해 많은 유기물이 합성되고 병원균 등이 존재한다. 또한 많은 생물들이 살아가기에 질산염 함유량이 높아 음용수로는 부적절하다. 그래서 호수의 물은 고강도 처리를 거쳐 수돗물이나 음용수가 아닌 형태로 활용한다.

전 세계에서 한 곳의 호수만은 예외이다. 러시아 동부의 시베리아 남쪽에 위치한 바이칼 호수는, 세계에서 가장 크고 깊은 호수로 1996년 유네스코 세계 자연보존지구로 지정되었다. 길이가 636km, 폭이 20~80km(평균 40km), 면적은 31,494km^{2}이고, 깊이는 최고가 1,637미터이다.

담수량은 세계에서 가장 많으며 바이칼의 담수만으로도 지구의 모든 인구가 40년 동안 생존할 수 있는 양이다. 일반 호수와 달리 수심 깊은 곳까지 산소가 공급되고 자체 정화 능력이 뛰어나기 때문에, 바이칼 심층수는 전 세계에서 유일하게 음용이 가능하다. 러시아 이르쿠츠크 슈퍼에 가면 많은 종류의 바이칼 심층수를 찾아볼 수가 있으며, 대표적인 호수심층수로는 '바이칼430Baikal430' 등이 있다.

빙하수

전 세계 수자원의 97.2%는 바다이며, 2.2%는 빙하, 나머지 0.6% 중의 반인 0.3%가 지하수이다. 나머지는 강, 호수, 대기 등에 물이 존재한다. 빙하는 지구상에서 가장 오래되고 규모가 큰 담수 자원으로 알려져 있다. 다만, 빙하는 고체 상태로 존재하며, 대부분이 남극과 북극, 그린란드 등에 있어 접근성이 떨어져 쉽게 이용하기가 어렵다. 빙하 지역에는 사람을 포함하여 생물들이 거의 살지를 않아 불순물, 오염물질 등이 거의 없다.

빙하수는 고체 상태, 즉 얼음 상태로 있다. 물은 영하에서 고체 상태로 있고, 물 분자가 모여 육각형 구조를 이룬다. 이런 상태로 수천 년, 수만

빙하수

년 있다 보면, 녹아도 물 분자끼리 함께하던 습관이 남아 액체 상태에서도 천연 육각수 구조를 이룬다. 육각 구조를 이루면 물 분자 클러스터 크기가 작아 체내 흡수율이 높다. 또한 빙하수는 활성수소가 풍부하다고 알려졌으며, 활성수소는 항산화 작용을 활발하게 하여 스트레스 해소 등 건강에 이점이 있다. 대신 굉장히 순수한 상태라 미네랄 함량은 거의 없다.

빙하수는 여러 형태로 채취를 할 수가 있다. 잘 알려진 캐나다 빙하수들은 국가에서 출입금지 지역으로 관리하기 때문에, 사람이 들어가지 않고 빙하가 녹는 위치에 파이프를 연결해 취수한다.

알래스카 등에서는 해안지대에 있는 빙하를 녹여 병입하기도 하고, 바다로 흘러가기 직전에 취수하기도 한다. 또 노르웨이나 아이슬란드 지역은 육지에 있는 빙하가 녹아 흐르면서 지하 대수층에 수원을 이룬다. 이때는 정확히 빙하수는 아니지만, 그 원수를 빙하수가 채워 빙하수의 특징을 가지고 있다. 이런 물들은 용천수 혹은 자분정임에도 불구하고 미네랄 함량이 낮은 편이다. 특히 대수층에서 짧게 있었을수록 미네랄 함량이 적다. 알프스나 히말라야 등 고지대에서는 고도가 높아 빙하 형태로 존재하는데, 이탈리아의 수르지바 등은 이탈리아 북부의 트렌티노에서 생산하는 빙하수이다.

빙하수는 세계적으로 가장 많은 담수원이지만 아직까지 많이 개발되어 있지는 않다. 하지만 국내에선 빙하수의 많은 관심 속에 몇몇 빙하수가 수입되고 있다.

특징에 따른 구분

알칼리수

매장에서 고객들의 물 선택을 돕는 일을 할 땐 평소에 그분들의 건강과 물에게 원하는 바를 공유하게 된다. 요즘 많은 매체에서도 물의 중요성을 강조하다보니, 가끔은 더 나아가 심장병이나 암, 당뇨 등을 고칠 수 있는 물을 추천해달라고 하는 고객들이 더러 있다.

물론 유럽에서는 오래전부터 수치요법(물로 병을 고치는 법)과 의학이 결합하여 많은 수치요법 의사들을 배출하여 꽤 많은 연구물을 낸 것으로 알고 있다. 하지만 적어도 국내에서는 수치요법 의사가 아직 없는 것으로 알고 있고, 좀 더 확실한 치료법을 원하는(혹은 빠르게 치료되길 원하는) 환자들이 많기 때문에, 이 부분에 대해서는 연구나 치료법이 발달하질 않았다. 또한 물은 치료적 개념보다는 예방적 개념이 크기 때문에, 병이 나지 않고 건강한 이유에 대해서 물의 효과라고만 단정 짓기도 어렵다.

어느 날 매장에 항상 알칼리수를 주문하던 고객이 더 이상 알칼리수를 마시지 않겠다며 집에 남은 것을 모두 들고 왔다. 그 알칼리수 브랜드는 pH가 9.8인 기능성 생수였다. 이 고객은 암 투병으로 항암 치료를 하고 나서 의사의 추천을 받아 알칼리수를 매일 마셨다고 한다.

체질변화에 효과가 있는 알칼리수는 평소 균형 잡힌 식단보다는 육식 위주의 식사를 자주 하는 사람들에게 좋다. 몸은 원래 약알칼리성으로 되어 있는데, 육식은 산성이라서 고기를 좋아하는 사람은 체질 또한 산성으로 변했을 가능성이 높다. 특히 산성일 때 심장병이나 암에 걸릴 확률이 높아진다. 그래서 알칼리수로 몸의 pH 밸런스의 균형을 잡아주는 것이 좋다.

그동안 이 고객은 3개월 정도 매일 알칼리수를 마셨는데, 매장에 방문하기 전날 병원에 갔을 때, 담당 의사가 알칼리수를 더는 마시지 않아도 된다고 말했다고 한다. 그 3개월 사이에 체질이 완전히 알칼리성으로 바뀌어 오히려 더 마시면 pH 균형이 알칼리 쪽으로 치우칠 수 있다는 우려를 했다고 한다. 이에 고객의 건강이 다시 그린라이트로 돌아온 것에 크게 기뻐하며 환불했던 기억이 있다.

그렇다면 우리 몸에 이렇게 영향력을 줄 수 있는 알칼리수는 어떤 물일까?

알칼리수는 염기성을 띤 물로 수소이온농도인 pH가 7보다 클 경우를 말한다. 우리나라 법으로 알칼리수는 pH가 8.5에서 10 사이에 해당하지만, 국제 워터소믈리에 기준으로는 pH가 7.8 이상이면 알칼리수로 구분한다.

이 법적인 부분은 라벨에 표기나 공식적인 마케팅 활동에선 제재를 받을 수 있겠지만 화학적으로 알칼리수라고 말할 수 있다. 그래서 국내 많은 천연 알칼리수 생산회사에서는 알칼리수 표기를 받기 위해 부족한 양의 알칼리 물질을 첨가하여 먹는 샘물이 아닌 혼합음료로 물을 생산하고 있다.

물은 여러 이온들을 용해할 수 있는 큰 그릇으로 볼 수 있는데, 순수한 물 상태에선 pH가 7이다. 순수한 물 상태로 보는 증류수가 공기와 접촉하지 않았다면 pH가 7.00이라고 한다. 이때 물속에 존재하는 이온은 수소이온(H^+)과 수산화이온(OH^-) 뿐이다. 기체뿐만 아니라 고체인 칼슘, 마그네슘, 나트륨 등을 용해한다. 기체는 온도와 압력에 의해 용해도가 크게 달라지며, 공기의 대부분을 차지하는 질소는 거의 녹지를 않는다. 이산화탄소는 질소보다 용해도가 50배 이상 높다. 이산화탄소 기체가 물에 녹으면 우리가 아는 탄산수의 탄산과 중탄산이온(HCO^{3-})이 된다.

이 이온들은 염기성을 띠며 물속 수소이온(H^+)이나 다른 양이온(Ca^{2+}, Na^{2+} 등)과 전자적인 균형을 이루며, 환경에 따라 반응하여 결합하기도 한다. 이때 결합물이 고체인 염일 경우엔 눈에 보일 만큼의 침전물로 변한다. 물 내 수산화이온과 수소이온의 비로 pH가 결정되며, 수산화이온이 수소이온보다 많으면 알칼리수, 수소이온이 수산화이온보다 많으면 산성이 된다.

알칼리수는 우리의 장을 통해 몸으로 흡수된다. 위장에선 pH가 매우 낮은 용액이 나오며, 십이지장에선 염기성 용액이 나와 중화시켜 준다. 알칼리수는 위장을 통할 때 수산화이온이 위액 속의 수소이온과 만나 물이 된다. 그렇기 때문에 화학적 · 생물학적으로 수산화이온으로만 구성된 알칼리수가 몸에 효과적으로 흡수되기는 어렵다. 이론적으로 pH가 1에 가까운 위액을 뚫고 장에 가야 하기 때문이다. 알칼리수에 포함되어 있는 적당량의 음이온이 함께 있을 때 효과적이며, 무조건적으로 알칼리수가 몸에 잘 흡수되어 긍정적인 영향을 줄 수 있는 것은 아니다.

식약처는 그래서 알칼리수의 허위광고 등에 대해 강력하게 제재하고 있다. '체질개선, 당뇨, 아토피에 좋다', '건강에 좋다', '알칼리 이온수는 많이 마셔도 전혀 해롭지 않다', '장기간 사용해도 전혀 무해하다' 등의 표방 및 표현을 금지하고 있다. 유일하게 '위장증상(만성설사, 소화불량, 위장 내 이상발효, 위산과다) 개선에 도움이 되는 것'으로 인정하고 있다. 또한 하루 음용 적정량으로 500mL 이상에서 1L 이하를 권장하고 있다.

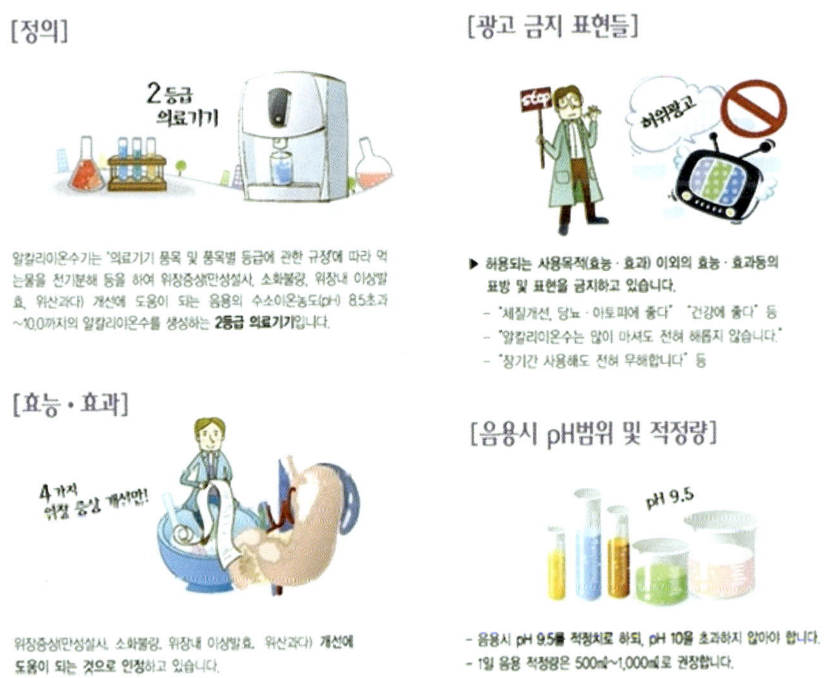

알칼리수의 과장광고 경고

우리나라에서 생산하는 혼합 알칼리수는 일라이트 한 모금, 에이수, 기정생수 등이 있다. 이중에선 천연 알칼리수에 법적 기준인 8.5를 맞춘 혼합음료도 있으며 화학적으로 만든 알칼리수도 존재한다.

외국에 잘 알려진 천연 알칼리수는 오스트레일리아의 알카라이프Alkalife, 아이슬랜드의 아이슬랜딕 글라시얼Icelandic Glacial, 캐나다의 잭슨 스프링스Jackson Springs, 미국 하와이의 와이아키아Waiakea 등이 있다. 이 물들은 pH가 8 이상의 천연 알칼리수이다.

모든 알칼리수들이 모두 몸에 효과가 있다고 볼 수는 없기 때문에, 절대적인 믿음보다는 여러 가지 물의 특징을 잘 살펴보고 선택해야 하며, 알칼리수라도 pH 특징 외에 주요 미네랄 함량 등도 꼼꼼히 비교해서 선택해야 한다.

알칼리수는 염기성이 강할수록 쓴맛이 강해지지만, 음용수 수준에선 쓴맛이 강하게 느껴질 정도는 아니다. pH가 7.3에서 7.8 정도까진 약간의 단맛 징후를 보이며, 생기발랄한 느낌을 준다. 반면, pH가 6.7 이하의 산성수에선 날카로운 느낌이 특징이며, pH가 6 정도에선 신맛이 느껴진다.

탄산수

2010년 들어서 탄산수가 하나의 트렌드로 자리 잡으면서 폭발적인 탄산수의 붐을 일으켰다. 조사기관에 따라 다르지만, 2010년대 초반 100억대였던 탄산수 소매시장 규모는 2010년 중반에 이르러 1,000억 가까이까지 성장을 했다. 최근에는 주춤하고 있지만, 5~6년 사이에 보인 성장은 700% 가까이 발전한 추세이다.

최근 주춤한 이유로는 배신감 때문이라고 볼 수가 있다. 우선 탄산수가 성장하던 시기에 탄산수가 다이어트에 효과가 있다고 알려지며 탄산음료의 대체재로 주목받았지만, 다이어트에 성공하지 못한 사람들이 많다. 오히려 많이 마시게 되면 위장 장애를 일으킨 사례도 많았다. 식약처는 2016년에만 탄산음료와 탄산수 관련 업체 286곳을 허위 · 과장광고 업체로 적발하며 탄산수 애호가들의 탄산수에 대한 신뢰를 무너뜨렸다.

그렇다면 탄산수는 정말 우리를 배신한 걸까?

탄산수

탄산수는 탄산, 즉 이산화탄소가 들어있는 물이다. 이산화탄소는 물에 용해되며 온도와 압력에 의해 영향을 받는다. 그래서 온도가 낮을수록 톡 쏘는 탄산을 느낄 수 있으며, 온도가 미지근해지면 탄산의 느낌이 반감된다. 간혹 탄산수를 오픈할 때 소리가 커야 청량함을 느끼는 사람이 있지만, 소리가 클수록 탄산이 빠져나간 것이다. 앞으로 마실 탄산수의 탄산가스는 상대적으로 적어지게 되는 것이다. 그렇기 때문에 최대한 소리가 작게 나도록 오픈하는 것이 좋다.

탄산수는 이산화탄소의 출처와 양에 따라 분류될 수 있다. 탄산수에 자연적으로 이산화탄소가 용해되었는가(천연탄산수), 이산화탄소가 인공으로 주입되었는가(인공탄산수)에 따라 크게 나뉜다.

먼저 천연 탄산수는 광천수가 병입되기 전 대수층에 존재하던 시절부터 천연가스를 포함한다. 천연가스는 이산화탄소를 포함하여 다양한 기체가 함께 공존한다. 이 다양한 기체들은 물에 용해되어 많게는 수천 년부터 수십 년까지 대수층에서 기체 상태로 존재하거나, 이온 상태로 있거나 고형물로 함께 공존한다.

그렇기 때문에 대부분의 천연탄산수는 많은 미네랄을 함유하고 있다. 맛은 탄산의 특징보다도 미네랄의 특징에 따라 개성이 결정되며, 보통은 무겁다. 탄산은 약한 편으로 기포의 크기가 작으며 샴페인처럼 화려하게 탄산을 뽐내진 않는다. 눈으로 보면 미세한 기포가 글라스 벽면에 붙어있다.

대표적인 천연 탄산수는 우리나라의 '초정 탄산수'와 독일의 '게롤슈타이너Gerolsteiner', 슬로베니아의 '로이ROI', 루마니아의 '보르섹Borsec' 등이 있다.

인공 탄산수는 두 가지 종류가 있는데, 하나는 정제수를 기초로 한 인공 탄산수와 광천수를 기초로 한 인공 탄산수로 나눌 수 있다. 정제수로 만든 인공 탄산수는 '트레비', '씨그램' 등이 있으며, 광천수를 기초로 한 인공 탄산수는 국내의 '먹는 샘물로 만든 트레비', 이탈리아의 '산 펠레그리노San Pellegrino'나 '라우레타나Lauretana', '수르지바Surgiva' 등이 있다.

정제수로 만든 인공 탄산수는 물리적 · 화학적 정수처리한 정제수의 인공으로 합성한 이산화탄소를 주입한다. 설명한대로 공장에서 만들어 낸 탄산수이다. 보통 수원지를 끼고 공장을 형성하는 다른 생수 제조업체와는 달리 일반 탄산음료 공장에서 탄산수를 생산한다.

인공적으로 탄산을 주입하게 되면 정제수에 자연스럽게 용해되지 않아 다른 성분을 첨가한다. 예를 들어, 나트륨 이온을 첨가하면 탄산의 용해도가 높아진다고 알려져 있다. 하지만 탄산의 지속력은 천연탄산수보다 떨어지며, 물 내 존재하는 탄산 기포의 크기는 크고 더 요란한 편이다. 다른 미네랄은 존재하지 않고, 물은 산성이다. 그래서 보통 개성이 없고, 신맛이 돋보인다. 페트병에 담긴 정제수 인공 탄산수의 경우에는 다른 특징 없이 페트향만 진하게 배어 테이스팅을 방해하기도 한다.

각 제조사마다 정제기술과 인공 탄산주입기술과 방식이 다르기 때문에 정제수 인공 탄산수라도 품질 차이가 존재한다. 그래서 탄산수마다 탄산 기포의 크기, 탄산의 용해지속성과 탄산의 세기(탄산의 양)가 다르다.

외국의 물 전문가와 정제수 인공 탄산수에 대해 탄산수 카테고리로 봐야 하는지에 대해 대화를 나눈 적이 있다. 그들은 정제수 인공 탄산수를 '물맛 탄산음료'라고 이야기한다. 광천수로 만든 인공 탄산수는 인공적으로 탄산을 주입한 것까진 과정이 같다. 하지만 물의 원천이 정제수가 아니라, 광천수이기 때문에 탄산수마다 미네랄을 함유하고 있다. 그래서 이산화탄소의 양과 질보다는 물의 수원지에 따라 품질의 차이가 크다.

탄산을 주입하면 pH가 낮아져 신맛을 내게 되는데, 이때 광천수에 단맛을 내는 알칼리성 미네랄(칼슘, 칼륨 등)이 충분히 들어 있고, 쓴맛과 짠맛을 내는 나트륨과 염소함량의 구성 비율에 따라 밸런스가 달라진다. 그 외에도 중탄산염, 황산이온, 실리카 등이 탄산수의 개성을 좌지우지한다. 간혹 남미(에콰도르, 아르헨티나)의 인공탄산수에서는 메론과 수박향이 나기도 한다. 그 탄산수를 시음하는 자리에는 약 30여 명의 전문가가 있었는데, 5~6명 정도가 그 향을 맡았다. 당시 필자가 제일 처음 그 향을 캐치해 그 회사 담당자에게 그 향의 원인을 물었더니 모르쇠로 일관한 바 있었다. 나중에 알고 보니 한 업체는 미네랄워터 외에도 그 설비에서 탄산음료를 생산하고 있었다. 생산과정 중 과일향이 밴 것으로 추측할 수 있다.

이런 독특한 향이 나는 탄산수도 온도가 너무 낮게 되면 탄산수 고유의 개성을 느낄 수가 없다. 그래서 물 전문가 마이클 마샤Michael Mascha는 탄산수의 적정 시음온도로 13~17℃를 추천한다. 탄산수의 온도가 낮아 탄산이 더 강하게 느껴지면 그 물의 가치를 제대로 느낄 수가 없다고 설명한다.

나는 물 품평회에 심사위원으로 가곤 한다. 물 품평회에서 탄산수를 평가하면 각 탄산수의 탄산만을 비교해 평가하거나 가장 중요한 요소일 것 같지만, 탄산은 여러 가지 평가요소 중에 하나의 요소일 뿐이며, 대부분 다른 개성(탄산을 제외한 평가항목)에 따라 탄산수의 품질평가의 희비가 갈린다.

우리가 지금껏 다이어트 효과가 있다고 알고 있던 탄산수는 물에 함유된 탄산이 아니라, 그 물에 함유된 다이어트에 효과가 있는 천연 미네랄이 영향을 주기 때문이다.

워터소믈리에

워터소믈리에란?

아직도 많은 매체에서는 워터소믈리에를 '물 감별사'라고 표현한다. 물론 내게도 물 감별사가 아니냐면서 인터뷰를 요청해오기도 한다. 실제로 한 케이블 방송에 출연해 MC들에게 맞는 물을 추천하고 물 감별을 했다. 당시는 경기대회 우승도 하기 전이었던 유망주 시절이었다. 당연하겠지만 어렸던 내게 신뢰할 정도의 물에 대한 내공보다도, 물감별을 할 수 있다는 자신감이 방송 섭외의 계기가 아닐까 싶다.

언제나 뜨거운 감자는 물감별 옵션이다. 항상 인터뷰 때마다 워터소믈리에의 정확한 정의에 대해 설명을 해도 많은 사람들은 물 감별사로 기억하고 있다. 그동안 만났던 많은 작가들, 기자들도 유심히 듣고 고개를 끄덕이더니, 마지막 순서로 유리 글라스와 검은 천에 싼 물들을 내민다.

앞으로 나를 포함해 많은 워터소믈리에들의 노력이 필요하다. 많은 소믈리에들이 활동하는데도 불구하고 아직 와인을 잘 모르는 사람들은 소믈리에를 와인 감별사라고만 생각하는 거 보면, 워터소믈리에들은 훨씬 더 많은 노력을 오랫동안 들여야 할 것이다.

워터소믈리에Water Sommelier는 소믈리에Sommelier에서 파생된 단어이다. 소믈리에는 많이들 와인 감별사로 알고 있는데, 사실은 업장에서 주로 와인을 관리하고 추천하는 직업이다.

그렇다면 워터소믈리에는? 업장에서 손님에게 음식 혹은 취향에 맞게 어울리는 물을 추천하는 직업이 정확한 개념이다.

소믈리에는 14세기부터 특정 직업으로 인정이 되었으니 역사가 굉장히 길다. 그에 반해 워터소믈리에의 역사는 짧다. 21세기 들어서 생긴 직업이다. 세계적으로 환경오염, 전쟁 등으로 인한 물 부족과 웰빙의 수요로 급격하게 성장하고 있는 생수시장과 함께 성장하는 미래 직업이라고 보면 된다.

필자가 처음 워터소믈리에를 공부하던 시기에 국내 생수 브랜드가 60여 개였는데, 10년 정도 지난 지금은 200여개가 넘는다. 늘어나는 생수의 개수만큼 물을 찾는 소비자들을 위한 생수 전문가가 필요하게 된 것이다.

2000년 프랑스 파리Paris, France에서 콜레트 워터바Colette Water Bar가 세계 1호로 워터바를 오픈했다. 그리고 미국 뉴욕 맨해튼Manhattan, New York, USA에 위치한 리츠 칼튼Ritz Carlton 호텔의 필립 레트만Filip Wretman이 상류사회 고객들에게 음식과 어울리는 물을 소개하면서 세계 1호 워터소믈리에가 되었다. 이탈리아는 2002년에 의사, 영양사, 지질학자, 화학자, 물 전문가들이 모여 아담협회ADAM : Associazione Degustatori Acque Minerali를 창립했다. 이 협회에서는 처음으로 워터소믈리에 교육프로그램을 개발하여 워터소믈리에를 양성했다. 일본에서는 2000년대 중반 산에 아키가 이탈리아의 아담협회에서 워터소믈리에 교육을 받고 귀국해, 2008년 일본 아쿠아소믈리에협회JASA : Japanese Aqua Sommelier Association를 설립했다.

국내에서는 2007년 서울 선릉역 인근에 '몬드리안'이라는 카페에 '노트랜스 워터카페'가 숍인숍 형태로 입점한 것이 국내 최초다. 그리고 같은 해 플라자호텔의 이탈리아 레스토랑에서 워터소믈리에를 채용해 운영하기도 했다. 2011년 한국국제소믈리에협회는 산하 한국워터소믈리에협회를 창설했으며, 자격증제도를 도입했다.

워터소믈리에라는 직업은 또한 2025년의 국내 100대 유망직종에도 뽑혔으며, 교육부에서 지난 2014년 발간한 '2014 미래의 직업세계'에서는 3대 유망 직업으로 워터소믈리에, 문학치료사, 애완동물장례업이 뽑혔다. 앞으로 미래가 굉장히 밝은 직업이다.

워터 테이스팅

물의 맛

테이스팅

등산을 하고 약수터에 들러 물 한 모금을 마시면 자연스럽게 입에서 한 멘트가 튀어나온다.

"야! 물맛 좋다. 물맛이 꿀맛이야."

이런 대사가 누구에게만 해당하는 특별한 경험은 아닐 것이다. 요즘은 약수터가 많이 폐쇄되어 등산을 가서도 이런 멘트를 들을 일이 많이 없어졌지만, 그래도 준비해 간 생수 500ml 한 병에 상쾌함을 느낀다면 물맛꿀맛 멘트가 안 나올 수가 없다. 나도 역시나 운동을 마치고 마시는 물 한 모금이, 다른 탄산음료나 주스, 커피가 아닌 오직 물 한 모금이 내게 주는 심리적이고 미각적인 경험은 꽤나 달콤했다.

누군가 내게 "물이 맛이 있어요?"라고 물을 때면, 나는 이런 에피소드를 이야기하곤 한다. 그렇지만 앞에서 말하는 물맛과 질문에서의 물맛은 차이가 있다.

앞에서 말한 물맛의 경우는 등산 중 육체적 피로와 피곤과 역경을 견뎌내고, 그 물 한 모금이 갈증을 씻겨주는 어떤 성취와 관련된 달콤함일 것이다. 등산이 아니더라도 이 물 한 모금이 달콤하다고 표현할 만한 상황들이 꽤나 존재한다. 하지만 질문에서의 물맛이라고 하면 단지, 쓴지, 짠지, 신지에 관련된 혀의 미각적인 측면에 관련된 것이다.

필자가 이 에피소드를 이야기하는 이유는, 우리는 어렸을 적부터 아니 오랜 조상 때부터 이 '물맛'이란 용어가 어색하지 않다는 점이다. 등산에서의 물맛이 각자에게 어땠는지는 모르겠지만, 확실한 건 물맛은 예전부터 존재해왔고 지금도 존재한다. 우리가 예전부터 물을 무색무취라 하고, 무미라는 말을 쓰지 않았던 것은 물맛이 있다고 인식하는 것이다.

가끔 외국인과 물에 대해 이야기하면, 우리나라 물이 싱겁다는 말을 듣는다. 이게 무슨 소린가? 물이 싱겁다니! 심지어 해석하면 물이 맹눌 맛이라는 얘기를 한다. 하지만 외국에서 물을 사 마셔본 기억이 있는 사람은 약간은 동의할 것이다. 외국에서, 특히 유럽에서 마시는 물이 얼마나 짜고 쓸 수도 있는지를…….

테이스팅과 드링킹

워터소믈리에가 된 후 "물맛을 다 아세요?"라는 질문을 참 많이도 받는다. 그리고는 즉석에서 워터 블라인드 테이스팅을 요청하기도 한다.

사실 물은 생수가 아니더라도 수돗물, 정수기도 다 다르고, 수돗물만 하더라도 나라별 수돗물, 지역별 수돗물이 다 다르다. 생수로 한정하더라도 전 세계의 생수 종류만 1만 가지가 넘는다고 하니 물맛을 다 마셔보기도 어렵다. 1만 가지를 다 마신다고 해도, 1만 가지의 맛은 아닐 터, 어떻게 구분할지가 막막하다. 흔히들 물은 무색무취의 음료라고 한다. 그래도 물맛이 미묘하게라도 다르기 때문에 워터소믈리에라는 직업도 있지 않나 생각된다.

워터 테이스팅Water Tasting! 그냥 '물 맛보기'이다. 우리가 매일 평균 1~2리터 가까이 마시는 이 '물'을 맛보는 것이 '워터 테이스팅'이다. 물론 우리가 평소에 꿀꺽꿀꺽 마시는 건 '드링킹Drinking'이라고 한다.

와인도 '테이스팅'이라는 용어가 있고 '드링킹'이란 말도 있다. 용어가 다르듯, 두 단어 간에는 의미 차이가 있다.

먼저 'Drink'는 '음료'라는 뜻의 명사이면서, '마시다'라는 뜻의 동사이다. 드링킹은 그냥 마시는 것이다. 반면에 'Taste'는 단순히 마시는 것에서 끝나지 않는다. 이 단어는 '맛', '시식', '취향'이라는 뜻의 명사이면서도, '맛보다'라는 동사이기도 하다. 보통 와인에서 테이스팅을 하면 눈, 코, 입으로 세 번 맛본다고 한다. 눈으로 와인의 색(색상, 농도, 점성도)을 즐기고, 코로는 향(향의 강도, 세부 향)을 맡고, 입으론 맛(당도, 산도, 바디, 탄닌, 뒷맛 등)을 본다. 테이스팅은 마시는 과정을 포함해 이 세 가지 모두를 총체적으로 이야기한다.

워터 테이스팅도 마찬가지로 시각적, 후각적, 미각적으로 관찰하고 분석하는 과정이다. 그렇다면 워터 테이스팅의 목적은 무엇일까? 바로 인체에 유해하지 않으면서 생수의 개성을 구별하고 맛있고 좋은 생수를 찾기 위해서이다. 테이스팅을 하다 보니, 물맛에 대해 예민해지고 어느덧 물맛을 보면 독특한 이취미가 나기도 한다. 이 물이 안전한 것인지, 안전하지 않은

테이스팅

것인지 느낌이 온다. 가끔 너무 티나게 희한한 향이 나는데도, 향을 못 느끼는 사람들이 있기 때문에, 전문가의 워터 테이스팅이 필요하다.

생수의 개성을 구별하는 것이란 그 생수의 출원, 태생마다의 특징을 찾는 것과 일맥상통한다. 예를 들어, 해양심층수 같은 경우에는 어떤 해양심층수든 그 특유의 바다 짠향이 있다. 미네랄 구성 또한 광천수와 다르게 칼슘함량이 적고, 마그네슘과 나트륨 함량이 높은 편이다. 또 알프스 산맥의 광천수 계열은 칼슘과 나트륨, 중탄산염 함량이 높은데, 이는 약간의 흙향과 먼지향이 나는 물들이 많다. 또 오세아니아 피지섬의 물들은 대체로 실리카의 함량이 높은데, 약간 고인 물맛이 난다. 이런 특징을 워터 테이스팅으로 구별해서 고객에게 추천할 수가 있다. 또 '맛있다'라는 것은 개인의 취향이다. 사람마다 짠 게 맛있는 사람이 있고, 짜지 않은 게 맛있는 사람이 있다. 특히 워터계에선 사람들의 물맛 취향별로 미세한 차이가 만족도를 가른다. 그렇기 때문에 전문가의 워터 테이스팅으로 아직 맛을 보지 못한 사람들에게 선택의 도움을 줄 수 있다. 물의 라벨과 홍보책자를 보고 혼자 고민해서 고른다고 해도 물맛이 어떤지는 알 수가 없다.

그렇다면 워터 소믈리에는 어떻게 물을 감정할까?

워터소믈리에의 테이스팅

'호로록, 후루룩, 쫍쫍, 쩝쩝……'

와인 애호가라면 이런 의성어를 들을 때 '와인'이 떠오르기도 하고, 와인 전문가라면 흔하게 들었을 수도 있다. 바로 와인 테이스팅을 할 때 입에서 나는 소리이다.

입에 와인을 머금은 채로 공기를 입에 넣는다. '호로록' 그리고 입 안에 공간을 만들고 혀를 굴려 공기와 와인을 접촉시킨다. 입에서 맛을 느끼는 모든 부위에 와인을 적셔, 와인에서 나는 맛과 향을 최대한 느낀다.

와인을 즐기는 사람이라면 이런 장면을 한두 번 보진 않았을 것이다. 하지만 워터 애호가가 전 세계적으로 이제야 생겨나는 지금 아쉽게도 워터 테이스팅만의 상징적인 테이스팅 모습이 없다.

음료학으로써 워터는 와인의 학문을 기반으로 했기 때문에, 비슷한 부분이 많다. 그래서 와인을 테이스팅할 줄 아는 사람이라면, 기본적으로 워터 테이스팅의 행위(폼)나 용어들은 얼추 비슷하게 할 수 있다. 워터도 다른 음료랑 마찬가지로 '바디감', '애프터 테이스트', '구강촉감' 등이 있다.

워터 테이스팅은 다른 음료들과 마찬가지로 눈, 코, 입으로 세 번 마신다. 지구 표면의 70%를 차지하며, 전 세계 어디에도 존재하는 물을 감정하고, 각 물마다 구분할만한 특징을 찾는 것은 엄청난 집중력이 필요하다. 처음은 시각적인 특징에 집중을 한다. 기본적으로 물은 맑고 투명해야 한다.

국내에서 생산되는 물에선 투명하지 않은 경우가 거의 없고, 국내에서 유통되는 해외생수 중에서도 투명하지 않은 물을 찾긴 어렵지만, 프랑스의 고급 생수인 '이드록시다즈Hydroxydase' 같은 경우엔 워낙 미네랄 함량이 높아(국내 생수의 미네랄 함량보다 백배 가량 많다) 흰색 소금 같은 것이 떠 있다. 동남아시아나 생수 생산기술이 낮은 곳의 물에선 가끔 갈색 입자가 떠다니는 것이 있다. 앞서 말한 흰색 입자는 미네랄일 가능성이 높지만, 후자의 갈색 입자는 흙이나 모래에 가깝다.

탄산수의 경우엔 기포를 관찰한다. 많은 탄산수의 기포를 관찰한 결과, 천연탄산수 기포보다 인공탄산수 기포의 올라오는 속도가 더 빠르다. 그리고 잔에 따랐을 때, 올라오는 공기방울의 크기가 크면 클수록 인공탄산수일 확률이 높다. 인공탄산수의 경우에는 잔에 따르자마자 요란스럽게 기포가 올라온다. 그리고 5분도 안 되어 기포가 쫙 빠진다. 5분 정도 지나면 김빠진 사이다 정도라고 보면 된다.

좋은 천연탄산수의 경우는 콜라나 사이다와는 다르게 잔잔한 편이다. 시각적으로 기포만 봤을 때 크게 매력적이지는 않아 보인다. 하지만 시간이 지나도 기포의 변화가 인공탄산수와 비교해 별로 없다.

테이스팅할 때 한 가지보다는 4~5가지를 한 번에 따라놓고 테이스팅을 하면 상대적으로 보다 쉽게 탄산수끼리 비교할 수가 있다.

가끔 워터전문가들이 와인처럼 글라스를 가볍게 흔드는 경우가 있는데, 글라스 내벽을 타고 흐르는 물방울을 보고 구분을 하기도 한다. 간혹 물방울이 흘러내리는 속도나 맺히는 물방울의 크기로 구분하는 사람도 있다. 이런 것으로 경도나 TDS를 대략 유추할 수 있다고 하는데, 사실 경도나 TDS의 정도는 입 안에서 충분히 느낄 수 있다. 또 탄산수를 흔들게 되면, 물의 표면이 글라스와 맞닿는 부분에서 기포가 발생한다. 이때 격하게 반응하면 물의 기체용해도가 작은 것이고, 그래도 버티면 기체용해도가 높은 것이다. 기체용해도가 높은 것은 대체로 인공탄산수일 경우보다 천연탄산수일 경우가 많고, 우물이나 샘물보다는 자분정일 가능성이 높다. 물과 탄산이 오랫동안 함께하여 물의 탄산용해도가 올라간 것이기 때문에 물의 빈티지가 오래되었을 가능성이 높다.

다음엔 후각에 집중해야 한다.

'무색무취'라고 하는 물에서 후각적인 특징을 찾는 것은 매우 어려운 일이었지만, 최근엔 워터 아로마 휠이 개발되었다. 물에서 나는 향의 스펙트럼은 넓지 않은 편이지만, 아로마 휠을 활용한다면 물에서 나는 향에 대해 모두가 공감하는 약속된 단어로 표현할 수 있다. 또 어떤 향이 난다고 하면, 그 향이 어떤 이유로, 어떤 영향을 받아서, 어떻게 그 향을 내는지에 대한 인과관계가 보다 쉽게 추론할 수 있게 되었다. 또 플레인 워터에서 어떤 확실한 향이 나게 되면 'Clear'하지 않은 물로 생각해 좋지 않은 평가를 받을 수 있다.

그렇다면 워터 전문가들은 물의 향을 왜 맡고, 어떻게 맡고, 또 물의 향에서 어떤 정보를 얻을까? 가장 큰 이유는 불량 워터를 찾기 위함이다. 향에서 불량 워터의 힌트를 주는 건 바로 '이취미'이다. '이취미'는 물에서 나는 불쾌한 향으로 물의 정수처리나 유통과정에서 문제가 생겼을 때 나는 향이다. 와인으로 치면 '코르키Corky'를 알아보는 과정이라고 할 수 있다.

가끔 이취미가 나는 물들을 마실 때가 있다. 민감한 사람이 아니면 크게 개의치 않는데, 민감한 사람에겐 구토를 유발할 수도 있다. 한 번은 이취미가 나는 물을 성분분석 의뢰를 한 적이 있는데, 향은 분석이 불가능했다. 분석 결과에선 세균이나 미생물이 번식되었다든가, 수질검사 항목이 초과 검출되진 않았다.

향은 온도에 대개 민감한데, 우리나라처럼 물을 차갑게 마시게 되면, 향의 확산 속도가 저하되기 때문에 향을 맡기가 더 어렵다. 향을 맡기 위해선 온도가 미지근할수록 좋다. 단순히 물의 향 비교만 한다면, 실온에 보관하다가 테이스팅하기를 추천한다. 평소에 느끼지 못했던, 각 물들마다 미세한 차이를 느낄 수 있을 것이다.

광천수는 미네랄 함량에 따라 나는 향이 다른데, 어떤 지질에, 어떤 미네랄이 어떤 향을 나게 하는지 그 인과는 아직 명확하지가 않다. 국내 광천수들은 보통 미네랄 함량이 많지 않고, 수입물들보다는 유통 과정도 짧고 단순하기 때문에, 별다른 향이 나는 경우가 없다. 하지만 해외 물들 같은 경우엔 고유의 향이 나기도 한다. 특히 많은 미네랄을 함유한 천연탄산수는 약간의 흙향, 먼지향을 내는데, 이취미와는 다른 그 물만의 특징이다. 이취미는 약간 이끼향이나 젖은 박스향에 가깝다.

해양심층수는 경도에 관계없이 일정한 향을 내는데, 바닷가에서 바람을 맞을 때 맡을 수 있는 고유의 향이다. 비린내라고 표현하기도 하는데, 명확하게 보면 비린내보다는 바다향이라고 표현하는 것이 더 옳다.

빙하수 같은 경우엔 미네랄 함량이 아주 적은 순수한 물에 가깝다. 나는 여기서 약한 모래향이 느껴지는데, 글라스에 테이스팅할 때보단 페트병 통째로 마실 때 그 향이 느껴진다. 또한 생산국가에 따라 특유의 향이 나기도 하는데, 이탈리아 탄산수의 경우 약간의 황산염의 향이 난다. 약간 유황의 향에 가깝다.

동남아시아에선 물이 깨끗하지 않아서, 'Purified'한 물들을 많이 생산한다. 완전히 정제했는데도 순수도를 측정하는 질산염 함량은 많다는 아이러니함이 있다. 여기선 쇠의 향이나 풀의 향이 나기도 한다. 풀은 두 가지 느낌이 나는데, 하나는 'Grass'의 향과 'Glue'의 향이다. 그런데 이런 향들은 플라스틱에서 왔을 확률이 높다. 같은 물이라도 어떤 용기에 유통되었느냐에 따라 향에 영향을 줄 수 있다.

물의 향을 캐치하는 것은 매우 어렵다. 테이스팅하는 물의 95% 이상은 아무 향도 안 느껴진다. 하지만 5%의 물중에선 엄청난 힌트를 내는 '빼박' 단서들을 갖고 있다. 항상 얻을 수 있는 힌트는 아니지만, 어느 정도 물들의 힌트를 얻기 위해 후각에 집중할 필요가 있다.

향을 맡기 위해선 글라스에 따른 물을 흔들지 않고 맡아본다. 일차적인 향이 느껴지지 않는다면, 코를 글라스에 대고 숨을 크게 쉰다. 글라스 내 공기를 충분히 맡는다. 그리고는 가볍게 흔들어 이 과정은 두세 번 반복한다. 그리고 입에 물을 머금고 숨을 충분히 크게 쉰다. 입에서 시작하여 코로 나가는 향에 집중한다. 그리고 미각적인 부분을 감정한 뒤 다시 한 번 향을 맡는다. 때때로 물을 다 마시고 나서 빈 잔에 남은 잔향이 힌트가 될 때가 있다.

제한시간이 있는 테이스팅에서는 후각 파트에 많은 시간을 보낼 필요 없이 2~3번 향을 맡고 느껴지지 않는다면 빨리 다음 미각 테이스팅 단계로 가는 것이 좋다. 다시 한 번 말하지만, 물에서 향을 맡기란 쉽지 않지만 맡게 되면 큰 힌트가 된다.

워터 테이스팅에서 가장 중요한 건 미각이다. 물론 시각과 후각도 물을 감정하고 평가하는 데 중요한 요소지만, 미각만큼은 아니다. 물을 미각적으로 감정할 때 보통 청량감, 단맛, 신맛, 짠맛, 쓴맛, 구조감, 가벼움, 부드러움, 균형감, 지속성 등을 본다.

청량감은 흔히 상쾌한 맛으로 생각하면 되는데, 청량감이 있는 물들은 미지근한 물에서도 어떤 상쾌한 느낌이 난다. 혀에서 느끼기보다는 마시고 나서의 입 안에서의 느낌을 봐야 한다. 소량을 마셔도 충분히 만족스럽고 끝맛이 깔끔하다. 청량감이 없는 물들은 마셔도 계속 갈증이 난다. 신맛은 보통 산성의 물에서 나며, 혀에서 신맛을 느낀다. 국내 물중에선 초정탄산수를 마시면 물에서 나는 신맛이 무엇인지를 알 수 있다. 짠맛은 약간 쓴맛을 동반하기도 하는데, 나트륨에 의한 것이다. 해양심층수나 유럽의 알프스 산맥 쪽 탄산수가 약간 짠맛을 낸다. 쓴맛은 보통 황산염이나 마그네슘에 의한 것이며, 다른 미네랄의 함량도 전체적으로 많아지면 쓴맛을 낸다. 그래서 보통 쓴맛을 가진 물들은 대체로 무겁거나 거칠다. 또 알칼리성이 강할수록 쓴맛이 느껴지기도 하는데, 알칼리성이 약하면 쓴맛보다는 약간 단맛이 나기도 한다. 단맛은 약간의 알칼리성과 알칼리성 이온과 관련이 있는데, 칼슘과 칼륨이 많이 들어있을수록 약간의 단맛을 준다.

구조감은 물의 단단함을 말하는데, 경도와 관련이 있다. 물을 입 안에서 굴렸을 때, 물이 얼마나 퍼지느냐를 느낀다. 구조감이 낮은 물들은 입 안에서 굴리면 이곳저곳으로 퍼지는 경향이 있는 반면, 구조감이 단단한 물들은 입 안에서 굴리면 조금 더 부피가 작은 느낌이고 덜 퍼지고, 혀 안에서 안 퍼지게 컨트롤이 가능하다.

많은 사람들이 구조감과 무게와 헷갈려 한다. 무게는 총용존고형물TDS : Total Dissolved Solids에 관련이 있다. 무게는 혀에서 물을 들고 지탱했을 때 얼마만큼의 힘이 들어가는지에 관한 것이다. 가벼운 물들은 필자가 혀로 물을 들었을 때 별 힘이 안 들지만, 무거운 물들은 필자가 혀로 물을 받치기만 해도 혀에 힘이 들어간다. 짧은 시간을 들고 있어도 곧 혀가 피곤해지기도 한다.

부드러움은 구강촉감이랑 관련이 있다. 탄산수의 경우 기포가 얼마나 요란스럽고 야단스러운지 확인하고, 탄산이 꺼지고 난 물이나 스틸 워터의 경우엔, 물을 굴렸을 경우 물에 닿는 피부 접촉면의 통증이 어느 정도인지 알아본다. 통증이 약간 있으면 거친 것이고, 통증이 없고 야들야들하면 부드러운 것이다.

균형감은 위의 특징이 얼마나 조화로운지를 말하는데, 예를 들어 짜고 신데 가볍거나, 신데 짜지 않고 무겁거나 하면 밸런스가 낮은 것이다. 밸런스가 높으려면 적당히 신맛도 있고, 짠맛도 있고, 무게감도 있고, 구조감도 있어야 하며, 아예 신맛도 없고 짜지도 않고 쓰지도 않고, 가볍고 부드러우면 이 또한 밸런스가 있다고 한다. 지속감은 물을 넘겼을 때, 생수의 특징이 입 안에 얼마나 남는지 보는 것이다. 오랫동안 좋은 물맛을 유지하는 것이 좋은 생수이다.

이렇게 시각, 후각, 미각적인 부분을 감정하여 종합하면, 물의 속성을 파악할 수 있고, 그 속성에 해당하는 물을 유추할 수 있다. 이렇게 테이스팅 연습을 하다보면 훗날에는 익숙한 물맛이 생기기도 하고, 각 생수 고유의 특성도 알게 된다. 꾸준히 노력하다 보면 블라인드 테이스팅에서 답을 맞추는 일도 가능하게 된다.

테이스팅의 환경

물은 굉장히 섬세한 음료이다. 온도에 따라 맛이 달라진다. 또 온도는 보관용기에 따라서도 크게 달라진다.

이렇게 섬세한 음료를 객관적으로 비교 및 평가하기 위해서는 꽤 세심하게 환경들을 통일시켜줘야만 한다. 물을 구매해서 보관하고, 같은 모양의 잔에 서비스하고, 워터 소믈리에의 입에 들어가기 전까지의 전 과정이 생수의 평가에 영향을 줄 수 있다.

워터 테이스팅을 하는 사람은 컨디션 관리가 중요하다. 몸이 살짝 아프다면, 테이스팅하지 않는 것이 좋다. 감기에 걸려 코가 막혔거나, 기침하거나, 열이 나는 경우도 마찬가지이다. 컨디션 회복을 하지 않은 채 강행했다가는 아무 향도 느껴지지 않는 물을 째려보며 무력감만 느낄 것이다.

나는 중요한 테이스팅을 앞두고서는 매운 음식, 짠 음식, 튀긴 음식, 뜨거운 음식은 피한다. 이런 자극적인 음식은 혀에 영향을 줄 수 있기 때문이다. 옛날에 중요한 테이스팅 일주일 전에 돈가스를 먹었다가 혀와 입천장이 다 까졌는데, 일주일 동안 회복이 안 되어서 난감했던 적이 있다. 적어도 혀나 입천장의 상태가 회복되기 위해선 2주의 시간이 필요하다.

술과 담배, 향수, 짙은 화장도 테이스팅할 땐 피해야 한다. 이유는 다 알 것이다. 말 안 해도 워터 테이스팅에 무지막지한 영향을 준다. 하루는 공개적인 장소에서 워터 테이스팅을 한 적이 있다. 많은 사람들이 나의 테이스팅을 지켜보는 상황이었는데, 그 많은 인파들 사이에서 워터 테이스팅을 하는데, 1미터 밖에 있는 한 여성분의 진한 화장품향 때문에 순간적으로 아무 향도 느껴지지 않은 적이 있었다.

또 가벼운 립밤도 물을 테이스팅할 때 유질감에 대한 요소에 영향을 줄 수 있어, 테이스팅 전에는 바르지 않는 것이 원칙이다. 곧 충분한 수분 공급이 일어나기 때문에 입술은 알아서 촉촉해질 것이다. 또 테이스팅은 공복에 하는 것이 좋다. 이른 아침에는 아직 몸이 덜 깨어있어, 오감을 잘 활용할 수가 없으며, 식후에는 배가 불러 감각이 둔감해진다. 혀나 코가 가장 예민한 시기는 식전에 살짝 배고파지는 오전 10시 반이나 오후 4시이다.

테이스팅 룸의 경우 냄새가 나지 않고 조용한 곳이 좋으며, 덥거나 춥지 않아야 한다. 생수의 온도는 스틸의 경우 11~12도가 좋으며, 탄산수의 경우엔 13~15도가 좋다. 물별로 따로 보관하기 어렵다면 와인 셀러에 12~13도 정도로 보관하는 것이 좋다.

테이스팅은 하루에 많지 않게 하는 것이 좋다. 5~10종류가 좋으며, 20가지가 넘어가면 혀가 피로해진다. 많을 때는 80가지를 넘게 테이스팅을 한 적이 있는데, 물이라고 얕보다간 큰일이 난다.

【참고문헌】

K-water(2011). 워터소믈리에 교육 강의노트

고재윤 · 강지원 · 엄선옥 · 이선영 · 최윤진(2018). 워터소믈리에 자격검정 예상문제집, 세경북스

고재윤(2012). 와인커뮤니케이션, 세경

고재윤(2013). 워터커뮤니케이션, 세경북스

고재윤(2013). 음료학개론 강의노트

공승식(2012). 워터소믈리에가 알려주는 61가지 물수첩, 우듬지

김규한(2007). 한국의 온천, 이화여자대학교출판부

김형석 · 임승태(2011). 건강한 물 · 맛있는 물, 음악의 향기

나가이 다카히사 · 김정환 옮김(2019). 수돗물을 생수병에 담으면 얼마에 팔 수 있을까?, 북새통 · 토트출판사

네이버 지식백과. [자연과학 해양하천]

네이버 지식백과. 광물자원용어사전 [자분정]

네이버 지식백과. 두산백과 [생수]

네이버 지식백과. 두산백과 [심층수]

네이버 지식백과. 두산백과 [자분정]

네이버 지식백과. 물백과사전 [용천수]

네이버 지식백과. 시사상식사전 [해양심층수]

네이버 지식백과. 식품과학사전 [알칼리수]

네이버 지식백과. 용어해설 [광천수]

네이버 지식백과. 위키백과 [빙하수]

네이버 지식백과. 지질학백과 [광천수]

네이버 지식백과. 화학산책 [알칼리 수]

네이버 지식백과. 생활 속의 화학과 고분자 [알칼리 이온수, 건강에 좋은가]

리푸씽 · 김종일 옮김(2008). 물은 약인가, 독인가?, 눈과마음

마이클 마샤(2006). 파인 워터스, 퀴르크북스

민병준(1997). 한국의 약수, 대원사

민병준(2000). 한국의 샘물, 대원사

신우섭(2013). 의사의 반란, 에디터

어희지(2017). 커피를 위한 물이야기, 서울꼬뮨

조창선(1997). 해양용어사전, 일진사

채점식(2016). 소금의 미래를 열다, 책과나무

최낙언(2018). 맛의 원리, 예문당

한국식품과학회(2008). 식품과학기술대사전, 광일

해양수산부(2008). 해양심층수 기본계획

해양수산부(2014). 해양심층수 기본계획

해양수산부(2018). 제3차 해양심층수 기본계획

"워터 전문가들은 물의 향을 왜 맡고, 어떻게 맡고, 또 물의 향에서 어떤 정보를 얻을까?
가장 큰 이유는 불량 워터를 찾기 위함이다. 향에서 불량 워터의 힌트를 주는 건 바로 '이취미'이다. '이취미'는 물에서 나는 불쾌한 향으로, 물의 정수처리나 유통과정에서 문제가 생겼을 때 나는 향이다. 와인으로 치면 '코르키(Corky)'를 알아보는 과정이라고 할 수가 있다."